Max Lang

Mit Buddha auf dem Pfad der Weisheit

Die Übung des Alltags als spirituelle Aufgabe

via nova
Verlag Via Nova

Max Lang

Mit Buddha auf dem Pfad der Weisheit

Die Übung des Alltags als spirituelle Aufgabe

vianova
Verlag Via Nova

1. Auflage 2008
Verlag Via Nova, Alte Landstraße 12, 36100 Petersberg
Telefon: (06 61) 6 29 73
Fax: (06 61) 9 67 95 60
E-Mail: info@verlag-vianova.de
Internet:
www.verlag-vianova.de

Umschlag: Avak Publikationsdesign, München
Satz: typo-service kliem, 97647 Neustädtles
Druck und Verarbeitung: Fuldaer Verlagsanstalt, 36037 Fulda

ISBN 978-3-86616-100-9

Inhaltsverzeichnis

Grußwort

Liebe Leserin,
lieber Leser!

Oft habe ich während der Entstehung dieses Buches an Sie gedacht. Dabei leitete mich die Frage: Wird es gelingen, Ihnen mitunter schwierige Themen treffend, zugleich aber auch verständlich darzustellen? Noch dazu, wenn Ihnen vielleicht so mancher Stoff in dieser Lektüre nicht sonderlich vertraut ist? Kann ich dabei den Themen gerecht werden, die sich zumeist nur schwer in Worte fassen lassen?

Menschen, mit denen ich zu einzelnen Passagen des Buches Gespräche geführt habe, gaben mir den Rat, mich zuerst um größtmögliche Verständlichkeit zu bemühen. Schließlich soll ja der Inhalt bei Ihnen ankommen und Ihr Inneres erreichen, so dass Sie damit Anregungen zur Gestaltung Ihrer Lebensführung erhalten. Um Ihnen entsprechende Zugänge zu den Texten zu erschließen, habe ich sie so angelegt, dass sie nicht einfach nur „über" bestimmte Themen referieren, sondern auch meine persönlichen Zugänge und mein Ringen mit diesen Themen zum Ausdruck bringen. Dies möge Sie zu eigenen Gedanken anregen und zu dem Versuch, diese ebenfalls schriftlich festzuhalten. Dann würde die Lektüre über bloße Unterhaltung und Erbauung hinaus zu einer Art Arbeitshilfe werden, aus der Sie einen persönlichen Gewinn ziehen können.

Das Buch folgt einem inneren Aufbau. Wenn es Ihnen jedoch Mühe macht, es von vorne bis hinten durchzulesen, können Sie durchaus eine eigene Reihenfolge in der Lektüre vornehmen. Dazu wählen Sie am besten ein Kapitel aus den „Anwendungen" aus, dessen Überschrift Sie gerade besonders anspricht, und arbeiten sich dann von dort aus Stück für Stück weiter vor.

Vielleicht entdecken Sie dabei, dass Ihnen einige Themen fehlen. Dann können Sie versuchen, solche Lücken im inneren Dialog und in guten Gesprächen selber zu schließen. Spätestens dann hätte das Buch seinen Zweck erfüllt.

In diesem Sinn wünsche ich Ihnen eine spannende Lektüre.

München, im Frühjahr 2007

Einleitung

Ich habe mit einigen Todkranken gesprochen.
Die wollten im ersten Moment auch eine riesige Weltreise machen,
alle möglichen Drogen ausprobieren
und Sex noch einmal in vollen Zügen und mit jedem auskosten.
Doch am Ende zählt in erster Linie die Suche nach Spiritualität …

Francois Ozon

Ist die Rede von Gott mit der Lehre des Buddha vereinbar? Kann ich von der Annahme eines „Gott ist“ ausgehen und gleichzeitig Buddhismus praktizieren? Und welche Auswirkung hätte das auf die Lebensführung und die Gestaltung des Alltags?

Eine solche Fragestellung ist mehr als nur religionswissenschaftlich interessant. Sie kann bei Menschen, die ihr Leben spirituell verankern, prägen und ausrichten wollen, in hohem Maß bedeutsam sein. Eine möglichst tiefgreifende Abklärung ist für sie von geradezu existenziellem Interesse, zumal, wenn ihre spirituellen Bemühungen aufgrund einer Krise oder gar einer Katastrophe in ihrem Leben entstanden sind.

Auf den ersten Blick scheint die Sache klar: Gott und Buddha, Buddha und Gott – das passt ganz und gar nicht zusammen. Nur ein Entweder – Oder scheint hier zu gelten, dazwischen kann es ja wohl kein Drittes geben. Die diesbezüglichen Äußerungen des historischen Buddha, die daraus erwachsenen buddhistischen Philosophien einerseits und die Theologien der Antike, im Judentum, in Christentum und Islam andererseits: Sie scheinen miteinander völlig unvereinbar zu sein. Ausgerechnet an diesem schwerwiegenden, ja für viele alles entscheidenden Punkt, nämlich der Annahme einer einmaligen, universalen und personalen Gottheit, verweigert sich der Buddhismus. Wo auch immer sich die Lehre des Buddha verbreiten konnte, erwies sie eine nur noch mit dem Hinduismus vergleichbare Meisterschaft in der Annahme und Integration fremder religiöser Inhalte und Kulturen – hier nicht. Der Buddha selbst ließ die Frage nach Gott einfach außen vor, er schien offensichtlich nichts für sie übrig zu haben. Stets verweigerte er standhaft, sich zu diesem Thema auch nur im Mindesten zu äußern. Aus seiner Sicht war dies nur konsequent, denn sein ausschließliches Interesse galt den leidvollen Verstrickungen des menschlichen Daseins, und wie sie sich aufheben lassen. Aber wie – ohne Gott? Aus der Sicht gottgläubiger Menschen erscheint eine solche Position unannehmbar, manchen wohl gar unerträglich.

So weit, so gut? Was ist dann aber mit den Vielen, die sich ernsthaft darum bemühen, dem zu entsprechen, was sie letztlich als ihre innerste Identität wahrnehmen, nämlich ein religiöser, ein spiritueller Mensch zu sein? Und die im Vollzug ihrer diesbezüglichen Bemühungen gerne über den Tellerrand der eigenen Religionsgemeinschaft hinausschauen und dabei ein kostbar hohes Maß an religiöser Offenheit und Toleranz einbringen? Was ist mit den in einer Kirche etablierten Christen, die offen und dankbar sind für die östliche Praxis der Meditation – müssen sie dabei ihren Glauben an Gott über Bord werfen? Was ist mit den Buddhisten, die etwa in der Begegnung mit christlicher Kunst oder im Dialog mit einem westlichen Gelehrten oder einer entsprechenden Klostergemeinschaft die Schönheit des Glaubens an einen Gott verspüren? Und was ist schließlich mit den vielen spirituellen Grenzgängern, gerade auch jenen, die sich gerade vom Christentum oder auch vom Atheismus verabschieden und sich dem Buddhismus annähern, von dem ja eine so tiefe Faszination des Friedens und der Stille ausgeht – aber so ganz ohne Gott?

Für all diese Menschen ist dieses Buch geschrieben, und zwar deshalb, weil ich ihre Betroffenheit mit ihnen teile. Deshalb schreibe ich auch in vielen Passagen in der „Ich“-Form. Und auf dem Hintergrund der beiden großen Religionen gehe ich dabei von folgendem Grundverständnis aus: Das Christentum ist ein Weg, in dem das radikale Scheitern des Menschen, verdeutlicht im Sterben Jesu am Kreuz, durch göttliche Gnade und menschlichen Glauben in Heil verwandelt und der Erlösung zugeführt werden kann. Der Buddhismus ist ein Weg, in dem alles Leid, verdeutlicht in Leben und Lehre des Buddha, durch Übung in Leerheit verwandelt und dem Nirvana zugeführt werden kann.

„Die Motivation, etwas zu erforschen, ist wohl immer eine Kombination persönlicher Interessen mit dem, was man für die Interessen des größeren Ganzen hält“ – so hat es Ken Wilber einmal formuliert. Diese Motivation hat sich bei mir in vielen Bemühungen niedergeschlagen, deren Ergebnisse nun hier vorliegen. Mit dieser vorläufigen Summe meiner langjährigen spirituellen Bemühungen will ich jedoch kein neues Dogma aufstellen; sie verstehen sich als Einladung zur weiterhin eigenen Auseinandersetzung.

Eines dieser Ergebnisse möchte ich schon jetzt vorwegnehmen: Sich auf den Buddha und seine Lehre einzulassen bedeutet keineswegs, den Glauben an Gott aufgeben zu müssen – jedoch provoziert diese Einlassung sehr wohl, diesen Glauben einer Revision zu unterziehen, die nach meinem Dafürhalten äußerst heilsam ist.

Umgekehrt könnte gelten: Ein Buddhist, oder einer der gerade damit begonnen hat, muss sich dem Nachdenken über Gott durchaus nicht verschließen. Gewiss wird er dabei die gläubige Annahme allzu konkretisierender und enger Konzepte zurückweisen; auf menschliches Maß reduzierte oder in theologischer Hochsprache verklausulierte Vorstellungen von Gott sind weder für Buddhisten noch auch für Christen tragfähig; in den Herausforderungen des Lebens können sie auf Dauer nicht standhalten.

Einem Buddhisten ist es dabei natürlich völlig freigestellt, das Wort „Gott" überhaupt zu verwenden, zumal er ja auf gute eigene Traditionen zurückgreifen kann:

„Klares Licht" (tib.: ösel) – mit dieser Formulierung umschreibt etwa der tibetische Buddhismus eine Wirklichkeit, die er in und hinter aller rational erfassbaren, relativen Wirklichkeit erkennt, und in die hinein der Übende ganz und gar aufzugehen trachtet. Diese andere Wirklichkeit ist „leer", denn sie ist absolut, und sie ist unfassbar. Alles Sprechen von ihr kommt deshalb nie an sie heran. Weder „Gott" noch „Klares Licht" noch überhaupt irgendwelche Begriffe können diese Wirklichkeit zutreffend benennen oder gar beschreiben. Aber sie können auf ihre Spur führen, können spirituelle Wege bahnen. Und – vielleicht – deuten *beide* dasselbe unendliche, unbegreifliche, in allem immer schon vollkommene Ziel dieser Wege an. Wer sich auf Buddha einlässt, ist auf einem solchen Pfad der Weisheit, und wer Gott nahe sein will, bewegt sich hin zu diesem Licht. Schon auch der Weg, ja sogar auch die Finsternis einer Krise ist bereits Ziel.

Aber das weiß man erst später.

Buddhismus und Christentum – Skizzen einer Begegnung

Wagst du nun, o Seele,
Auszugehen mit mir in das unbekannte Land,
Wo weder Grund für den Fuß ist noch Pfad zu folgen?
Weder Landkarte dort noch Führer.
Alles ist leerer Raum vor uns,
Alles wartet, nie erträumt, in diesem Gebiet, in diesem
Unzugänglichen Land.

Walt Whitman

1

Wie kann ich mir das Leben so einrichten und gestalten, dass ich mich wohl fühle? Was habe ich zu tun, damit es mich erfüllt und auf Dauer befriedigt? Was gehört zu einem solchen Leben dazu? Was tut mir gut und was schadet mir? Welche Ziele setze ich und welche Anstrengungen nehme ich auf mich, um sie zu erreichen, so dass ich dabei von einem Gelingen und Glücken meines Lebens sprechen kann? Wozu und wofür arbeite ich?

Ich vermute, dass wohl jeder Mensch solchen Fragen nachgeht, etwa indem er sich über *Versuch und Irrtum* eine gewisse Lebenserfahrung ansammelt. Er kann diese Fragen aber auch gedanklich angehen: Pläne schmieden, Entwürfe und Phantasien entwickeln, besondere Vorlieben entdecken und kultivieren, oder auch ganz grundsätzlich nachforschen. Auch materiell wohlhabende Menschen können sich auf Dauer solchen Prozessen nicht entziehen. Denn innere Leere lässt sich durch materielle Vorteile nicht nachhaltig ausgleichen.

Vor diesem Hintergrund nehme ich die Religionen in den Blick, die sich in der Menschheit im Lauf ihrer Geschichte entwickelt haben. Ich verstehe sie als eine Möglichkeit, über den Horizont der eigenen Existenz hinauszuschauen. Von dort her traue ich ihnen zu, dass sie mein Leben bereichern und auf Vollendung hin formen können.

Der Hintergrund meiner Inblicknahme schließt aus, dass ich die Religionen gegeneinander ausspielen möchte. Es geht mir nicht darum, mit der einen oder anderen oder mit allen in irgendeiner Weise abzurechnen. Es geht mir auch nicht darum, die eigene religiöse Position zu rechtfertigen. Das hat sie nicht nötig. Sehr wohl bedarf sie aber – und dies immer wieder neu – einer möglichst genau durchformulierten Klarstellung, und zwar vor allem für mich selbst.

Sprach ich zunächst vom Hintergrund meines Fragens, so ist diese Klarstellung nun Bedürfnis und Ziel dieser kleinen Abhandlung.

Die Methode, die ich hierfür einsetze, möchte ich als „subjektiven Vergleich" bezeichnen. Dieser setzt voraus, einigermaßen tief in ein Verständnis der beiden Religionen einzudringen und sich dabei durchwegs so gründlich wie möglich zu informieren. Es sollte also schon um etwas mehr gehen als nur um beliebige Wahrnehmungen aus der Vogelperspektive, aus denen dann voreilige Schlüsse gezogen werden. Ein solches Vorgehen würde zu keinen sachgerechten Ergebnissen führen. Um sich Theorie und Praxis einer Religion erschließen und sie verstehen zu können, braucht es einen längeren Zeitraum des Forschens und der Einübung.

Mit dem Christentum – in meinem Fall in der römisch-katholischen Ausprägung – hatte ich es dabei scheinbar leicht, denn schon von Kindesbeinen an wurde ich damit vertraut gemacht, manchmal auch traktiert. In den letzten Jahren öffnete ich mich auch dem Buddhismus, dem ich in den Jahrzehnten zuvor kaum eine Bedeutung abgewinnen konnte. Nunmehr geschah dies mit den Kenntnissen und Möglichkeiten eines Erwachsenen. Was ich darunter verstehe, will ich mit einem Beispiel erläutern. Als mein Vater starb, war ich erst 16 Jahre alt. Ich empfand damals einen tränenlosen Schmerz, eisige Kälte, viel Unwissenheit, und eine unbestimmte Art von Freiheit. Es gab so etwas wie „Trauerarbeit", die jedoch eher dürftig ausfiel. Beim Tod der Mutter war ich 52 Jahre alt, und dieses Ereignis konnte (und kann) ich nun als Erwachsener ungleich intensiver empfinden, ergründen und bearbeiten.

Es wäre allerdings abwegig zu meinen, dass sich so etwas wie das Ableben der Eltern oder gar der Tod als solcher vollständig ergründen ließe.

Mit den Religionen verhält es sich nicht anders. Schon die ungeheure Fülle des zu erforschenden Materials, die unzähligen Formen und Varianten religiöser Praxis, aber auch die nicht abstrahierbare Subjekthaftigkeit der forschenden Person erlauben keine vollständig umfassende objektive Erkenntnis. Gewiss, man kann Zusammenhänge erkennen, Strukturen aufzeigen und objektivierende Schlüsse ziehen. Letztlich bleiben aber die Aussagen subjektiv; etwas anderes ist nicht möglich. Und dennoch möchte ich behaupten, dass auch „nur" subjektive Aussagen vollkommen sein können, in sich und über sich hinaus. Damit wäre eine rein objektive Darstellung nicht nur illusorisch, sondern auch unnötig.

Vergleicht man Religionen miteinander, so stellen sich Unterschiede und Gemeinsamkeiten heraus. Diese will ich nun anhand einiger ausgewählter Themen erläutern. Zuvor erscheint es mir jedoch als sinnvoll, meine Zugänge zur jeweiligen Religion zu schildern.

2

Meine Eltern fühlten sich noch ohne Wenn und Aber der katholischen Kirche zugehörig. Der Vater musste nach dem II. Weltkrieg mehr als drei Jahre in arabisch-englischen Gefangenenlagern in der Wüste verbringen. Sein Glaube war ihm dabei eine große Hilfe, aus der er Kraft zum Überleben schöpfte. Die Mutter, unter elenden Umständen geboren und aufgewachsen, ein Mitglied der Münchener Widerstandsbewegung „Weiße Rose", musste sich in den ersten Nachkriegsjahren alleine durchschlagen und eine berufliche Existenz aufbauen. Ihre Tagebücher aus jener Zeit sind bewegende Dokumente der Not und der Sehnsucht nach ihrem fernen Geliebten. Auch sie bezeichnet sich als „strenggläubig", wagt aber auch schon mal leise Zweifel an Gott und sympathisiert beispielsweise als Gewerkschafterin problemlos mit dem kommunistischen Betriebsratsvorsitzenden, „weil er gut ist für den Betrieb".

Selbstredend wurde ich also römisch-katholisch erzogen. Meine Eltern waren arm, aber am Weihnachtsabend überschütteten sie mich förmlich mit Geschenken. Ich wurde Pfadfinder und Ministrant, und ich darf sagen, dass die Ministrantenzeit im Rückblick vielleicht die bisher schönste Zeit in meinem Leben war. Es war erhebend, feierlich gewandet einen bescheidenen Dienst in einem heiligen Geschehen in der weiten und schönen Pfarrkirche verrichten zu dürfen, und insbesondere war dieser Dienst damals noch eine reine Bubenangelegenheit. Es faszinierte mich auch, einem rhetorisch besonders begabten Kaplan zu lauschen. Wohl von dort her entwickelte sich mein ausgeprägtes Gefühl für die Echtheit und die Schönheit von Stimmen und von Sprache.

Am tiefsten aber empfand ich die Augenblicke der Stille nach dem Empfang der „Heiligen Kommunion“. Was es mit dieser Stille auf sich hatte, konnte ich natürlich noch nicht benennen, und doch gab es sie bereits.

Doch mit der Zeit erkannte ich, dass vieles in dieser Kirche nur Fassade war. Dahinter verbarg sich ein durchaus autoritärer Machtapparat mit sehr genauen und engen moralischen Vorstellungen. Besonders was die Sexualität betraf, fühlte ich mich durch die Verbotsmoral der Kirche, die nicht selten auf pure Leibfeindlichkeit hinauslief, in einen Zwiespalt gedrängt, der sich zu einer handfesten Lebenslüge auswuchs. Ferner schien mir, dass es sich bei den vielen Liedern und Gebetsformeln oft nur um Phrasen handelte, hinter denen weder der Priester noch die Gläubigen wirklich standen, schon gar nicht in ihrem Lebensvollzug. Ich konnte spüren, wie unecht, ja bigott vieles ablief, als Fassade eben, und nicht vom Herzen her. Da wurde der kleine, kranke Junge, der ich war, im Gottesdienst von einer älteren Frau in sehr bösem Ton genötigt, den vergessenen Kaugummi aus dem Mund zu nehmen und in die Hosentasche des nagelneuen teuren Kommunionanzugs zu stecken. Der kleine Junge verspürte daraufhin keine Freude mehr, diesen Anzug weiterhin zu tragen; er war ihm verdorben; der Kaugummi war nicht mehr aus der Hosentasche herauszubringen.

Ein viel beschworenes Schlagwort jener Zeit besagte, dass das Christsein einen natürlichen „Sitz im Leben“ haben solle. Dass dem wirklich so war, erlebte ich eher selten. Aber immerhin: Ein Gottesdienst einer *ganz normalen Gemeinde* zusammen mit 200 geistig behinderten Menschen ließ in mir eine Ahnung davon aufkommen, was es mit der *umfassenden Liebe Gottes* auf sich haben könnte. Es gab einen Funken, der da übersprang. Die einen rüttelten die anderen wach mit ihrer unbekümmerten, erfrischend offenen und unvermittelten Art. Die anderen fühlten sich als Gäste von Herzen angenommen und erlebten das gute Gefühl einer Gemeinschaft. Es kam zu bewegenden Szenen. Da betete ein junger Behinderter vor allen Menschen, dass seine verstorbene Mutter im Himmel sein und es ihr gut gehen möge; und eine ältere Frau neben mir schluchzte auf. Nach dem Gottesdienst sagte sie mir den Grund dafür: Bei der Fürbitte des Jungen sei ihr ihr eigener Sohn in den Sinn gekommen, der sich seit Jahren „einen Dreck“ um sie kümmern würde; und wie gut es ihr täte, seine Zuneigung so zu verspüren, wie sie im Gebet des Jungen zum Ausdruck gekommen war.

Es war wohl ein Funke der Liebe, der sich da in dieser Gemeinde entzündete, und so war es für mich nicht mehr weit hin zu dem Gedanken, aus dieser Liebe einen Beruf zu machen.

Da ich ohnehin, schon aus äußerst tragisch empfundenem Mangel an Geschwistern, eine soziale Ader hatte, übernahm ich nun verschiedene berufliche Aufgaben in der Kirche mit dem Ziel der Weitergabe der Liebe Gottes. Doch diese Weitergabe gestaltete sich mühsam. Zudem holte mich meine alte Lebenslüge ein und führte mein Dasein in eine Katastrophe. Und als ich die Beisetzung eines jungen, sympathischen und sehr religiösen Brautpaares, das wenige Tage vor der Hochzeit tödlich verunglückte, leiten sollte, war ich auch theologisch am Ende.

3

Jedoch: Die Frage nach Gott und die Frage nach meinem Platz in der Welt – diese beiden Fragen waren mir vom Christentum her noch übrig geblieben. Sie ließen mich nicht los, und ich wollte sie nicht lassen – wobei ich schon damals ahnte, dass ich sie eines Tages ablegen könnte, selbst wenn ich keine schlüssige Antwort auf sie finden würde. Immerhin wurde mir mit ihnen bereits deutlich, dass ich *ein religiöser Mensch* war; ob ich das nun sein wollte oder nicht; und zwar weit über das hinaus, was in der Kindheit in mir grundgelegt worden war.

Und: Nicht zuletzt verblieben mir aus dieser Zeit eine ganze Reihe wirklich wertvoller Freundschaften. Neue kamen schon bald hinzu.

Einer der Freunde nahm mich auf eine Meditationswoche mit: Einführung in den Zen-Buddhismus unter Einbezug tibetischer und christlicher Elemente. Ich ging dort hin wie ein leer gewordenes, neu zu beschreibendes Blatt. Von der ersten Meditationseinheit an war mir klar, dass ich hier am jetzt für mich genau richtigen Ort war. Dasselbe Gefühl hatte ich, als ich Monate später damit begann, regelmäßig bei einem anderen Lehrer in die Meditation zu gehen. Meine neue „Gottesdienstgemeinde“ war nun eine „Sangha“ – eine kleine, überschaubare Meditationsgruppe. Ich staunte, wie die Teilnehmer ohne jeden „Sozialklimbim“, eigentlich nur im Schweigen, einander eine große Kraft und Ausrichtung zu geben vermochten.

Dies liegt nun bereits wieder etliche Jahre zurück. Heute meditiere ich nach Möglichkeit zweimal täglich etwa eine halbe Stunde, gehe wöchentlich in die Sangha meines tibetisch-deutschen Nyingma-Lehrers und gönne mir zumindest einmal im Jahr ein paar Tage in einem christlichen Kloster sowie eine strenge Meditationswoche in der Form eines Zen-Sesshin, ebenfalls mit einem festen Meister, nach der Shikantaza-Methode.

(Nyingma ist die älteste der vier großen Schulen im tibetischen Buddhismus; Shikantaza ist eine Übungsform im Zen-Buddhismus, die in der Meditation auf sämtliche Hilfsmittel, also auch auf Koans verzichtet; ein Sesshin ist eine Übungsperiode.)

Die Meditationen begleite ich mit eifrigen Studien. Aus diesen beiden Elementen entsteht sodann allmählich die eigentliche Grundorientierung der buddhistischen Existenz: nämlich hin zu einer *Praxis des Mitgefühls* den Mitmenschen und letztlich allen Lebewesen gegenüber. Diese spielt sich jedoch nicht nur in den jeweiligen Bereichen zwischen Ich und Du ab, sondern hat eine ausdrücklich soziale, ja globalsoziale Komponente.

Bei den Studien kam mir die Freundschaft mit einem Theologieprofessor zugute, einem scharfsinnigen und hellsichtigen ethischen Denker unserer Zeit, dem ich im Alter über etliche Jahre hin eine Stütze zu sein versuchte – was bei weitem nicht so romantisch war, wie es sich anhört.

Es ist dieser Dreiklang aus Meditation, Studium und Praxis des Mitgefühls, der eine gute Möglichkeit bietet, aus dem immerwährenden Kreislauf des Daseins in Raum und Zeit Schritt für Schritt und mit einem Mal herauszutreten und Erleuchtung zu finden. Gleichwohl hat ein solchermaßen Erlöster sich weiterhin an seinem Platz in der irdischen Welt zu bewähren, solange er sie bewohnt.

Dies alles mag nun eine recht eigenartige religiöse Mixtur sein, jedoch: Wohl jeder Mensch sollte sich um ein zu ihm passendes religiöses Profil und die entsprechenden Gemeinschaften bemühen. Natürlich sollte dieses Profil auch Veränderungen und Fortentwicklung ermöglichen, wenn sie an der Zeit sind.

Gewiss steht dabei die Frage nach einer eindeutigen religiösen Zugehörigkeit gelegentlich im Raum. Doch bisher fühlte ich mich zu einem solch gravierenden Schritt noch nicht wirklich veranlasst. Denn die Wanderung auf dem Buddhaweg ließ mich auch das Christentum wiederfinden. Es war eine aufregende Entdeckung, dass sich das Gedankengut der beiden Religionen bis in innerste Bereiche hinein keineswegs widerspricht. Vielmehr strahlt durch die Verschiedenartigkeit der Traditionen und Sprachmuster hindurch eine Entsprechung, oft auch eine tiefe innere Ergänzung auf. Besonders in der Spiritualität eines Karmelitinnenkonvents, dem ich mich sehr nahe fühle, ist dies spürbar.

Wenn ich nun im Folgenden meinem bescheidenen Kenntnisstand gemäß die beiden Religionen vergleiche und dabei nicht nur die Entsprechungen und Ergänzungen, sondern auch die Unterschiede zu Wort kommen lasse und dabei auch Defizite in der einen oder anderen Religion aufzeige, so mag dies die beiden Religionen klarer hervortreten lassen, und damit auch die Bereiche, in denen sie voneinander Impulse aufnehmen könnten – denn welcher Meister ist nicht zugleich auch immer noch Schüler?

4

Als der XIV. Dalai Lama nach seiner Flucht aus Tibet 1959 begann, den Westen zu bereisen, fiel ihm fast als Erstes auf, dass hier von den religiösen Vorstehern kaum Wert auf die Haltung des Körpers im religiösen Geschehen gelegt wurde. Er wunderte sich sehr darüber, denn die buddhistische Praxis arbeitet ganz selbstverständlich am und mit dem Körper. Während der Kirchenvater Ambrosius durchaus noch wusste: „In der Haltung des Körpers verrät sich der Zustand des Geistes“, sitzt der gewöhnliche christliche Gläubige seine Gottesdienste mehr oder weniger nur ab und weiß vielleicht gerade noch etwas über den Symbolgehalt einiger weniger Gesten und die meditative, lösende Kraft des Wanderns. Hingegen übt der meditierende Buddhist in vollem Umfang *mit* Körper und Geist. Schon das Sitzen auf dem Boden in aufrechter Haltung nimmt den Körper intensiv und ganz in Anspruch; der Geist rückt die Wahrnehmung dieser Haltung stets ins Bewusstsein und der Atem kommt und geht; sitzen und sitzen sind in Buddhismus und Christentum zweierlei.

Vielfältige und feinste Techniken ermöglichen es dem Übenden, den Leib für die Meditation *herzurichten*. So verfüge ich beispielsweise über ein kleines, aber ausreichendes Repertoire an Yogaübungen, mit denen ich Körper und Geist auf die Meditation vorbereite. Im Unterschied zur affektgeladenen Körpersprache etwa in amerikanischen Gottesdiensten soll die Meditation zu innerer Sammlung führen, die ruhiges, gelassenes Verweilen und zugleich hohe geistige Wachsamkeit ermöglicht – einem Tiger vergleichbar, der unter vollem Einsatz seiner Kraft, seiner Aufmerksamkeit und Zielgerichtetheit eine Beute im Visier hat.

Besondere Beachtung widmet der Meditierende seinem Atem. „Der Atem ist Gottes Ampel, er späht durch alle Kammern des Lebens" – diesen biblischen Gedanken (Sprüche 30,27) setzt der Übende förmlich um. Die Methoden der Arbeit mit dem Atem sind schier unendlich. In den Jahren der Meditation in der Sangha habe ich bisher nie eine Wiederholung erlebt. Immer wieder neu und anders sind die Zugänge zum Atem, aber auch die aktuelle Disposition der Meditierenden.

Man mag diesem Punkt vielleicht keine allzu große Bedeutung beimessen. Er mag zunächst zurückstehen hinter den großen Fragestellungen und Spekulationen. Doch dies halte ich für einen Irrtum. Erst die Arbeit mit Geist *und* Körper, christlich gesagt mit Leib *und* Seele, nimmt den *ganzen* Menschen in die religiöse Praxis hinein. Sie wird dann erst vollständig, und dies wirkt sich auf sein gesamtes Dasein ganz anders aus als ein überbetontes Nur-mit-dem-Kopf-Dabeisein.

5

Lässt sich also sagen, dass der Königsweg buddhistischer Praxis in der Meditation liegt, so setzt das Christentum eher auf *das gesprochene Wort*. Zwar ist auch im Buddhismus die Fülle der zu rezitierenden Schriften, der Sutren, Gebete und Mantras schier unüberschaubar. Sie erscheint mir jedoch dem persönlichen meditativen Weg des Praktizierenden eher stützend beigeordnet. Umgekehrt läuft die Wahrnehmung beispielsweise in einem christlichen Gottesdienst: Wie viele Anteile hat die Stille in einer solchen Feier, und wie viel gehört dem Wort? Zweifellos ist eine deutliche Wortlastigkeit festzustellen. Dabei fallen hier ja *nicht irgendwelche* Worte, sondern Sätze mit großem Gewicht und Gehalt. Da sie aber in so großer Fülle fallen, geschieht es mir nicht selten, dass ich bald nichts mehr aufnehmen kann. Dazu genügt es ja schon, an einer bestimmten Formulierung oder Geste hängen zu bleiben.

Es kann also auch ein Zuviel an heiligem Wort und heiliger Handlung geben.

Dabei sei nochmals eigens betont, dass es gerade im Bereich des Religiösen von größter Bedeutung ist, Inhalte nicht einfach nur modisch aufzupeppen, sondern in genaue und zugleich verständliche Sprechweisen zu bringen. Einige Theologen und Seelsorger arbeiten daran sehr intensiv, und angesichts eines solchen Engagements wäre ihnen ein entsprechender Erfolg zu wünschen. Was aber leider hängen bleibt, sind entweder inhaltsleere Phrasen oder oberhirtlich verordnete Schablonen, nach denen eine Messfeier abzulaufen hat, die aber an den Herzen vieler Teilnehmer vorbeigehen – zumal wenn sie sich am Geschehen kaum aktiv beteiligen können.

Somit lässt sich im Hinblick auf religiöse Feiern sagen: Erst mit gut eingespielten Anteilen von Wort und Schweigen, von Körper und Geist entsteht die für solche Feiern so wichtige religiöse Dynamik. Heiligen Geist kann man zwar auch herbeireden, man muss ihn aber vor allem im Schweigen ankommen und wirken lassen.

Die Feierlichkeiten in den beiden Religionen haben ihre Höhepunkte dort, wo die Anteilnahme und zugleich die Mitnahme der Teilnehmenden besonders intensiv ist. Man denke an die kirchlichen Hochfeste wie Ostern und Weihnachten, an Tauffeiern, Hochzeits- und Trauergottesdienste – sofern sie gut gestaltet sind. Man denke auch an die buddhistischen Feste sowie an die Sesshins und die mitunter Tage dauernden Pujas (Opferzeremonien). Eine solche Puja durfte ich in Chimpu miterleben, einem Nonnenkloster bei Samye, dem ältesten buddhistischen Kloster Tibets. Schon von Weitem hörte ich die Gesänge, die Instrumente. Beim Eintritt in die Meditationshalle – der für den Buddhisten das Verlassen von Samsara, der vergänglichen Welt, und das Hineingehen in Nirvana, die Leerheit bedeutet – erfasste und durchströmte mich eine ungeheuer dichte spirituelle Atmosphäre. Die Hingabe, der tiefe Ernst der Nonnen in ihren Gesängen und Rezitationen trafen und ergriffen mein Innerstes. Noch nach Stunden wollte ich von diesem Ort nicht wieder fortgehen.

Dabei sei die hochentwickelte Qualität christlicher liturgischer Musik keineswegs in Abrede gestellt. Natürlich liegen mir als Europäer ein gregorianischer Choral, eine Bach-Kantate oder eine Messe von Bruckner näher als die demgegenüber gerade in ihrer Einfachheit so wirksamen Gesänge buddhistischer Rituale. Die große geistliche Musik des Abendlands mag dabei wohl eher für Sonntage geeignet sein. Aber es wäre sehr schade, wenn es nur noch Alltag gäbe.

Zusammen mit der Musik gehören natürlich auch die Bilder und Skulpturen zur Sprache der Religionen: Man denke nur an die Ausstrahlung einer Buddhafigur oder an die überbordende Bilderwelt des tibetischen Buddhismus, und an die vielfältigen großen Werke der christlichen Kunst – beispielhaft erwähne ich Fra Angelico, Giotto und El Greco. Wenn schon eine ausreichende Würdigung dieser Sprachformen an dieser Stelle nicht möglich ist, so möchte ich sie doch wenigstens erwähnen und ihre oft überragende Bedeutung hiermit klar zum Ausdruck bringen.

6

Worin besteht aber nun genauer die Intention der religiösen Bemühungen? Welche Grundbewegung bildet ihren Kern? Was ist letztlich die Praxis religiös geprägter Menschen?

Es berührt mich sehr, mit welcher Nähe zueinander sich die beiden Religionen zu diesen grundsätzlichen Fragen äußern. *Liebe zu Gott und den Nächsten wie zu sich selbst*, formulieren die Christen, *Mitgefühl für alle Lebewesen* nennen es die Buddhisten. Christen leiten dabei ihre Liebe, die sich natürlich ebenfalls auf die ganze Schöpfung bezieht und sogar die Feinde umfasst, von der unendlichen Liebe Gottes her, die im Leben und Sterben Jesu Christi ihren äußersten Ausdruck findet, indem er sich in diesem Leben und Sterben, aus dem er zu einem für uns neuen und anderen Sein aufersteht, als *Sohn Gottes* erweist. Buddhisten sehen im Mitgefühl die Wurzel aller Qualitäten der Buddhas und Bodhisattvas, die Wurzel für Wohlergehen und Glück; Weisheit allein, ohne die Praxis des Mitgefühls, führt noch nicht zur Erleuchtung.

Es mag dabei westliche Beobachter irritieren, dass sich buddhistische Lehrer in ihrer Praxis des Mitgefühls nahezu ausschließlich auf die Vermittlung von Buddha und seiner Lehre konzentrieren, eher selten also, allerdings verstärkt in letzter Zeit, auch auf die sozialen und materiellen Nöte der Menschen lindernd und begleitend eingehen. Aus ihrem Verständnis heraus können sie allerdings sagen, dass im Erwachen des Menschen zu „seiner" Buddhanatur der Schlüssel für die Bewältigung aller anderen, auch der rein irdischen Probleme liegt. Die christliche Praxis der Liebe geht hier gewissermaßen mehr in die Breite mit einem riesigen Angebot verschiedenster sozialer Aktivitäten und Einrichtungen.

Mir scheint, beide Praktiken haben viel für sich, so dass ich einen Streit darüber, welcher Weg der bessere sei, als müßig empfinde. Ich selber praktiziere konkret das Mitgefühl, indem ich nun schon seit Jahren eine ganze Reihe von Menschen laufend in zum Teil schweren Lebenssituationen (Multiple Sklerose, Leukämie, Krebs, Einsamkeit, Alkoholismus, Armut, Trauer, Sterben, Beziehungsprobleme etc.) qualifiziert begleite und spirituell stütze. Die Kraft für dieses Engagement schöpfe ich aus der Meditation. An der oftmals nötigen Geduld muss ich allerdings noch viel arbeiten.

7

Bevor ich nun näher auf die ethischen Konsequenzen dieser religiösen Vorgaben eingehe, möchte ich noch einen Unterschied aufzeigen, der das bisher Gesagte weiter verdichten und so zu einem tieferen Verständnis führen kann. Von zentraler Bedeutung im Christsein ist die Rede vom *Glauben.* Glauben kann sich auf eine Person beziehen, der ich vertraue, oder auf Sätze, die ich für wahr halte und die somit zu Glaubenssätzen werden. Schwierig wird es dann, wenn ein solcher Glaube etwa aufgrund tragischer Ereignisse nicht trägt, sondern einstürzt. Oder wenn Glaubenssätze durch Fakten, etwa durch naturwissenschaftliche Erkenntnisse widerlegt werden. Hier wie dort stellt sich in besonderer Weise die Frage nach dem Bezugspunkt des Glaubens, nach Gott. Kann ich vernünftig an ihn glauben, kann er mir helfen, und was verstehe ich eigentlich unter „Gott"?

In die Frage nach Gott einzusteigen bedeutet jedoch, mit der Zeit redlich anzuerkennen, dass dieser sich in seiner Unfassbarkeit einer letzten Gewissheit des Menschen über ihn entzieht. Glaube erscheint als das menschlich

Erreichbare; der Mensch muss sich damit zufriedengeben und abfinden, dass er nur glauben und nicht *schauen* kann – oder eben nicht! Für den Apostel Paulus gehört die Gottesschau in den Bereich der Zukunft (1. Korintherbrief 13, 12f). Die Mystiker verweisen jedoch darauf, dass sie diese Schau vorwegnehmen und bereits jetzt erfahren können. Aber sie können dabei letzte Gewissheit höchstens für sich selbst behaupten, und auch dies redlicherweise erst dann, wenn sie sich auf Dauer und in allem als tragfähig erweist. Auch ein Mystiker kann sich ja täuschen. Dies wiederum bedeutet, dass behauptete letzte Gewissheit fragwürdig, zumindest aber nicht allgemeingültig ist, so dass sie nur von jedem einzelnen Menschen selbst, auf seinem persönlichen Lebensweg gefunden werden kann.

Vom Verlauf meines eigenen Lebensweges her kann ich den Mystikern zustimmen: Glaube ist „nur" eine schon jetzt überwindbare Vorstufe zum Schauen. Über das aber, was ich schaue, kann ich nicht sprechen. Genau für diese Situation finde ich nun im Buddhismus eine Alternative. An die Stelle, die der Glaube im Christentum der Bedeutung nach einnimmt, setzt der Buddhismus die *Übung*.

Es handelt sich hier um einen ähnlichen Paradigmenwechsel, wie er im vorletzten Abschnitt vorgenommen wurde, nämlich den vom Wort zum Schweigen; dieser Vorgang kann nun um die Vermutung ergänzt werden, dass man Gott statt im Wort eher im Nicht-Wort näherkommt.

Was ist mit „Übung" gemeint? In einer ersten Unterscheidung können wir sagen: Der Glaube kommt vom Hören, die Übung kommt vom Schauen. Hören ist das mittelbare Vernehmen einer Botschaft. Schauen kann auch unmittelbar geschehen, wann und wo auch immer. Beide, Glaube und Übung, sind zu ihrer Zeit gangbare Erschließungen der Transzendenz; wer das eine nicht fassen kann, unternehme das andere.

Die Übung besteht darin, körperlich und geistig und ohne Spekulation, jedoch höchst praktisch und konkret und geradezu systematisch auf den Durchbruch zur Buddhaschaft hinzuarbeiten, was zunächst ganz schlicht bedeutet: Ich übe mich darin, ein einigermaßen brauchbarer Mensch zu werden. Die Arbeitsfelder wurden bereits genannt: Meditieren, Studieren und die Praxis des Mitgefühls.

Inwieweit ich dabei auf einem richtigen Weg bin oder abdrifte, wird mir nicht von den Glaubensgütern her gesagt, sondern von den Erfahrungen, die ich auf meinem Weg mache. Von größter Bedeutung hierbei ist ein *guter Lehrer*, der meine Übungen anleitet und reflektiert und mir gelegentlich „die Augen öffnet“. Die Beziehung zu ihm ist damit ungleich tiefer als gemeinhin zu einem christlichen Priester.

Überprüft und hinterfragt wird meine Übung vom *Ereignis*. Es sind ja die vielen kleinen und großen, die schönen und die tragischen Ereignisse, die meinen Alltag ausmachen und mich prägen. Wie ich mit einer Panne, einem Konflikt, einem Verlust, einer Stress-Situation, einer Krankheit umgehe: In solchen Ereignisfeldern bewährt sich das Geübte – oder auch nicht. Das Ereignis zeigt mir an, wo ich mit meiner Übung stehe. Somit hat auch das Ereignis eine Lehrfunktion. Besonders spannend wird es, wenn es nicht „in der Luft liegt“, sondern plötzlich und unvermittelt eintritt; wenn es mich also sozusagen einer „nicht angesagten Prüfung“ unterzieht. Hier, im Bestehen oder im Scheitern, wird mir schonungslos klar gemacht, was ich für den Moment gerade kann – und wo ich noch zu üben habe.

Eine letzte Gewissheit mag sich bei einer solchen Praxis durchaus einstellen, ist aber allenfalls vorletztes Ziel. Als letztes Ziel sehe ich die Fähigkeit, sich *jenseits der Übung bedingungslos in eine andere, eigentliche Wirklichkeit hinein fallen lassen* zu können, wobei es vollkommen egal ist, worin diese besteht, und sei sie reines Nichts; oder eben – Klares Licht.

Dies muss nicht unbedingt erst im Tod geschehen. Gleichwohl gehört es zu den Übungen dazu, den Tod regelmäßig zu meditieren. In diesem Zusammenhang ist mir im Übrigen die so oft gestellte Frage, ob im Tod Reinkarnation oder ewiges Leben auf mich wartet, weitgehend unerheblich geworden. Es mag kommen, was auch immer kommt; entscheidend ist, wie vollkommen gelassen ich mich, wohin auch immer, fallen lassen kann.

So gibt es also im Buddhismus nur die Übung und keinen Glauben? Nun, ein dem Glauben durchaus verwandter, ihn um das mystische Element erweiternder (!), vielfach verwendeter buddhistischer Begriff ist die *Anschauung* (sanskr.: ditthi); diese ist aber untrennbar verbunden mit dem *Weg* dorthin, also der Übung, und dem *Resultat*, dem Erreichen eines Zieles. Anschauung, Weg und Resultat stehen in einem dynamischen Verhältnis zueinander. Im Verlauf des Übungsweges ist es jederzeit möglich, dass die ursprüngliche Anschauung korrigiert und durch die unterwegs erzielten Resultate erweitert wird, was wiederum günstige Auswirkungen für den weiteren Verlauf des Weges hat. Es ist also nicht so, dass die Anschauung wie ein Dogma ein für alle Mal vorgegeben ist. Wie schon erwähnt, bestand mein Glaube, meine Anschauung zum Beginn meines Buddhaweges lediglich in der Empfindung, am für mich genau richtigen Ort zu sein; mehr war da nicht, und mehr war auch nicht nötig. Seit jener Zeit aber wird die Anschauung durch die Erkenntnisse auf dem Weg immer wieder verändert, erweitert und vertieft, und zwar so lange, bis das volle Resultat des Erwachens eintritt, was die Notwendigkeit von Anschauung und Übung aufhebt.

In den Jahren, in denen ich mit diesem Ansatz praktiziere, kann ich sagen, dass ich damit gut lebe und vorankomme. Einige der eingangs gestellten Fragen sind damit beantwortet.

8

Was nun das Feld der menschlichen Verhaltensweisen und der diese bestimmenden Überzeugungen, also die *Ethik* betrifft – ich werde ihr später ein eigenes Kapitel mit weiteren Ausführungen widmen – so scheint mir hier vorerst ein kleiner historischer Exkurs unerlässlich.

Folgt man einer groben Einteilung der Geschichte in Antike, Mittelalter und Neuzeit, so lässt sich feststellen, dass die gängige Ethik bis ins hohe und späte Mittelalter hinein eine auf Tugenden basierende *Ethik für Individuen* war. Die politische und wirtschaftliche Macht in diesen Zeiten lag in der Hand von Regenten, also wiederum Individuen. Die Regenten waren selbst Repräsentanten von Tugenden, mitunter sogar mit göttlichem Status. Würden also die Regenten diese Tugenden selber praktizieren, so hätte dies positive Auswirkungen auf die von ihnen beherrschten Gemeinwesen, und damit würde sich gewissermaßen die Entwicklung einer anders modellierten Sozialethik erübrigen.

Nun liest sich jedoch die Geschichte der Regentschaften – von Alexander dem Großen über Napoleon bis Hitler usw. – weniger als eine Geschichte des Tugend*gebrauchs*, sondern vielmehr des Macht*missbrauchs*. Dies hat sicherlich die Herausbildung der Neuzeit mit beeinflusst. Die Neuzeit entwickelte sich durch ein zunehmend selbstbewusstes Bürgertum, durch die Aufklärung und schließlich im Durchbruch zur parlamentarischen Demokratie.

Eine Bürgerschaft ist jedoch, wie schon Aristoteles entdeckte, mehr als die Summe ihrer Individuen. Denn mit all ihren Querverbindungen und Gesellungsformen handelt es sich bei ihr um eine *Struktur* von ganz eigener Dynamik. Damit wird politische und ökonomische Macht von Individuen auf Strukturen verlagert, und den Normen und Regeln dieser Strukturen müssen sich alle Individuen, auch die aktuell jeweils mächtigen Inhaber von Schlüsselpositionen, letztlich beugen. Folgt das Individuum im günstigen Fall seinem an Tugenden orientierten Gewissen, so ist es nun auch der – im Unterschied zur Regentschaft *von ihm selbst mitgeformten* – Struktur verpflichtet. An der Stelle von Tugenden stehen hier Normen, die auf der *Personwürde* des Menschen beruhen und möglichst sozialethisch grundgelegt sein sollen. Solche Normen finden sich etwa in Grundgesetzen – beispielsweise zur Unantastbarkeit der Würde des Menschen – und insbesondere in den Menschenrechten. Der zunehmend rechtsverbindliche Status der Normen verleiht ihnen eine größere Wirkung als die deutlich labiler praktizierten Tugenden, zumal die Kirchen als selbsternannte Hüter dieser Tugenden immer mehr an Einfluss verlieren. Der Struktur der Staatswesen kommt es zu, die Normen zu tragen, zu schützen und weiterzuentwickeln. Die aufklärerische Errungenschaft der Gewaltenteilung spielt dabei als sozialethische Norm eine große Rolle. Mit ihr ist unter anderem etwa der Willkür von Machthabern grundsätzlich der Boden für entsprechendes Fehlverhalten entzogen; allerdings verbleibt diesen ein gewisser Handlungsspielraum, der leider nicht selten auch negative Ereignisse zeitigt. Insbesondere Großmächte wie China, Russland und die USA müssen sich hier immer wieder hinterfragen lassen.

Insgesamt also hat sich in der Neuzeit neben der Tugendethik, die individualethisch nicht außer Kraft gesetzt ist, eine Strukturenethik mit eigenen Inhalten, Normen und Möglichkeiten entwickelt. Dieser Vorgang ist natürlich noch längst nicht abgeschlossen.

Das Christentum hat nun die Wende zur Strukturenethik zwar nicht gerade ausgelöst – zu sehr war sie ihrerseits der Tugendethik verhaftet – sie hat jedoch mit dazu beigetragen, ihr den Boden zu bereiten. Strukturenethische Elemente finden sich etwa bereits in der Bibel im Buch Micha, bei Thomas von Aquin und in der spanischen Spätscholastik. Heute ist die Sozialethik selbstverständlicher Bestandteil der christlichen Ethik, die sie mit gestaltet.

Hinsichtlich der buddhistisch geprägten Länder muss aber nun festgestellt werden, dass diese den Sprung in die Neuzeit bisher im Grunde nicht mitvollzogen haben. So ist etwa die für die Entwicklung von Menschenrechten unabdingbar notwendige Entwicklung des *Person*begriffs nicht erfolgt. Es fehlt sozusagen das sozialethische Instrumentarium. Dies mag beispielsweise die Mitverantwortung von Zen-Meistern an den Gräueln des II. Weltkrieges und ihr noch lange Jahre danach anhaltendes Schweigen dazu erklären.

Leider mangelt es auch in etlichen islamisch geprägten Ländern an neuzeitlicher Strukturenethik. Vielfach bleibt es dort bei alten Regentschaftsformen bzw. Diktaturen.

Es ist festzuhalten, dass die Individualethik im Buddhismus eine überaus hoch entwickelte Qualität aufweist, mit sehr konkreten Übungsprogrammen zur Heranbildung tugendethischen Verhaltens. Hinsichtlich einer eigenständigen Sozialethik sind lediglich, aber immerhin auch Ansätze erkennbar (weitere Ausführungen erfolgen im entsprechenden Kapitel im Abschnitt „Folgerungen").

9

Ging es mir soeben darum, die Bedeutung der Sozialethik für die Zukunft globalen menschlichen Zusammenlebens und ihre unterschiedlichen Rezeptionen in Buddhismus und Christentum hervorzuheben, so möchte ich nun die von mir subjektiv wahrgenommenen Unterschiede im Bereich der *Individualethik* eigens darstellen. Gerade hier könnte nämlich ein weiterer Aspekt deutlich werden, der für den „subjektiven Vergleich" als Methode zum Gewinn von Erkenntnissen über die beiden Religionen spricht. Dasjenige nämlich, was auf mich als Individuum religiös einwirkt und subjektiv aufgenommen wird, beruht ja auf den allgemeinen Theorien und Praktiken, die die religiösen Institutionen aufstellen und ausüben. Ich kann also in meiner persönlichen Wahrnehmung hierzu durchaus etwas über die „Gestalt" einer solchen Institution erfahren. Dazu ist es allerdings erforderlich, nicht bei der subjektiven Aufnahme und den damit verbundenen Empfindungen – wie etwa Glück, Leid, Erfüllung, Enttäuschung etc. – stehen zu bleiben, sondern darüber hinaus alle Wahrnehmungen zu reflektieren und in den Kontrast zu alternativen Lebensmodellen – hier: einer anderen Religion – zu stellen. Damit kann ich auch dem Umstand entgegenwirken, dass das Wahrnehmungsvermögen mitunter ja recht getrübt ist – etwa aufgrund der kultur- und milieubedingt subjektiv eingefärbten „Brille“, mit der ich an das Unternehmen herangehe.

Was nun – individualethisch – mich persönlich betrifft, so ist dem Buddhismus in wenigen Jahren etwas gelungen, das dem Christentum über viele Jahre hin versagt blieb: nämlich die Relativierung und Beherrschung meiner Sexualität. Wie kam das?

Mir scheint, nichts kann das Bewusstsein bzw. die Seele des Menschen heftiger bewegen als Religion und Eros. Da nun das religiöse Bemühen nach der Veredelung und Vervollkommnung der Seele strebt, kann sich daraus die Tendenz entwickeln, in der Sexualität und dem Körper, der sie ausübt, natürliche Feinde zu sehen, die vermeintlich das Höherstreben stören oder gar verhindern. In der Folge hat das Christentum diese leibfeindliche Tendenz bis heute noch nicht zur Gänze bewältigt. Dies schlägt sich in einer Ge- und Verbotsmoral nieder, die trotz alternativer theologischer Ansätze und trotz mancher Verunsicherung bis heute aufrechterhalten wird und die ich noch zumindest als Kind und Jugendlicher *leidvoll* erfahren habe. Diese Moral wurde vermittelt, in dem geboten und noch viel stärker verboten wurde, was einem Freude bereitete. Die anderen Kriterien für sexuelles Handeln, etwa die möglichen Folgen, wurden drastisch vor Augen gestellt. Zur daraus resultierenden Heimlichkeit des sexuellen Tuns passte dann auch die muffige Heimlichkeit der Absolution im Beichtstuhl. Diese führte mich aber nun gerade nicht zur Überwindung des „sündhaften“ Tuns. Es steigerte eher noch die sexuellen Phantasien, und die von der kirchlichen Institution selbst praktizierte Heimlichkeit wurde zu einer Keimzelle der Lüge, ja, wenn man so will, zu einer Grundhaltung in meinem Leben.

Die Institution wiederum entledigte sich mit ihrem Verbotekatalog weitgehend der Mühe zu *argumentieren* und – was noch viel wichtiger gewesen wäre – die angestrebte Lebensweise mit geeigneten Mitteln *einzuüben*. Damit aber konnte sie die Aufgabe, die sie sich bei mir gestellt hatte, nicht lösen.

Im Buddhismus lernte ich nun eine andere Vorgehensweise kennen. Hier wird sehr rational argumentiert, und zwar vor allem mit dem objektiv feststellbaren Charakter der *Vergänglichkeit alles Seienden*. Dieses Argument versetzt tatsächlich in die Lage, in der Sexualität ein Verweilen in Vergänglichkeit zu erkennen, und Bemühungen, die die „Ewigkeit der Lust“ haben wollen, entsprechend zu relativieren. Da aber das einseitig sexuelle Streben sehr, sehr tief sitzt, bedarf es zu solcher Konsequenz der *Übung*, hier: der Meditation. Schon indem ich mich während einer Meditationseinheit aus den üblichen Zeitabläufen herausnehme, wird mir die Relativität dieser Abläufe bewusst. So kann ich sie aus einem gewissen Abstand heraus betrachten, der mich – Übung für Übung, Schritt für Schritt – aus der Verstrickung mit ihnen löst.

In der Meditation brauche ich selber nichts zu tun. Vielmehr ist „Gott derjenige, der alles tut" (Teresa v. Avila). In ähnlicher Weise sagen manche Dichter und Denker vom Schreiben, sie hätten die Empfindung, ein anderer würde ihnen die Feder führen. Die Meditation weckt in mir einen inneren Beobachter, der zur Steigerung der konzentrierten Achtsamkeit wiederum beobachtet wird. Der innere Beobachter bewertet nichts und drängt mich zu nichts. Wie wohltuend! Er nimmt nur wahr, was geschieht. Auf diese Weise hilft er dem Strom des Bewusstseins, alles Irdische abzulegen, um Geist und Körper davon frei zu bekommen. Eine moralisch bessere Haltung wird dabei nicht direkt angestrebt; sie stellt sich – allerdings erst nach geraumer Zeit – sozusagen als Nebeneffekt von selber ein.

Hierzu als Beispiel eine kleine Erläuterung: Gegen sexuelles Begehren als solches ist ja nichts einzuwenden, es ist vielmehr ein Ausdruck von Lebensfreude und genereller Lebensbejahung. Schwierig wird es aber, wenn es sich zu einer Gier ausweitet, die sich meines Bewusstseins bemächtigt, es gewissermaßen beschlagnahmt und gleichsam vergiftet, so dass nicht mehr ich der Herr meiner selbst bin, sondern die Gier. Der Buddhismus nennt in der Gier, dem Hass und der Verblendung (der Selbsttäuschung durch irrige Ansichten) die drei Grundgifte, von denen sich alle anderen ableiten lassen. Wohl jeder Mensch hat mit diesen Giften in unterschiedlicher Gewichtung zu tun. Wenn ich nun diese Gifte lange, vielleicht über Jahre hin meditiere, kann sich eine Art Reinigung des Bewusstseins einstellen, die mir mein noch vor kurzem so gieriges Handeln vor Augen führt, auflöst und sogar als ein wenig albern erscheinen lässt.

Freude kommt übrigens auch in der Meditation auf – ein Empfinden, das durchaus dem Glücksempfinden beim sexuellen Akt gleichkommt, ja sogar übertrifft, nämlich, insofern sie nicht mehr von der Sexualität, ja sogar von gar keiner Anhaftung mehr abhängig ist; auch nicht von einer Anhaftung etwa an die Meditation selbst, da sie sich jederzeit auch außerhalb von ihr einstellen und sogar zu einer Grundhaltung werden kann, wenn – ja eben wenn – ich entsprechend übe. Auch der Meditation hafte ich also nicht an; ich übe sie nur.

Dabei zählt diese Freude noch nicht einmal zu den höheren Stadien der meditativen Erfahrung.

In diesem Geschehen mag sich erneut ein biblisches Wort realisieren, zu dem so manch „christliches“ Verhalten in krassem Widerspruch steht: „Der Leib“ ist nicht der Hort aller sexueller Verfehlung und allen Übels, wie vielfach gepredigt wurde und wird, sondern „der Tempel des Heiligen Geistes“ (1. Korintherbrief 6,19). Dabei berührt es mich immer wieder tief, bis in welche Feinheiten hinein dieser Tempel für die Meditation, wie schon erwähnt, „hergerichtet“ wird; im entsprechenden Kapitel der „Anwendungen“ versuche ich dies näher zu beschreiben.

Allerdings möchte ich nochmals betonen: Die Meditation ist keine Methode der schnellen Erfolge. Zwar kommt der Übende anfangs gut voran, doch dann beginnen die Jahre der „Millimeter-Arbeit“ und auch der Durstrecken, auf denen so gar nichts weiterzugehen scheint. Die bis in kleinste Details hineingehende Akribie etwa bei der Erstellung eines Sandmandalas durch tibetische Mönche oder Nonnen mag diese Millimeterarbeit gut veranschaulichen. Ich empfinde die Mühe und Dauer jedoch nicht als Makel. Sie hilft mir, mich in der Geduld zu üben; und ich genieße es, dass mir buchstäblich *alle Zeit der Welt* vergönnt ist, um zur Vollendung zu gelangen. Nicht die moralische Vorschrift, sondern ich selbst bestimme das Tempo meiner Entwicklung, zumal ich als Nichtmönch keiner Ordensregel unterworfen bin. Inmitten dieser Arbeit geht mir auf, wie schön die Sexualität ist – und wie relativ. Sie bleibt bedeutsam, wird aber eingebunden in das, was nun zuerst erstrebenswert ist: die absolute Wirklichkeit, die in mir klar wird und alles andere überstrahlt.

Wer dabei als Laie ohne Ordensregeln praktiziert, begibt sich damit keineswegs der Willkür. Er praktiziert nur den Weg, der ihm als der ihm am ehesten gemäße erscheint. Allerdings sollte er sich dazu unbedingt regelmäßig und auf Dauer in eine konkrete „Schule“ begeben und mit deren Regeln besonders sorgfältig umgehen. Wer im Buddhismus immer nur – mal kürzer, mal länger – von Angebot zu Angebot hüpft, vergeudet nur seine Zeit. Das Kriterium für die Wahl der richtigen Schule ist nicht die Verheißung, möglichst bald nach den Sternen greifen zu können, sondern, ob ich diese Schule dauerhaft durchhalten kann.

Dieser Weg enthebt mich auch der Schuldgefühle, durch die ich mich bei einer reinen Verbotsmoral hindurchquälen muss und die sich zu tiefer Angst ausweiten können. Zwar gibt es *Schuld* und sogar Höllenstrafen auch im Buddhismus; Schuldgefühle werden jedoch als wenig konstruktiv erachtet. Vielmehr werden Verfehlungen und darüber hinaus die diesen zugrunde liegende Haltung sachlich analysiert und – im Blick nach vorne – mit Gegenmitteln konfrontiert, um sie künftig zu vermeiden. Um auch hier ein einfaches Beispiel zu wählen: Wenn ich beim Meditieren müde bin, empfiehlt es sich als Gegenmittel, intensiver einzuatmen; bei innerer Unruhe hilft es, länger auszuatmen. Ähnlich wird bei einer Verfehlung verfahren, durch die ich Schuld auf mich lade; ich aktiviere einfach nur nüchtern die jeweils geeigneten Gegenmittel.

Zusammengefasst lässt sich sagen: Christentum und Buddhismus haben in Bezug auf das angestrebte Ziel einer moralisch wertvollen Haltung, die eine von der Wahrung der Würde des Menschen geprägte Sexualität einschließt, durchaus ähnliche Vorstellungen. Was sie jedoch unterscheidet, ist der Weg dorthin – und hier kommt es nicht von ungefähr, dass im Mahayana-Buddhismus, insbesondere im Lotos-Sutra, die Rede vom *geschickten* Mittel (sanskr.: upaya) zum Erreichen eines Zieles von ungleich größerer Bedeutung ist als im Christentum.

10

An dieser Stelle möchte ich nun bewusst *kein Fazit* ziehen; noch befinde ich mich ja mitten im Strom des Christseins, mitten auf dem Buddhaweg, und nicht am Ende desselben. Stattdessen möchte ich nun wieder das Thema aufgreifen, das mich schon beim Einstieg in den Buddhaweg bewegt hat: die Frage nach Gott. Schon von diesem Beginn an wurde ich den Gedanken nicht los, dass es zwischen der christlichen Rede von Gott und der Lehre des Buddha einen tiefen und verborgenen inneren Zusammenhang gibt. Wie bereits erwähnt, besteht zunächst zwischen der Rede von Gott und der Lehre des Buddha ein unüberwindlich scheinender Gegensatz. Christen glauben an einen personalen Schöpfergott, der insbesondere in Christus präsent ist; Buddhisten sind von der Leerheit alles Natürlichen in seiner Vergänglichkeit überzeugt.

Sollte ich mich wirklich damit abfinden?

Persönliche Leiden und Krisen können in Verbindung mit langer, studiengestützter Meditation eine tiefe Erfahrung von Vereinbarkeit der beiden Positionen ermöglichen, bis hin zu einem letzten übergreifenden Konsens der beiden Anschauungen. Wo und wie das möglich ist, wird im Folgenden weiter auszuführen sein.

Mittlerweile erscheint es mir aber nicht einmal mehr so sehr wichtig, das Thema begrifflich zu fixieren. Denn – und diese Zuordnung halte ich für außerordentlich wichtig – das Absolute, ob ich es „Nirvana" oder „Gott" oder wie auch immer nenne, ereignet sich; Worte können nur andeuten. Dennoch ist die Arbeit am Wort zu leisten, sie darf nicht übergangen werden – sonst bräuchte man ja auch in diesem Buch gar nicht mehr weiterlesen.

Somit lautet das Resultat dieses Kapitels:

Nirvana oder Gott: Der Weg dorthin ist Übung, und wo bestimmte Übungsschritte wie etwa das Sprechen vollzogen werden, können andere dazukommen, die mich weiterbringen zum unendlichen Ziel, das *schon jetzt* mein Bewusstsein mit dessen ureigener Leerheit stetig erfüllt.

Licht-Zeichen

Aus tiefem Abend glänzt ein heller Stern,
Den wir vor lauter Wald sonst nie gesehen.
Er mahnt zur Heimkehr, und wir folgen gern.
Wir müssen vor dem Klaren Licht bestehen.

Hans Carossa

Im Folgenden versuche ich eine Zusammenfassung dessen, was der westliche Kulturkreis über Jahrtausende hin in Bezug auf Gott entdeckt und weiterentwickelt hat. Dem schließt sich eine Darstellung der Lehre des Buddha an. Da mein Wissen von diesen Leistungen schon ob deren Fülle nur unvollkommen sein kann, soll diese Darbietung in der Form von literarischen Skizzen geschehen. Ein für eine solche Skizze geeignetes Ausdrucksmittel ist der Aphorismus. Unter Aphorismen verstehe ich kleinere und größere Gedankensplitter, die prägnant, knapp und übersichtlich gehalten sind und somit auch den Vorteil haben, leserfreundlich zu sein.

Aber Vorsicht! Aphorismen lassen sich dennoch nicht ganz einfach lesen. Denn es handelt sich bei solchen Gedankensplittern um überaus komprimierte Texte, deren Inhalte umso schwerer wiegen. Daher enthält jeder Aphorismus eine Einladung: nämlich dazu, sich zu eigenen Gedanken und deren Formulierung anregen zu lassen …

Die Rede von Gott

Das Ziel des spirituellen Lebens der Christen
ist die Vereinigung mit Gott.
Das ist etwas verschieden von „Nirvana“,
wie ich es erklärt habe. Jedoch, ich möchte gern hinzufügen,
wenn ich von Gott im Sinne von „unendlicher Liebe“ spreche,
können auch Buddhisten diese Art
der Interpretation von Gott akzeptieren.

Der XIV. Dalai Lama

Die Frage nach Gott stellt eine unüberbietbare Herausforderung für menschliches Denken und Leben dar. Denn sie versucht, etwas in den Blick zu nehmen, das seinen Horizont unendlich übersteigt.

In Meditation und Studium, in Gesprächen und Ritualen gehe ich der Frage nach. Je länger und intensiver dies geschieht, umso unfassbarer wird mir, worauf sie zielt. Das Wort „unfassbar" verwenden wir gemeinhin als Ausdruck des Erstaunens, der Bewunderung und ähnlicher Emotionen. Wörtlich meint es jedoch hier eine tatsächliche Nicht-Fassbarkeit Gottes. Was er ist, das kann der Mensch nicht hinreichend ausdenken und in gültige Begriffe fassen. Es gibt keine Worte dafür. Zu „groß" ist er, zu sehr übersteigt er die Möglichkeiten menschlichen Sprechens, Denkens, Fühlens und Handelns. Ja, schon die Formulierung „was er ist" – wie „ist" er denn? – ist in Bezug auf Gott ganz unzureichend, aber eben kaum anders möglich, wenn man nicht nur noch schweigen will.

Doch das Unfassbare wäre nicht unfassbar, würde es vor dem Fassbaren Halt machen. So wohnt es also denn zugleich dem menschlichen Sprechen, Denken, Fühlen und Handeln, ja allen Formen des Lebens in geheimnisvoller Weise inne. Man müsste es nur aufspüren, in sich wirken lassen. Und wirklich: dann lässt der unfassbare Gott – obschon dies als besonders rätselhaft erscheinen mag – Annäherungen zu.

Wiewohl ich die Errungenschaften in der Erkenntnis Gottes hier vor allem dem westlichen und natürlich auch dem vorderasiatischen Kulturkreis zuschreibe, stelle ich in Anbetracht des Gesamtzusammenhangs dieses Buches an einigen Stellen bereits Verbindungen zum Buddhismus her. Diese können nicht nur verbaler, sondern auch inhaltlicher Art sein, und deshalb erscheint mir diese Vorgehensweise geboten und möglich.

Philosophische und religiöse Annäherungen

1

Die mich bewegenden Ausgangsfragen: „Warum gibt es etwas und nicht vielmehr nichts?" (Gottfried W. Leibniz), und: „Warum gibt es mit diesem ‚etwas' auch all das, was wir Menschen als Übel empfinden, und wo ist da

Gott?“, gehen ihrer Natur nach bereits über alle wissenschaftlich-methodisch objektivierenden Problemstellungen, die sich mit den Fragen nach dem „Dass“ dem „Wie“ des Seienden beschäftigen, hinaus. Gleichwohl bleiben wir in dem Bemühen, auf diese Fragen einzugehen, auf die elementaren Gesetzlichkeiten der Logik, nach der die menschliche Vernunft generell verfährt, verwiesen. Dies gilt auch in Bezug auf die Frage nach Gott. Das existenziell mögliche „credo quia absurdum“ (Tertullian) allein kann dem Anspruch der Vernunft nicht genügen. Die berechtigten Fragen vielfach in religiöser Hinsicht desillusionierter Menschen erlauben es nicht, einfach nur bedingungs- und fraglos zu glauben.

2

Die Frage nach Gott stellt sich vielfach vor dem Hintergrund von Leid und Leidbewältigung. Eine massive Lebenskrise und die damit verbundene Auflösung von Lebensgrundlagen, zu denen auch die Religion in der Form des römisch-katholischen Christentums zählte, ließen es mir als erforderlich erscheinen, meine Beziehung zu Gott von meiner Seite her neu zu klären. Denn auch diese Beziehung befand sich in Auflösung; was ich bisher von Gott gedacht hatte, erwies sich nun als nicht mehr tragfähig. Der Dichter Pier Paolo Pasolini trifft eine derartige Situation gut, wenn er sagt:

„Ich habe alles, was ich liebte, verlassen müssen; den Tod in der Seele.“

In solcher Situation kann man sich natürlich vom Glauben an Gott verabschieden, ihn abschreiben, ihm verbittert den Rücken kehren. Aber in meinem Fall hätte das einfach nicht gestimmt. Die erste Erkenntnis, die mir in meiner Situation damals klar wurde, lautete: Nur Wahrhaftigkeit, schonungslose Wahrhaftigkeit mir selbst gegenüber, kann mich einen ersten Schritt aus der Krise herausführen. Was nun Gott betraf, so spürte ich, dass es der Wahrheit über mein Dasein nicht entsprochen hätte, ihn aus meinem Leben zu streichen. Wer könnte das schon von einem Geliebten, selbst wenn er von diesem enttäuscht wird … auch wenn eine Trennung von ihm ansteht, so bleibt er doch im Herzen erhalten, und das, was da verbleibt, muss bearbeitet und geklärt werden, damit dieses Herz wieder aufleben kann.

Ich begann also, gründlich über Gott nachzudenken. Zu meiner Überraschung fanden sich etliche Gesprächspartner ein: Christen, Atheisten, Agnostiker, Mystiker, Philosophen, Theologen, Meditierende; eine Bandbreite an Positionen, die mich jedoch nicht verwirrte, sondern die Sache erst recht spannend machte.

3

Empirische oder naturwissenschaftliche Gottes*beweise* lassen sich von deren methodischem Selbstverständnis her nicht leisten. Ihn auf diese Weise nicht zu erkennen muss jedoch nicht bedeuten, dass es ihn nicht gibt. Es kann auch besagen, dass er „größer" ist als alles Erkannte und alle Erkenntnis.

Welcher Gedanke von Gott erweist sich aber nun als stimmig und glaubwürdig, auch wenn dieser Gott die menschliche Vernunft übersteigt? Und welche Ausdrucksformen sind einem daraus entstehenden Glauben angemessen?

4

Zunächst: Es ist der *Mensch*, der nach Gott fragt. Als solcher ist dieser Mensch in seiner natürlichen und geschichtlichen Verfasstheit vorgängig von bestimmten Grundansprüchen geprägt:

- *Selbsterhaltung* im Sinne einer Grundversorgung, Anerkennung und Sicherung der eigenen Existenz;
- *Selbstentfaltung* als Vernunft- und Freiheitswesen durch Arbeit im Sinne von aktivem Tätigsein zu glückhaft erfahrener menschlicher Erfüllung;
- *personales Miteinander* mit anderen, mit denen sich Projekte, Themen, Interessen, Fragen und Sorgen – auch kontrovers – besprechen und bearbeiten lassen;
- *soziales Füreinander*, das Lebensumstände wie Frieden und Gesundheit zum jeweils Besseren hin gestaltet;
- *sinnlicher Genuss*, der dem Leben Freude und Lust schenkt.

In einer Partnerschaft, einer Familie, in Freundschaften und in größeren Gemeinschaften lassen sich diese Ansprüche und mit ihnen das eigene Selbst ein Stück weit verwirklichen. Uns Menschen wohnt dabei eine Tendenz inne, die Horizonte des je gerade Vorhandenen zu überschreiten. Hierbei entsteht mitunter auch die Frage nach Gott im Sinne einer Hoffnung, einer Verheißung auf eine letzte Erfüllung, die „diese Welt nicht geben kann" (Katholische Totenliturgie).

5

Die Welt ist dreifach strukturiert: Sie ist begrenzt angelegt, sie ist fortschrittsfähig, und sie ist erlösungsbedürftig. Letzteres ergibt sich bereits aus den Begrenzungen ihrer materiellen und damit relativen Ausformungen, also nicht erst aufgrund von Sünde, die grenzverschärfend hinzutreten kann. Hinsichtlich der Erlösungsbedürftigkeit sind die Möglichkeiten der Welt auch außerhalb ihrer selbst zu suchen, da sie sich letztlich nicht selbst erlösen kann. So gesehen legitimiert sich die Frage nach Gott nicht als bloßes Wunschdenken aufgrund von Mangelerfahrungen, Enttäuschungen und Katastrophen, sondern als natürlicher und rationaler, ja unabdingbarer Vollzug der Verwirklichung der dem Menschen wesensgemäßen Ansprüche und Bedürfnisse.

6

Nichts, was ist, hat seinen zureichenden Grund schon in sich selbst. Es führt jedoch zu keinem Resultat, eine endlose Kette von Gründen („regressus in infinitum") anzunehmen. Es muss einen letzten zureichenden Grund geben, der keines weiteren Grundes mehr bedarf. Dieser Urgrund ist „ipsum esse subsistens" – das sich selbst tragende, allem zugrunde liegende Sein selbst. Dieses ist zugleich der umgreifende Horizont all dessen, was Gegenstand werden kann. Darauf hin zielt das Wort „Gott".

Dieses reine Sein kann allerdings nicht als Gegensatz von „Nichtsein" gedacht werden; denn in einem solchen Sein sind sämtliche Gegensätze auf geheimnisvolle Weise aufgehoben.

7

Dass Gott existiert, ist von daher nicht eigentlich die Frage. Das Problem stellt sich vielmehr erst mit der Frage nach dem *Wie* Gottes.

Nochmals sei festgestellt: Menschliches Denken, Erkennen und Sprechen ist begrenzt. Mit unseren Begriffen lässt sich Gott nicht fassen. Die Begriffe müssen deshalb aber nicht zwangsläufig Projektionen sein. Sie können „Türen" sein; Türen, die in die „Räume" des Göttlichen hinein erschließen. Dabei ist zu beachten, dass diese Begriffe auf Gott lediglich im Sinne einer Ähnlichkeit bei größerer Unähnlichkeit anwendbar sind. Die klassische Metaphysik spricht hier von „analogia entis".

8

Ein „ipsum esse subsistens" ist auch Träger von Bewusstsein. Es muss sich vollkommen unbegrenzt selber wissen; es wäre ja sonst nur ein Mängelwesen wie alle anderen. Insofern kann es in analogem Verständnis *personal* gedacht werden. Denn „Person" ist nach christlicher Theologie jemand oder etwas, das über ein Bewusstsein seiner selbst verfügt. Dies eröffnet die Frage, ob und wie zu diesem Gott Beziehung möglich ist; wie sich Gott und Welt zueinander verhalten.

Ist Gott Urgrund alles Seienden und damit „Schöpfer" der Welt, dann ist ein anderes als ein universales *affirmatives (bejahendes) Verhältnis* Gottes zu dieser Welt nicht denkbar. Als Folge hieraus stellt sich jedoch für den Menschen, der die Welt gleichzeitig als gebrochen erfährt, die sogenannte „Theodizeefrage": Warum lässt der gute Gott uns leiden?

9

Vernünftiger religiöser Glaube kann zu dieser Frage eine legitime „Strategie der Wahrheitssuche" (Richard Tarnas 1997, S. 141) sein. Religion ist eine Einladung, unter Wahrung der intellektuellen Redlichkeit in Zusammenhängen zu denken, die über die empirischen oder auf das eigene Ich bezogenen Zusammenhänge hinausgehen. Dabei kann auch sie diese Zusammenhänge nicht vollständig erkennen. Die Sprachgrenzen werden durch Bilder und Gleichnisse aufzufangen versucht. Unschärfen sind dabei unabdingbar.

10

Die religiösen Vorstellungen von Gott sind menschliche Erwägungen, wie dieser Gott näherhin gedacht und geglaubt werden kann. Die christliche Theologie will dieses Glaubensgut wissenschaftlich erhellen; die Kirchen suchen es dogmatisch abzuklären und in Wort und Tat zu gestalten.

Vorschriften darüber, „was man zu glauben hat“, sind allerdings problematisch. Starre Vorstellungen verleiden einem den Glauben nicht nur, sie führen ihn auch in die Irre. Glaube soll Licht sein, nicht Schranke. Der einzelne Mensch muss sich seine Glaubensgüter Stück für Stück selbst erschließen und in Abstimmung mit den Vorgängen des Lebens zu begreifen suchen; blinder Glaube schadet nur.

Die Sicht auf das Leben im Licht des Glaubens bezieht sich nicht nur auf die aktuellen Vorgänge, sondern auch auf die Perspektiven des Lebens, insbesondere auf Tod und Vollendung menschlichen Daseins.

Der echte, im Geist des Menschen herausgebildete Glaube ist also keine Doktrin, sondern – um es mit Thomas von Aquin zu sagen – „ein Vorauskosten jener Erkenntnis, die uns in der Zukunft glückselig macht.“

11

Die biblischen Schriften zeigen – wohl auch aufgrund ihrer langen Entstehungszeit und ihrer je geschichtlichen Einbindung – vielschichtige und einander oft widersprechend erscheinende Gotteserfahrungen und -bilder. So setzen sie etwa ein Da-Sein Gottes voraus, und zwar selbst dort, wo er, wiewohl seine Anwesenheit nach menschlichem Ermessen gefordert wäre, als abwesend erfahren wird (vgl. z. B. Habakuk 1,2–3). In dieser Vielfalt finden sich eindrucksvolle Hinweise, wie sich Menschen in ihrer Zeit ihren Gott vorstellen und welche Erfahrungen sie mit ihm gemacht zu haben glauben. Er wird als der eine personale Gott verstanden, der sein Volk befreit und letztlich von allem Leid erlöst.

In den Schriften findet sich ein Bildwort, das auf das menschliche Leid eingeht und zugleich auf Gott Bezug nimmt. Im tibetischen Buddhismus ist ihm eine eigene Yoga-Praxis gewidmet. Es findet sich im Psalm 36,10 und lautet:

„Denn bei dir ist die Quelle des Lebens,
in deinem Licht schauen wir das Licht."

Die Heiligen Schriften der Juden und der Christen enthalten eine Fülle ähnlicher Bildworte. Das Buch des Leidensmannes Hiob ist voll von Anspielungen auf dieses Licht. Es erhellt die Finsternis des Menschen (Psalm 18,29; Johannes 1,4–5).

In diesem Licht soll der Mensch seine Wege gehen (Jesaja 2,5), um sogar selbst zum Licht der Welt zu werden (Matthäus 5,13). Der Mystiker Meister Eckehart (um 1260–1327) leitet hieraus ab: „Warum ist Gott Mensch geworden? Darum, dass ich als derselbe Gott geboren würde." Paulus (Epheserbrief 5,14) stellt lapidar fest:

„Alles Erleuchtete aber ist Licht."

Paulus meint weiter, Jesus habe sogar dem Tod die Macht genommen und uns Menschen das Licht unvergänglichen Lebens gebracht (2. Timotheusbrief 1,10). Gott selbst ist dieses Licht, und keine Finsternis ist in ihm (1. Johannesbrief 1,5). Hierzu bemerkt der tibetische Lama Doboom Tulku: „Das Konzept des Ewigen Lichtes kann mit dem Klaren Licht, der leuchtenden inneren Natur des Bewusstseins, verglichen werden."

12

Dennoch bleibt Gott absolutes Geheimnis. Er ist unergründlich. Er lässt sich nicht hinreichend benennen und bebildern. Die alttestamentliche Tradition besteht daher auf einem strikten Verbot bildhafter Darstellungen Gottes. Auch die anderen Religionen, selbst anders strukturierte wie etwa der Buddhismus, wissen darum, dass es eine Grenze des Sagbaren gibt.

Dennoch erlaubt es gerade die Unbegreiflichkeit Gottes, auch Aussagen über ihn, über sein Verhältnis zur Welt, und Annnäherungen zu ihm hin für möglich zu halten. Die Christen gehen dabei so weit, an eine Menschwerdung Gottes in der Person Jesu Christi zu glauben. Die Christen erkennen in diesem Jesus den Gesandten Gottes. Er selbst ist Sohn Gottes und als solcher dem Wesen nach eins mit dem Vater, identisch mit Gott. Seine Sendung ist es, das Reich Gottes zu verkünden, das Reich der vollkommenen Liebe und des Friedens, das immer schon bestand. Nichts Irdisches kann diesem Reich etwas anhaben, auch nicht der Tod. Die Ereignisse von der Verhaftung Jesu bis zu seiner Hinrichtung zählen zu den dunkelsten Stunden, die je in der Literatur geschildert wurden. Doch auch solche Stunden werden über den Tod hinaus mit der Auferstehung zu neuem Leben überwunden. Nach Johannes vom Kreuz erweist sich das Kreuz Jesu als ein Holzscheit, in das sich das Feuer des Lichtes immer tiefer hineinfrisst, bis es ganz durchglüht ist, so dass es von innen her leuchtet und Flammen schlägt. Darin aber erweist sich der ewige Fortbestand des Reiches Gottes, und dieses Reich ist allen Menschen, was auch immer sie selbst in ihrem Leben erleiden mussten, bleibend zugesagt.

Es ist naheliegend, von diesem Hintergrund her für Gott die Metapher des Klaren Lichtes zu verwenden. Deshalb können wir mit Nikolaus von Kues sagen: „Je größer wir die Finsternis erkennen, desto wahrer erreichen wir in der Finsternis das unsichtbare Licht.“

Existenzielle Annäherungen

13

Dennoch bleibt die Theodizeefrage bestehen. Die bisher skizzierte philosophisch-religiöse Vorstellung von einem absolut gütigen, allmächtigen, allbarmherzigen Gott ist mit dem Leid und den Übeln als erfahrbarer Wirklichkeit in einer von ihm geschaffenen Welt nicht ohne Weiteres in Einklang zu bringen. Der Mensch kann in seinem Leben in Situationen geraten, in denen die durch Sozialisation und Studien erworbene religiöse Vorstellung nicht mehr ausreicht. Durch die leidvolle Erfahrung einer persönlichen oder kollektiven Krise oder Katastrophe wird sie radikal hinterfragt, mitunter ad absurdum geführt, vielleicht aber zu tieferer Erkenntnis gebracht.

14

Wenn aber, wie oben ausgesagt, das Verhältnis Gottes zur Welt ein umfassendes, personales und affirmatives ist, darf er in einer Leidsituation als umfassende Liebe angenommen werden, die in diese Welt hinein in Weisheit wirkt und sich dazu immer wieder in Menschen und ihre Handlungen hinein manifestiert – allerdings aus menschlicher Sicht oft ebenso wundersam wie willkürlich. Dies wird offenbar in der Person Jesu Christi, in dem sich „die absolute Liebe selbst bezeugt" (Georg W. F. Hegel). Diese Liebe ist unendlich langmütig und gütig, sie ist auf Frieden bedacht und freut sich an der Wahrheit, und sie erträgt alles (Paulus, 1. Korintherbrief 13). Damit zeigt sie einen Lebensweg für die Menschen auf, den sie selber einschlagen können.

Wer auf diesem Weg geht, wird weiterhin Leid, Unglück, Tod und Schuld als Übel erfahren. Er kann diese Übel nicht einfach streichen wie eine Datei aus einem Computer. Er wird sich ihnen auch weiterhin zu stellen haben. Dabei wird er aber die Liebe, die von Gott kommt, als Möglichkeit erfahren, die Übel zu *verwandeln*. Das Geheimnis der Erlösung ist Verwandlung.

In den Prozessen der tieferen Erkenntnis bahnt sie sich an. Doch erst die Verwandlung bringt ein neues, zumindest geläutertes Dasein hervor.

15

Insofern meint die Rede von Gott als *Schöpfer* nicht nur einen Hervorbringer und Baumeister der Materie. Es wäre eine Reduktion, den Schöpfergott in einem bloß physikalisch-biologischen Sinn zu verstehen. Gott als „Urwort" geht über diese und alle anderen Kategorien unendlich hinaus. „Der Geist Gottes ist kein Macher und Bewahrer in der Natur, sondern ein Eröffner und Sucher des Guten" (Jakob Böhme). In diesem Sinne hat nicht der Mensch Gott „erschaffen" in Form einer Projektion; er „schafft eher uns, indem er uns zu Menschen macht" (Karl Rahner). Um zum Guten hin zu ordnen, braucht Gott die Liebe und damit letztlich den liebenden Menschen als mitgestaltende Ordnungsmacht.

16

Damit ist bereits Grundlegendes über Gottes *Allmacht* ausgesagt; ihre Basis ist die Liebe. Die Mittel und Methoden der Allmacht Gottes können nur solche sein, die der Praxis der Liebe gemäß sind. Dies impliziert ihr oftmaliges Scheitern vor anderen Mächten, vor Leid und Unrecht. Ein so angedachter Gott begibt sich damit jedoch nur scheinbar in die Niederung der Konkurrenz zu diesen anderen Mächten bzw. deren Repräsentanten. Denn seine Allmacht der Liebe kann ja nicht nur Schuld lösen, Übel verwandeln, sondern letztlich sogar Totes zum Leben erwecken; aus dem Nichts ins Da-Sein „rufen“. Nur Gott kann ins Dasein rufen; doch dem Menschen ist es möglich, das So-Sein dieses Da-Seins in seinen Weltbezügen zu gestalten.

17

Auch *Einzigkeit* und *Ewigkeit* als Gott genuin zugeschriebene Eigenschaften beziehen sich auf diese eine Liebe, die alles in allem ist. Das „Dasein“ Gottes geschieht nicht beliebig und willkürlich. Es ist stets gegeben.

18

Schon die Vorstellung einer solchen Gottheit eröffnet „Hoffnung wider alle Hoffnung“ (Paulus, Römerbrief 4,18). Sie hat jedoch keinen Sinn, wenn sie nicht durch Übung, Arbeit und soziales Verhalten in innerer Freiheit manifestiert wird. Das Wort „Gott“, immer wieder als solches an den Anfang gesetzt (Johannes 1,1),

- bringt den Menschen vor „das eine Ganze der Wirklichkeit“ (Karl Rahner) und damit auch seines Daseins;
- es verhindert so, in der Welt und in sich stecken zu bleiben. Dies ermöglicht die Hoffnung, in dieser Welt und ihren leidvollen Gehalten zu bestehen; „Ohne einen Funken Hoffnung kann kein Mensch leben“ (Hans-Georg Gadamer).

19

Jedoch, diese Überlegungen bilden noch nicht den Kern meiner Annäherungsversuche. Und sie berücksichtigen auch eine mögliche dunkle Seite Gottes nicht. Sie beruhen zwar auf Intuitionen (Eingebungen), die als solche einen Zugang zu Gott durchaus ermöglichen können; doch auch bei diesen stellt sich die Frage nach der Zuverlässigkeit, der letzten Gewissheit hinsichtlich ihrer Wahrheitsgehalte. Eine gute Eingebung vermag aufzunehmen, was „in der Luft liegt“ – inwieweit sie aber eine Sache oder ein Thema trifft, muss erst noch weiter erforscht und mit der Zeit bestätigt werden.

20

Wiewohl die bisher erfolgten Annäherungen an Gott ein letztes verfügbares Wissen für sich nicht beanspruchen können, erlauben sie es,

- von Gott in angemessener Weise zu sprechen;
- zu schweigen, um seine Transzendenz zu wahren (Raimon Panikkar);
- die Inhalte und Praktiken einer religiösen Gemeinschaft anzuerkennen und zu verantworten, dabei aber
- eine Haltung bzw. einen Glauben anzustreben, der sich anstelle einer blinden Übernahme kirchlicher oder anderer Lehren als Möglichkeit einer sinnhaften und realistischen Deutung von Erfahrungen bewahrheiten und zu einem tragenden Element menschlichen Daseins wachsen darf;
- zur Vermeidung irreführender Lebensvorstellungen wie Fanatismus oder Dualismus, deren Folgen Lüge, Verzweiflung oder gar Wahnsinn sind, um also innerlich nicht zu zerbrechen, eine *Theologie des Staunens* über diesen „unbekannten Gott“ (Paulus, Apostelgeschichte 17,23) zu entwickeln, und zwar im Sinne eines dynamischen Zusammenspiels von gewonnenen Gewissheiten mit einer Offenheit, die sich auf das Risiko einlässt, diese Gewissheiten durch neue Einsichten zu überholen; auch und gerade, wenn mitunter Brüche und Ängste das Staunen überlagern.

21

Da jedoch diese Ansätze eine psychisch verhängnisvolle Tendenz enthalten, zwischen Gott und der Schöpfung beziehungsweise dem Menschen dualistisch aufzuspalten, ist diese Theologie als ständige und eigenständige Zuwendung zum Bestaunten in einer Art Dialog zu üben. „Dialog“ meint hier:

religiöse Wahrheiten nicht nur zu entdecken und auszusprechen, sondern auch mittels der Sprache neu auszusagen und sogar selber zu schaffen. Sprache ist nicht nur Ausdruck eines jeweiligen Überzeugungssystems (Ludwig Wittgenstein); sie schafft auch – etwa durch eine Aussage wie „Ich liebe dich“ – eine neue Wirklichkeit. Wo Gott als fremdes Gegenüber gedacht wird, da zerbricht die Einheit zwischen Gott und Schöpfung, zerbricht der so glaubende Mensch in sich selbst.

Meditative Annäherungen

22

Wenn über diesen Dialog hinaus ein *Ineinander* von Mensch und Gott oder auch eine *Menschwerdung* Gottes stattfindet oder stattgefunden hat, ist deren Sinn und angemessene Konsequenz nicht die Fundamentalisierung und auch nicht primär die Institutionalisierung und Dogmatisierung einer solchen Beziehung, und keineswegs das bloße Einhalten kirchlich reglementierter Kulte, sondern letztlich nur, *das Gute nachzuahmen* und damit Christus nachzufolgen. Die Theologie des Staunens äußert sich in einer vernünftigen *Praxis der Güte*. „Gott“ ereignet sich dann als tätige Liebe. Dies beinhaltet keine Umgehung der Frage, ob Gott glaubwürdig ist, sondern nur deren angemessene Zuordnung.

23

Hieraus lässt sich der Kern meines Versuchs einer Annäherung formulieren. In der Nachahmung des Guten, das auch die „Annahme des Schattens“ (Carl Gustav Jung) mit einbezieht, liegt die Chance, selbst gut zu werden und mein Selbst und darin Gott zu finden. Und im Eintauchen in die Nacht der Leiden, so mich dieser Weg dorthin führt, kann ich dann die Sterne sehen, die nicht meine eigenen sind. Licht und Liebe sind dann, so Johannes vom Kreuz, übereinstimmende Begriffe. „Wir werden, was wir begreifen“ (Peter Schellenbaum). Solche Spiritualität nimmt das eigene Ich mit seinen Projektionen und seiner Sehnsucht zurück und lässt still werden.

Somit lautet meine Antwort auf die Frage nach Gott: Indem ich ihn solchermaßen „verehre“, wird er in mir präsent. „Gott wird Gott, wenn die Geschöpfe Gott sagen“ (Meister Eckehart).

24

„Verehrung“ meint die *Praxis der Güte* in enger Verbindung und wechselseitiger Durchdringung mit der *meditativen Besinnung* auf Gott, ergänzt durch weiterführende Studien; *Theologie des Staunens*. Guten Lehrern kommt hier entscheidende Bedeutung zu. In den Vollzügen findet sich die Erkenntnis des verloren gegangenen Bewusstseins eigener und jeglicher Ganzheit wieder; des Geistes, der das Ganze (den Kosmos) bejahend durchwaltet. Diese Vollzüge sind in den verschiedensten Formen möglich. Umgekehrt aber wird die Spannung zwischen der Unfassbarkeit und der Erkenntnismöglichkeit Gottes auch aufgehoben, wenn man *Gott* einfach sein und wirken lässt; wenn man in seinen Vollzügen so weit kommt, sich ihm getrost zu überlassen.

25

Dies bedeutet unter anderem: In erster Linie geht es nicht um die Diskrepanz zwischen göttlicher Allgüte und Leidensrealität. Es geht auch nicht zuerst darum, ob und wie Gott „Schöpfer“, „Person“, „Vater/Mutter/Sohn“ etc. ist. Die Gottesbeweise, wiewohl sie nicht umgangen werden sollen, sind in der nunmehr angedeuteten Praxis unnötig. Eine überzogene Bedeutung und Dogmatisierung dieser Themen in der Theologie führt zu entsprechenden Verengungen und Verfälschungen des Gottesbegriffs. Sie verleiten zu einer allzu leichtfertigen Rede von Gott. Was Gott wirklich „sagt“, entspricht nicht immer dem, was ihm in den Mund gelegt wird. Dergleichen Sprüche verbauen nicht selten die durchaus mögliche Annäherung, anstatt sie zu befördern. Der Schriftsteller Martin Walser formuliert das diesbezügliche Unbehagen wie folgt:

„Ich kann mich nicht mehr so verrenken. Ich habe Gott mit diesen Formeln geerbt, aber jetzt verliere ich ihn durch diese Formeln.“

26

Für das Leid bedeutet das: Ich kann lernen, es anzunehmen in dem Bewusstsein, dass mein und jedes Leid – wie es sich beispielhaft in Christus äußert – in Gott hinein aufgeht und somit zu seinem Leid wird. Ich kann darauf vertrauen, dass der Gott des Anfangs auch der Gott des Endes sein wird. Damit wird das Leid nicht abgenommen; aber dem Geschwächten wird geholfen, es zu tragen und gegebenenfalls zu überwinden. Hierzu lassen sich dem Buddhismus mit seinen Entwürfen zur Befreiung von Leid wertvolle Hinweise darüber entnehmen, was der Mensch dazu tun kann. Der gesamte Vorgang lässt sich mit dem Wort „Gnade“ umschreiben. Gnade ist hier kein Differenzbegriff zwischen dem großen Gott und dem kleinen Menschen, sondern meint die Befreiung des Menschen vom Zwang zur Selbsterlösung (Fulbert Steffenski).

27

Das so zu erzeugende Gute ist also mehr als nur ein moralischer Tugendbegriff. Einige Beispiele: Das Gute im Alltag ist es, freundlich und ehrlich zugleich zu sein. Gut und wichtig in der Lebensführung ist die „Pflicht zur Selbstkritik“ (Jörg Splett). Das Gute in Leidsituationen ist die Solidarität und die Hoffnung. Das Gute im unabwendbaren Leiden ist das Ertragenkönnen. Das Gute im Scheitern ist das ehrliche Eingeständnis dieses Scheiterns. Solcherlei Zusammenschau lässt sich mit dem Begriff „Mystik“ umschreiben; einer Mystik, die auf Erfahrung beruht. Was jeweils gut, was ethisch richtig ist, muss jedoch stets auch mit allen Mitteln des Verstandes je neu erarbeitet werden.

28

Mystik ist Wahrheit in und hinter den Wirklichkeiten, Fakten und Tatsachen. Sie korrespondiert mit der höchsten Form der Vernunft: der spekulativen Vernunft als einer abstrakten Form der Stimmigkeit. Auch sie geht mittels regelmäßiger Übungen strukturiert und zielorientiert vor. Sie versucht, das Geheimnis – wenn es sich schon nicht ganz verstehen lässt – zu bewohnen. Sie übt sich meditativ im „Hinschauen und Warten“ (Roland Litzenburger). Sie ist eine Möglichkeit menschlichen Bemühens um Erkenntnis von Geheimnissen. Sie ist ein Versuch, das Gute auch dort noch zu finden, wo nur Böses zu sein scheint. Sie ist gelebte Aufhebung und Vereinigung der Gegensätze (Nikolaus von Kues). Sie ist das Eingeständnis eigenen Unvermögens. Sie lässt sich erkennen und aussprechen, zeigt aber dabei die Grenzen von Erkennen und Sprache auf, die sie radikal ernst nimmt. Mystische Sprache hat sich dem Anspruch zu stellen, zärtlich zu sein – und zugleich genau.

29

Abzugrenzen ist die Mystik von fundamentalistischen und esoterischen Bemühungen, die in der Regel zu kurz greifen, indem sie unter Vorgabe eines angeblich „tieferen", ja umfassenden Wissens sehr starke, aber diffuse Emotionen erzeugen, die anstelle einer dauerhaften und wirklichen Hilfe für den Einzelnen zur Bewältigung seines Lebens nur den Missbrauch von Macht über ihn ermöglichen.

30

Wir Menschen erkennen die Welt nicht umfassend in ihrer ganzen tatsächlichen Wirklichkeit, sondern immer nur durch eine von positiven wie negativen Einflüssen gefärbte „Brille". In der Begleitung von schwer von Verlusten belasteten Menschen, wie etwa Schwerkranken und Sterbenden, zeigt sich, wie wichtig es für diese Menschen ist, unter all diesen Einflüssen etwas in ihrem Leben gutheißen, sich über etwas freuen zu können; also einen Aspekt in ihrem Dasein zu haben, zu dem sie Ja sagen können (Viktor Frankl). Dieses „affirmative Moment" ist ein *Existential* im Sinne einer Grundannahme, dass der Glaube an dieses Gut in sich richtig ist. Dieser Glaube ist näherhin ein freies Hineingehen in dieses in mir erzeugte Gut. Eine solche „Urwahl" (Jean-Paul Sartre) ist Voraussetzung für die Einstellung zur Wirklichkeit der eigenen Existenz und der Welt.

31

Allerdings muss sich diese Einsicht, wie jede andere, vor Projektionen hüten. Es ist von schwerwiegender Bedeutung, dass sich der Mensch hinsichtlich der Wirklichkeit, der affirmativen Momente und der Existentialien nichts vormacht. Wird nämlich das Vorgemachte als Lüge zur Wahrheit hin entblößt, so zerbricht irgendwann die Wirklichkeit (Léon Wurmser 1989), verwandelt sich der damit zunächst verbundene befreiende, frohmachende Affekt mit der Zeit in einen mitunter äußerst schmerzhaften, verengenden. Es kommt also sehr darauf an, die Lüge als solche zu erkennen. Hierzu sind geeignete Gesprächspartner und Lehrer unabdingbar.

32

Wenn sich nun dieses Existential auf Gott bezieht, ist wiederum festzuhalten, dass Gott auch von diesem Aspekt her nicht ganz einsehbar ist. Die Rede vom Existential ist kein moralischer Gottesbeweis. Wohl aber lässt Gott sich ahnen, vielleicht sogar wahrnehmen: als Existential meines Staunens und meiner Praxis der Güte, das ich vielleicht als das Existential meines Lebens erkenne. Stärkerem Zugriff entzieht er sich, würde ihm nicht entsprechen und somit auch nicht gerecht werden.

33

Vor diesem Hintergrund kann man dennoch von einer Sprache oder einem Erscheinen Gottes sprechen – etwa wenn eine erlittene Katastrophe zum Ausgangspunkt für neues Heil wird, das ohne sie nicht erreichbar gewesen wäre – was solche Katastrophen natürlich nicht rechtfertigen soll. Das gewonnene Heil besteht wesentlich in einer neuen umfassenderen Qualität des Bewusstseins, das auf Versöhnen (mhd.: versüenen) ausgerichtet ist.

Erste Folgerungen

34

Aus obigen Thesen heraus kann eine Bestimmung des Menschen formuliert werden. Ihnen zufolge hat alles menschliche Trachten und Machen, Lieben und Leiden Sinn, wenn ich in allem, auch in mir selbst, Gott als den einzig

Wahren und Erstrebenswerten erkenne und fortschreitend bewahre, damit er in mir aufgeht und ich in ihm. Nur dies verleiht letztlich unserem schönen und bösen und absurden Leben bis in das Sterben und den Tod hinein die Chance, es zu genießen, zu ertragen und zu gestalten.

35

Gottesdienst, Glaube an Gott geschieht, wenn Gutes als bewusste oder unbewusste Folge des auf „Gott" bezogenen Existentials im Sinne einer grundlegenden Ahnung, dass der Glaube daran in sich richtig ist, stets meditiert und in Korrespondenz damit in der den einzelnen Menschen und Gruppen je angemessenen und möglichen Weise gegeben und genommen wird. Die Meditation versucht dabei ein Zugleich von innerer Ruhe, äußerster Wachsamkeit und intensiver objektgerichteter oder auch objektloser Konzentration zu üben. Das Geben und Nehmen setzt „Lichter in die Welt"; es ist ein Einsatz zum Wohl aller Lebewesen.

So kann Gott selbst präsent werden.

Auf diese Weise Christ zu sein, erscheint sinnvoll. Die Handlungsweise als solche ist unabhängig von dieser Sprachgebung und generell auch Nichtchristen, etwa Buddhisten und Atheisten, in vollem Umfang möglich.

36

Langjährige Bemühungen um den Gottesbegriff führen zu der Erfahrung, dass trotz systematischer Arbeit ein gutes Ergebnis oft lange auf sich warten lässt. Sie sind ein aktives Warten, ein Gewahrwerden von Impulsen für gelegentlich erfolgende tiefere Einsichten. Sie sind nicht im Alleingang, sondern erst in intensivem Dialog mit unterschiedlichen Gesprächspartnern und Lehrern möglich. Sie können die ganze Person erfassen und zu einem Ringen mit „Gott" bis hin zur Verzweiflung führen. Daneben kann sich aber auch die unerwartete und überraschende Erfahrung einstellen, dass in der Beschäftigung mit diesem weiten Thema Freude aufkommt: die Freude, ein religiöser Mensch zu sein; die Freude, in Gott zu sein, dessen klares Licht stets leuchtet, und dies auch zu spüren und weiterzugeben.

Die Lehre des Buddha

Wir hören viel, aber wir hören erst eigentlich,
wenn wir die wirren Stimmen haben sterben lassen
und nur noch eine spricht.
Wir sehen viel, doch wir sehen erst eigentlich,
wenn wir die wirren Lichter alle ausgeblasen haben,
und nur das eine, klare in der großen Schale leuchtet,
das fern ist aller Geschaffenheit, aller Gespaltenheit.

Meister Eckehart

Zum Leben und zur Lehre des Buddha (563–483 v. Chr.) liegen zahlreiche Darstellungen vor. Dem kundigen Leser bietet sich daher mit dem vorliegenden Text möglicherweise nicht viel Neues. Dem muss aber nicht so sein. Denn zum einen geht es mir nicht darum, die Vorlagen einfach nur nachzubeten; vielmehr liegt mir daran, eine eigenständige und zugleich authentische Darstellung vorzunehmen. Und damit folge ich zum anderen bereits einer Lehrmeinung des Buddha. Diese besagt, dass wohl jeder Mensch einen anderen, eigenen Zugang zu dieser Lehre habe und dass dies in der Darbietung zu berücksichtigen sei. Wie verständlich und anwendbar diese Lehre ist, hängt von dem Grundvermögen, dem bisher in Übung und Studium Erworbenen und der Tagesform dessen ab, der sie aufnimmt. Die Tagesform kann beispielsweise durch äußere Umstände, wie etwa eine berufliche oder private Belastung oder einen Erfolg, beeinträchtigt oder gesteigert sein. Dem Lehrenden obliegt es, nach der jeweils geeigneten Lehrmethode zu schauen und diese als „Geschicktes Mittel" (upaya) einzusetzen.

Nebenbei gesagt erklärt die Methode des Geschickten Mittels die weite Verbreitung, die der Buddhismus über Nordindien hinaus – selbst in so eigenständigen Kulturen wie in China und Japan – in ganz Asien gefunden hat.

Das Lotos-Sutra, eine der bedeutendsten Lehrreden, spricht von der Rettung der Menschen durch die Lehre in jeder nur denkbaren Vielfalt der Formen. Ob mit dem Leib eines Mönchs oder einer Nonne, eines Laien, einer Frau, eines Knaben oder eines Mädchens: Jede dieser Verkörperungen kann diese große Rettung bewirken. Das Sutra zählt etliche solcher Formen als Beispiele auf. Es würde auch das Beispiel des deutschen Mystikers Jakob Böhme gelten lassen, der beim Anblick eines Zinngefäßes zu seiner Erleuchtung kam. Es verwundert daher nicht, dass das Sutra gleich im ersten Kapitel den Begriff der Erleuchtung synonym mit dem christlich geprägten Begriff der Offenbarung verwendet.

Und wenn Thomas von Aquin sagt: „Das Erkannte ist im Erkennenden nach der Weise des Erkennenden", so liest sich das wie ein Kommentar zum Lotos-Sutra.

Insofern kann es also gar nicht genug Varianten der Darbietung des Lehrstoffes geben, und ich bin zuversichtlich, dass in meiner Version für jeden Leser das eine oder andere dabei ist. Allgemein im Leben ist es ja so, dass ein Inhalt, den man vielleicht schon lange und oft gehört hat, erst zu einem späteren Zeitpunkt klar wird, weil erst dann die Methode des Lehrenden mit dem aktuellen Reifegrad des Hörenden so zusammenschwingt, dass diesem die Lehre tiefer aufgeht. Eine Textgestaltung, die, wiewohl in strikter Treue zum Stoff, von der gewohnten Perspektive der Betrachtung, von üblichen Herangehensweisen abweicht und die sich um neue Formulierungen bemüht und diese wiederum in andere Zusammenhänge stellt, kann ein solches Aufgehen fördern.

Der Form nach verwende ich auch hier wieder den Aphorismus. Denn auch die Lehre des Buddha kann mit dieser literarischen Form recht gut angedeutet werden. Sie ist jedoch ebenfalls nicht in vollem Umfang darstellbar. Dies liegt, wie schon bei der Rede von Gott, zunächst schon an der Überfülle der Texte und Bilder. Aber selbst wenn diese vollständig erfassbar wären: Die eigentliche Lehre des Buddha beginnt auch hier erst jenseits aller Worte. Erst im Schweigen, in jener Stille, die ein Angeld von Leerheit und Nirvana ist, kommt sie zum Tragen. Und dann ist nur noch Stille und Licht und keine Lehre mehr.

Möge nun dem Leser ein gutes Zusammentreffen mit dem Folgenden beschieden sein!

Der historische Buddha

1

Das geschichtlich fassbare Dasein des Buddha Siddhartha aus dem Geschlecht der Shakya wurde schon zu dessen Lebzeiten von Legenden umrankt und überhöht. In den Jahrhunderten danach wurden Leben und Lehre zunächst mündlich weitergegeben. Erst nach vielen Jahren entstanden hierzu Schriftstücke und Bilder. Die Legenden sollten den Bericht nicht nur ausschmücken, sondern auch vertiefen. Deshalb ist es kaum möglich, Legende und historische Wahrheit vom Leben des Buddha genau auseinanderzuhalten. Dies ist allerdings auch nicht unbedingt notwendig. Denn die Berichte wollen nach der Intention ihrer Verfasser keinen historischen Abriss liefern, sondern sind bereits Lehrreden zur Vermittlung dessen, was Buddhismus meint. Leben und Lehre des Buddha sind damit untrennbar miteinander verbunden.

2

Demnach wächst der Shakyamuni in der vornehmen Familie Gautama auf, deren Oberhaupt Suddhodana ein Gebiet im heutigen Südnepal regiert. Dessen Frau Mayadevi stirbt wenige Tage nach seiner Geburt; Shakyamuni bekommt eine Ziehtante.

Seine Umgebung nimmt ihn von Anfang an als einen außergewöhnlichen, besonderen Knaben wahr. Etliche Vorzeichen und erste Äußerungen des Jungen lösen Staunen und Bewunderung aus. Seine Kindheit verläuft wohlbehütet. Sein Halbbruder Nanda wird da weniger verwöhnt. Insbesondere ist man darauf bedacht, alle Übel, die das menschliche Dasein mit sich bringt, von ihm fernzuhalten.

Mit sechzehn Jahren wird er mit der vornehmen Yashodhara verheiratet, um ihn stärker an den Hof und die künftigen Regierungsaufgaben zu binden. Den beiden wird der Sohn Rahula geboren. Das nützt aber alles nichts; noch keine 30 Jahre alt, kommt der designierte Thronfolger zu der Einsicht, sein Leben grundlegend ändern zu müssen. Er verlässt den Hof und geht in die Hauslosigkeit.

3

Aus welchem Anlass? So behütet er auch lebt, die Schattenseiten der menschlichen Existenz bleiben ihm auf die Dauer nicht verborgen. Die unvermittelten Begegnungen mit einem hinfälligen Greis, einem Schwerkranken und einem Leichenzug erschüttern sein Weltbild und stellen es in Frage. Sie entlarven die trügerische Sicherheit des sorglosen Lebens am Hof.

Schließlich begegnet er einem Bettelmönch und wittert in dessen Lebensweise eine Antwort auf seine Fragen und Irritationen. Sind Geburt, Alter, Krankheit und Tod unvermeidlich, oder gibt es einen befreienden Ausweg? Er beschließt, es dem Mönch gleichzutun.

Er entdeckt die Möglichkeiten der Meditation. Die Versenkung in die Sphäre des Nichts beruhigt den Geist, so dass er mit diesem sein Bewusstsein schärfen kann. Im Blick hinter die Dinge kommt er in Kontakt mit einer anderen Wirklichkeit, einem Licht, dem das Vergängliche nichts mehr anhaben kann.

Aber er erlebt auch Anfechtungen, die ihn von seinem Weg abbringen wollen. Und die spirituellen Lehrer, die er aufsucht, bringen ihn auf Dauer nicht weiter. Zusammen mit einigen Gleichgesinnten radikalisiert er seine Bemühungen und unterwirft sich äußerster Askese, sechs Jahre lang. Schon ist er dem Tod nahe, da wird ihm klar, dass es so nicht weitergeht. Er entwickelt einen anderen Weg zur Vollendung, der die Extreme vermeidet: „Wenn du eine Saite zu straff spannst, wird sie zerreißen. Wenn du sie zu schlaff lässt, kannst du nicht auf ihr spielen. Der Weg zur Erleuchtung liegt *in der Mitte* zwischen den Extremen.“

Seine Gefährten lehnen diese Botschaft ab; sie verlassen ihn.

Aber dann, in der Meditation, inmitten einer Welle weiterer Versuchungen, ereignet sich ihm die vollkommene Erleuchtung, auf einer Grasmatte unter einem Feigenbaum.

4

Der bisher skizzierte Lebensverlauf des nunmehr Erwachten ist bereits eine Lehrrede, die den Werdegang wohl eines jeden spirituell Suchenden treffend schildert. Die Einflüsse der Herkunft, die Begegnungen, der Genuss von Wohlstand und sexuellem Glück, die erste Einsicht in deren Vergänglichkeit, die familiäre Erfüllung, die Erschütterungen und Krisen, das Heraustretenwollen aus einengenden Bindungen, die Sehnsucht nach Freiheit, die vergebliche Lehrersuche, die Idealisierungen und die Radikalisierung des Daseins, Scheitern, Fortschritte, Rückschläge – all diese Themen ereignen sich auch im Leben des Shakyamuni, und sie sind jedem Übenden in je eigener Weise nur allzu vertraut.

Worin besteht aber nun die „Erleuchtung"?

Es tut mir leid, den Leser vorerst enttäuschen zu müssen: Die Frage kommt zu früh. Dass überhaupt schon eine Begegnung mit dem Buddha stattfindet, überragt ja schon alles Bisherige; das muss fürs Erste genügen. Was mich betrifft, so ist es sogar erst sehr spät zu dieser Begegnung gekommen, und früher habe ich das bedauert. Heute sage ich mir: Ich war vermutlich noch nicht so weit; ich hätte zu einem früheren Zeitpunkt wohl nur das Wenigste von dieser Lehre verstanden. Erst wenn man so weit ist, dass man sie aufnehmen kann, hat die Darbietung Sinn.

Der Buddha selbst tat sich nach seinem Durchbruch ungeheuer schwer, diesen und die damit verbundene Erkenntnis in Worte zu fassen.

Wir müssen Schritt für Schritt vorgehen, indem wir dem weiteren Verlauf der Geschichte folgen.

5

Fortan wurde der Buddha ein Wandermönch, mit festem Wohnsitz während der Regenzeit. Seine zweite Lebenshälfte verbrachte er mit dem „Drehen des Lehrrades": Er übte und meditierte mit einer rasch anwachsenden Zahl von Schülern und unterwies sie in seine Einsicht in das Wesen der Wirklichkeit. Dieses – Einsicht und Wesen – nannte er *Dharma*. Das Sanskritwort enthält die Wurzel *dhr*; diese bedeutet: „das, was trägt". Die „Große Ordnung" der Welt wurde darin ebenso immer weiter beschrieben wie die buddhistische Praxis einschließlich ethischer Normen und Regeln, die Daseinsfaktoren und die Reflexion der Dinge im Geist des Menschen.

80-jährig schied er im Kreis seiner Jünger dahin. Seine letzten Worte lauteten: „Vergänglich sind alle Formen des Daseins. Setzt fleißig eure Übungen fort."

Es gab keinen Nachfolger. Dharma sollte an die Stelle des Buddha treten.

Seine Jünger praktizierten nun, was man später Theravada, die Lehre der Ordensältesten, oder Hinayana, das „Kleine Fahrzeug" nannte, was man aber schlicht als den ursprünglichen Buddhismus bezeichnen kann. Mit der Zeit entstand Literatur im indischen Pali-Dialekt. In einigen Ländern wie Sri Lanka und Thailand wird diese Form des Buddhismus bis heute praktiziert.

Theravada

6

Den Ausgangspunkt der Lehre des Buddha bilden die „Vier Edlen Wahrheiten". (Buddhisten lieben es, Wortgruppen zusammenzustellen: die Drei Juwelen, die Sechs Tugenden, der Achtfache Tugendpfad, die 32 Merkmale der Vollkommenheit ... mit der Zeit wurden solche Wortgruppen immer komplexer. Sie betonen die strikte Rationalität buddhistischen Denkens und erlauben die Erstellung systematisch strukturierter, stets praxisorientierter philosophischer Lehrinhalte.)

Die erste der vier Wahrheiten lautet: Leben ist Leiden. Lange habe ich mich gegen diesen Satz gesträubt, lange hat er mich vom Buddhismus abgehalten: Leben leiden – soll das alles sein? Ich erfahre das Leben doch auch ganz anders!

Das Wort Leiden (sanskr.: duhkha) bedarf natürlich der Interpretation. Hierzu vorab: Die Lehre des Buddha beruht vor allem auf Erfahrungen, nicht also auf Theorien. „Leben ist Leiden" berücksichtigt zunächst einmal die Erfahrung, dass der Eintritt eines leidvollen Ereignisses mitunter alles andere in den Schatten treten lässt. Insbesondere bei sensiblen Menschen genügt oft schon die sprichwörtliche Laus, die über die Leber läuft, um das gesamte Dasein zeitweise durcheinanderzubringen. Selbst weitaus größere leidvolle Ereignisse, die ich in der Welt wahrnehme, treten dann hinter dem eigenen Missgeschick zurück; es steht mir ja näher. Trifft mich aber selber ein größeres Leid oder gar der Tod, so hebt diese machtvolle Erfahrung womöglich alle positiven Faktoren, die mein Leben ausmachen, aus den Angeln.

Der Filmschaffende Woody Allen meint hierzu mit dem ihm eigenen Humor: „Wenn man stirbt, wird das Leben plötzlich sehr authentisch."

Der Duhkha-Begriff ist somit weit gefasst – von unangenehmen Empfindungen über die Leiden des Körpers, von unbestimmtem Unbefriedigtsein bis hin zum Erlebnis einer Krise oder Katastrophe. Verlust der Arbeit, Verarmung, Sucht und deren Folgen, Vereinsamung, eine Erkrankung, Überforderung: Es gibt unzählige Auslöser von Leiden, es gibt kein völlig leidfreies Dasein.

Eine wesentliche Rolle bei der Entstehung von Leidpotential spielen dabei die eigenen Handlungen. Jede Tat hat positive oder negative Folgen, an denen ich mehr oder weniger leidvoll zu tragen habe, und daraus bildet sich das *Karma* eines Menschen. Karma ist das universelle Gesetz von Ursache und Wirkung in der irdischen Welt, dem Samsara.

Drei Ebenen sind es nun, auf denen sich das Leid abspielt: Der Schmerz, der Wandel der Dinge, die Leidenschaft. Wohl kaum ein Mensch kann sich von vornherein diesen Ebenen entziehen.

Duhkha heißt wörtlich „Unbefriedigtsein" – die Dinge sind nun mal nicht so, wie mein Ich das gerne hätte.

Der Buddha meint aber nun, auch das momentan Positive, Angenehme sei leidgetränkt. Um dies zu verstehen, müssen wir den Ursachen der Leiden nachgehen.

7

Dass nämlich alles Leid auf einigen generellen Ursachen beruht, stellt die zweite der Vier Edlen Wahrheiten fest. Eine erste einfache Erklärung besagt: Leid entsteht, wenn man begehrt, was man nicht hat. Leid verstärkt sich, wenn aus dem Begehren eine Gier wird, der ich mein ganzes Dasein unterordne. Denn was geschieht da? Nicht mehr mein Bewusstsein, der Geist, steuert mein Dasein, sondern die Gier und das Objekt der Begierde. Ich werde fremdbestimmt und abhängig von der Leidenschaft für bestimmte Objekte.

Die Gier, der Hass, die Verblendung, also eine falsche Sichtweise von der Wirklichkeit der Dinge – diese drei Grundübel sind es, die nach buddhistischer Analyse Leiden bewirken.

Weiß ich denn nicht, dass ich nichts von dem, was ich da um jeden Preis haben will, für immer behalten kann? Und was sind die Dinge wirklich?

Diese Frage führt nun noch tiefer hinein in unsere Ursachenforschung. Zunächst ist hierzu ganz allgemein festzustellen: Alles, was wir sind und was uns umgibt, muss von einem zureichenden Grund her hervorgebracht worden sein – so besagt es das eben erwähnte Karma-Gesetz. So bilden die eben erwähnten Grundübel die Grundlage für die samsarische Welt. Alle Dinge, alle Lebewesen sind damit nur *relative Wirklichkeit*. Sie treten in Erscheinung, bleiben eine Weile – und vergehen wieder, kommen auf geheimnisvolle Weise in anderer Form wieder und so weiter. Dies ist der Kreislauf des Daseins, der sich stets wiederholt. Somit sind alle irdischen Erscheinungen dem Gesetz steter Vergänglichkeit unterworfen. Mit diesem Gesetz sind wir alle belastet, und mit uns auch die Objekte unserer Zuneigung – und deshalb bezieht sich die Aussage vom Leid auch auf die angenehmen, schönen, lustspendenden Dinge des Lebens. Denn sie bleiben uns nicht. Mehr oder weniger bald müssen wir sie wieder hergeben, und schließlich haben wir uns selbst diesem Kreislauf des Daseins zu überantworten. Unser Leben – eine Kette unvollendeter Gedanken, Beziehungen und Handlungen.

Wem dieses Gesetz des Daseins bewusst wird, der hat eine zentrale Schranke der Unwissenheit durchbrochen. Er kann darauf mit Resignation und Verbitterung reagieren oder günstigeren Falls mit Demut. Er kann sich aber auch fragen: Muss das so sein? Gibt es nicht doch eine Möglichkeit, den Kreislauf des Daseins zu durchbrechen und alles Leid aufzuheben?

8

Ebendies behauptet die „Dritte Edle Wahrheit“. Leid vergeht, Leid kann aufgehoben werden, indem ich davon ablasse, die irdischen Erscheinungen zu begehren, da ich sie aufgrund ihrer Vergänglichkeit ja doch nicht festhalten kann. Nicht Habbares haben wollen wäre eine paradoxe Handlungsweise; eine Fehlhaltung im Geist.

Die Frage stellt sich: Geht das denn? Wie soll das möglich sein?

Gewiss kann man die Lehre von den Ursachen des Leidens als ein Glanzstück buddhistischen Philosophierens bezeichnen. Aber was vor allem für sie spricht, ist die Tatsache, dass sie eben nicht auf bloßer Spekulation, sondern wie alles Denken im Buddhismus auf Erfahrung beruht. Und ein erster Ort dieser Erfahrung kann hier benannt werden: die Meditation.

Die Meditation ist ja als solche bereits ein Vorgang, in dem ich mich außerhalb von Raum und Zeit stelle. Ich lasse ab von den üblichen Gedanken und Sorgen des Alltags und bringe mich mitsamt meinem Geist so zur Ruhe, dass ich diesen anschauen kann. Geschieht das, so kann es sich ereignen – ich muss hier vorgreifen, da diese Erfahrung untrennbar vom gesamten Ereignis ist – dass ich in diesem meinem Geist eine Seinsqualität erkenne, die sich von allem relativen Sein unterscheidet. Mitten in all dem vergänglichen Dasein leuchtet ein bloßes, reines, unbegrenztes So-Sein auf; vielleicht sollte ich besser noch sagen: ein bloßes *SO*. Nicht als Fata Morgana, denn da ist ja keine Spiegelung mehr. Man könnte es als vollkommen reine Leere andeuten, wenn Bezeichnungen hier noch ausreichen würden; eine Leerheit allerdings, die nicht nichts ist, sondern eine eigene, nämlich die eigentliche und nunmehr absolute Seinsqualität aufweist.

Und dieses „Klare Licht“ durchdringt wie nebenbei alle Relativität. Dies ist immer so, aber ich erkenne es erst in dem Maß, in dem ich mich dieser Wirklichkeit öffne.

Wenn ich aus solcher Meditation aber wieder ins Dasein zurückkomme, laufe ich da nicht Gefahr abzustürzen? Oder sollte es möglich sein, diesen meinen konkreten Alltag aus dieser Erfahrung heraus zu bestehen und zu gestalten?

Genau das ist es, worum es in der „Vierten Edlen Wahrheit“ geht.

9

Damit sich die Lehre des Buddha im Leben eines Menschen durchsetzt, muss sie eingeübt werden. Die Vierte Edle Wahrheit nennt acht Aspekte, denen besondere Aufmerksamkeit zuteil werden soll. Die ersten drei beziehen sich auf das Verhalten: Wie *sehe* ich die Dinge? Was *will* ich? Was *rede* ich?

Die Eingangsfrage steht dabei nicht zufällig an erster Stelle. Von meinem jeweiligen Erkenntnisstand hängt die Qualität meiner Bemühungen ab. Diese zu steigern erfordert gezielte Bildungsarbeit: durch die Entwicklung förderlicher Eigenschaften, insbesondere der Umsicht, und durch die Erwägung anderer Anschauungen, insbesondere derjenigen meiner „spirituellen Freunde", den Lehrern.

Die nächsten Aspekte beziehen sich auf die Meditation: Was tue, wie *handle* ich? Wie *gestalte* ich aus der Meditation heraus mein Leben – beruflich wie privat? Wie intensiv *engagiere* ich mich dabei?

Die letzten beiden Aspekte beziehen sich auf die Einsicht: Wie *achtsam* gehe ich vor? Und schließlich geht es darum, den *Geist zu sammeln*, leer zu werden.

Mit diesem letzten Aspekt schließt sich ein Kreis. Denn mit dem, was ich in ihm gewinne, kann ich wiederum meinen Erkenntnisstand (1. Aspekt), meine ursprüngliche Anschauung korrigieren.

Die Übenden arbeiten daran, hinsichtlich dieser Aspekte alles richtig zu machen, vollkommen zu werden. Aber was ist Vollkommenheit?

Im Hinblick auf die oben erwähnten drei Grundgifte im menschlichen Dasein – Gier, Hass und Verblendung – können wir beispielsweise sagen: Vollkommenheit ist das Leben, das sich einstellt, wenn diese Gifte verschwunden sind. Um es mit Johannes vom Kreuz auszudrücken:

„Wer sich von seinen Strebungen nicht fortreißen lässt, wird wie der Vogel, dem keine Feder fehlt, im Geiste mit Leichtigkeit davonfliegen."

Die Vollkommenheit ist das Leben des Buddha. Es gibt sie.

An früherer Stelle wurde die Frage aufgeworfen, worin denn nun die Erleuchtung des historischen Buddha bestehe. Jetzt kann geantwortet werden: Sie besteht in der Entdeckung der Vier Edlen Wahrheiten. Erleuchtung ist demnach das persönliche und vollständige Auffinden einer Wahrheit, die an Tiefe den Vier Edlen Wahrheiten gleichkommt.

10

Die Einlösung dieser Wahrheiten und besonders die Umsetzung des Achtfachen Pfades ist ein überaus weites Feld. Für Frauen und Männer, Laien und Mönche, für einzeln und in Gemeinschaft Praktizierende entstehen auf der Grundlage des Pali-Kanons und anderer Sprachen bzw. Dialekte Regeln, deren Einhaltung – beispielsweise bezüglich sexueller Entsagung – durch Eide zugesagt wird (Vinaya); Diskurse, in denen Fragen gestellt und Antworten erteilt werden (Sutras); Wissensliteratur (Abidharma). Ausgangspunkt dieser Regeln ist die tägliche Zufluchtnahme zum Buddha, zu seiner Lehre (Dharma) und zur Gemeinschaft der Übenden (Sangha). Die Eide korrelieren mit dem jeweiligen Entwicklungsstand des Übenden. Dieser leistet sie erst dann, wenn er so weit ist, sie auch wirklich halten zu können. Sie sollen das Bewusstsein schärfen und den Geist stabilisieren. Insgesamt kann man damit Theravada bzw. Hinayana als ein Fahrzeug der *Disziplin* und der *Entsagung* bezeichnen. Damit hofft man, Nirvana zu erlangen. Den Laien ist Nirvana diesem Fahrzeug zufolge in der Regel nicht möglich, da sie sich zu wenig von der Welt abkehren.

Aussagen über Nirvana werden jedoch vermieden. Wer es aus eigener Kraft erreicht, wird zum „Arhat". Er muss nicht mehr lernen, seine Leidenschaften sind für immer erloschen. Doch erst mit seinem Tod werden alle ihm noch verbliebenen Bedingtheiten des samsarischen Daseins aufgehoben sein.

Das später zu erläuternde Bodhisattva-Ideal – als Alternative zum Arhat – ist jedoch schon in den Theravada-Ländern durchaus bekannt. Es ist in den Lehren enthalten, wenngleich hierzu keine spezielle Literatur vorliegt. Es wird noch höher als der Arhat eingeschätzt, da es zusätzlich ausdrücklich zum Wohl aller Lebewesen wirkt. Aber nicht alle müssen dieses Ideal erreichen.

Mahayana

11

Rund 500 Jahre nach dem öffentlichen Auftreten des Buddha kommt es zu einer intensiven Reform seiner Lehre. Sie wird als Mahayana – Großes Fahrzeug – bezeichnet. Die Reformer hatten dabei nicht im Sinn, die alte

Lehre durch eine neue zu ersetzen. Vielmehr beriefen sie sich auf die Aussagen des Buddha, die sie in weitere Tiefen hinein ausloteten. Damit sollte seine Lehre noch deutlicher hervortreten. Eine Rolle spielte hierbei sicherlich die seit Buddha fortschreitende kulturelle, wirtschaftliche und politische Vernetzung mit anderen Kulturkreisen, die neue Fragestellungen und Impulse in den Buddhismus einbrachten. Ausgangs- und Orientierungspunkt ist dabei nach wie vor der Buddha. Dieser wird jedoch nicht mehr nur als historische Person gesehen, sondern über Raum und Zeit hinaus in einer Art Ursphäre „angesiedelt“. Wenngleich dieser transzendente Buddha bereits in frühen Hinayana-Texten auftaucht, so wird dieser Aspekt erst im Mahayana ausgestaltet, und zwar geradezu verschwenderisch. Demnach gibt es unzählige Buddhas. Darunter sind auch solche, die dem Shakyamuni vorausgingen, und solche, die ihm nachfolgen werden, wie zum Beispiel Maitreya. Auch den Frauen ist nun die Erlangung der Buddhaschaft möglich. Die vielen transzendenten Buddhas leben in entsprechenden, literarisch überaus reich ausgeschmückten, kostbaren Buddhaländern. Für unser Thema ist von Interesse, dass sich unter den Namen, die sie tragen, Bezeichnungen wie „Amitabha“ (Unermessliches Licht) und „Samantaprabhasa“ (Allhindringendes Licht) finden. Ihnen allen ist gemeinsam, dass in ihnen sämtliche Tugenden vollkommen verwirklicht und somit geradezu zu Seinsqualitäten geworden sind. Je nach Fahrzeug und Schule gibt es unterschiedliche Aufzählungen solcher Qualitäten. Stellvertretend seien hier die „Sechs Paramitas“ genannt: Freigebigkeit, ethisches Verhalten, Geduld, Ausdauer/Energie, Meditation/Achtsamkeit und Einsicht/Weisheit.

12

Die Buddhas manifestieren sich in den „Drei Körpern“:

- Dharmakaya ist das wahre, unverhüllte Wesen des Buddha. Es steht in Einheit mit allem Seienden. Wir können hier sagen: Dharmakaya ist das Klare Licht.

- Samboghakaya ist die wahre und reine Stimme des Buddha. Die unsichtbare Strahlung des Klaren Lichtes – das ist Samboghakaya.

– Nirmanakaya ist der irdische Körper (im Westen würde man hier von einer „Person“ sprechen), in dem ein Buddha den Menschen erscheint. Im Bildwort vom Klaren Licht kann man hier von der Wärme sprechen, die von diesem Licht ausgeht.

Diese Drei Körper bilden in ihrer Verbindung und Wechselbeziehung zueinander ein untrennbares Ganzes.

Der Aufweis der Drei Körper des Vollendeten ist gewiss eine sehr schöne Buddhalehre. Aber, so kann man hier kritisch fragen: Wozu braucht es diese Lehre eigentlich? Genauer formuliert: Ist Dharmakaya denn nicht schon alles? Warum verbleibt der Buddha nicht einfach dort, im Klaren Licht? Wieso manifestiert er sich in einen irdischen Körper?

Die Antwort kann nur lauten: aus Liebe – aus Mitgefühl für die Menschen, für alle Lebewesen. Denn der Buddha kann gar nicht anders als lieben.

Damit aber hebt er das irdisch verwirklichte Mitgefühl der Bedeutung nach auf die Ebene des Klaren Lichts!

Dies wiederum besagt zum einen: Ein denkbarer Dualismus zwischen irdischen und transzendenten Vorgängen wird mit der Dreieinigkeit der Buddhakörper restlos aufgehoben. Es gibt keine Dualismen mehr, es gab sie nie wirklich. Und zum anderen kann man nunmehr feststellen: Mitgefühl ist die essenzielle Wirkweise des Erleuchtungsgeistes. Damit ist der Buddhismus – wie der XIV. Dalai Lama immer wieder betont – im Kern altruistisch.

13

Damit dieses Mitgefühl nun auch verwirklicht wird, sind – teilweise sogar mit historischem Hintergrund – weitere Kräfte am Werk: die Bodhisattvas. Hierbei handelt es sich um Wesen, die in Verwirklichung ihrer Qualitäten, den Paramitas, bereits so weit sind, dass sie unmittelbar an der Schwelle zum Nirvana stehen. Aber aus Mitgefühl für die Lebewesen überschreiten sie diese Schwelle nicht, sondern wenden sich ihnen zu, um auch sie der Vollkommenheit zuzuführen, die das Ende des karmischen Kreislaufs ermöglicht. Dabei nehmen sie auch Leid von Menschen auf sich.

Ihre Vervollkommnung bezieht sich nun nicht nur auf die vorhin erwähnten Tugenden, sondern auch auf bestimmte Eigenschaften, Qualitäten, Fähigkeiten, die dem Buddha eigen sind. Ein Bodhisattva ist nichts anderes als eine bestimmte personalisierte Eigenschaft des Buddha. So repräsentiert Avalokiteshvara in besonderer Weise das Mitgefühl des Buddha. Wenn er mit bis zu tausend Armen dargestellt wird, so soll dies andeuten, wie umfassend die Liebe des Buddha zu allen Lebewesen ist. In seiner weiblichen Form tritt er als K(w)annon oder Kanzeon in Erscheinung. Manjushri ist die personalisierte Weisheit des Buddha. Samanthabhadra steht für dessen Transzendenz, Vajrasattva für Reinheit und Läuterung, Vajrapani für die unermessliche Kraft des Buddha; das Lotos-Sutra spricht von 20 000 solcher Bodhisattvas, die sich später noch potenzieren.

In ihrem Erscheinungsbild sind sie mit bestimmten Attributen ausgestattet, an denen sie erkennbar sind. Schwert und Buch sind beispielsweise die Attribute des Manjushri. Das Schwert soll das Gewebe der falschen Vorstellungen durchschneiden; das Buch enthält höchste Weisheit, die von Manjushri selber stammt und auf die er hört.

Ebenso wie der Buddha selbst können die Bodhisattvas in eigenen kraftgeladenen Silben, den Mantras angerufen werden, um den Übenden zu schützen und seine Klarheit im Geist zu schärfen. Das bekannteste Mantra ist das „OM MANI PADME HUM" des Avalokiteshvara.

14

Wenn sich ein Mensch nun in der Vervollkommnung der Tugenden und der Eigenschaften des Buddha übt, so steuert er damit nichts an, was ihm wesensfremd wäre. Denn die wahre, unveränderliche und eine Buddhanatur wohnt ihm bereits zumindest keimhaft inne. Sie bildet sein eigentliches Wesen. Denn sie ist das, was von einem Lebewesen verbleibt, wenn dessen „Ich" vergeht, das heißt: wenn sein bedingtes und vergängliches Karma-„Konto" vollständig aufgelöst ist.

Aus dieser Buddhanatur heraus entsteht „Bodhicitta", das natürliche Streben nach Vervollkommnung bis hin zur Erleuchtung; diese wird jedoch eben nicht für sich selbst, sondern zum Wohl aller Lebewesen erstrebt.

Wenn ein Mensch nur auf die eigene Seele fixiert ist, die so gar nicht existiert, kann Bodhicitta nicht wirken – eben deshalb leidet er ja.

15

Im Licht der absoluten Wirklichkeit also, die jedem Menschen und vielleicht sogar jedem Lebewesen innewohnt, sind die vielen Ichs nicht auf Dauer existent, sondern lediglich aus verschiedenen Faktoren zusammengesetzte Erscheinungsformen. Diese vergehen; allein die absolute Wirklichkeit bleibt. Deshalb wird jedes Ich auch als *leer* bezeichnet.

Wir erinnern uns: Theravada spricht, was den Eintritt in das Nirvana betrifft, nur von „Verlöschen" und vermeidet Aussagen zum Nirvana. Mahayana setzt an dieser Stelle das Wort „Leerheit" ein und erhebt es zu einem zentralen Begriff in der Lehre des Buddha. Umgekehrt wird aber auch das Absolute mit Leerheit gleichgesetzt, da es seinerseits frei von Zusammensetzungen, Dualität, raumzeitlichen Grenzen und empirischen Formen ist, wiewohl es in all diesen Formen erfahren werden kann.

Die Nennung von „Leerheit" als eigener Qualität im Nirvana ermöglicht es, in diesem nicht nur die Befreiung aus den Zwängen von Samsara, der irdischen Daseinswelt zu sehen, sondern auch das volle Bewusstsein der eigenen Erlöstheit, Identität und Einheit mit dem Absoluten – eine Einheit, die so vollkommen ist, dass sie sich sogar auch auf Samsara erstreckt. Nirvana ist also nicht bloße Vernichtung des Ich durch Verlöschen, es ist, positiv ausgedrückt, Eintritt in die Glückseligkeit der absoluten unendlichen Wirklichkeit in völliger Identität mit dieser, für immer befreit von Bindungen und Illusionen. Auch der Dualismus von Sein und Nichts ist in ihm aufgehoben. In seiner Transzendenz ist das Unendliche nur dem mystischen Erleben zugänglich und sprachlich nicht fassbar. Letzteres ist aber auch nicht notwendig. Im mystischen Erleben ist es egal, ob ich „verlöschen, vernichten" oder „Glückseligkeit" zu diesem Vorgang sage.

16

So sehr Mahayana die Vergänglichkeit der vielen Ichs betont, so sehr nimmt es diese Ichs in ihren je unterschiedlichen Bewusstseinsständen ernst. Es entsteht eine schiere Überfülle von je eigenen Darbietungen der Lehre, Methoden, Hilfsmitteln, Übungsformen, Traditionen; von Wegen also, die zur Erleuchtung führen sollen. In einer großen Anzahl verschiedener Schulen werden sie praktiziert. Es wäre jedoch irreführend und sogar diskriminierend, Mahayana als eine Ansammlung von Sekten zu bezeichnen; eine Schule ist noch keine Sekte, nur weil sie ein eigenes Programm hat.

Unter den Darbietungen der Lehre sind besonders die Sutras zu erwähnen, in denen nun der zeitliche oder aber eben auch der überzeitliche Buddha predigt. Höchste Wertschätzung genießen hier etwa das Herz-Sutra, das die Einheit von Inhalt und Form darstellt, und das Lotos-Sutra, das die Anwendung des „Geschickten Mittels" betont, mit dessen Hilfe der Übende in der ihm gemäßen Weise vorangebracht werden soll.

Mit den Schulen und ihren großen Lehrern – Nagarjuna, Bodhidharma und den chinesischen Patriarchen, Dogen Zenji, Hakuin, in heutiger Zeit etwa Shunryu Suzuki und Thich Nhat Hanh – entstehen in Indien, Japan, China und Korea jeweils eigene Traditionen in unterschiedlicher Ausprägung. Besonders hervorgehoben zu werden verdient Amida, die Schule des Buddhas der Liebe und des Reinen Landes. Die Schulen lehren und begleiten die verschiedensten Wege, die alle zur Vollkommenheit führen sollen. So gibt es Kyudo, die Kunst des Bogenschießens; Kendo, die Kunst des Schwertkampfes; Sado, die Kunst der Teezeremonie, die Blumenkunst Kado (Ikebana) und vieles andere mehr. Der bekannteste Weg ist wohl Zendo, die Schule des Sitzens, zumeist verbunden mit einer Koan-Schule. Auch dieser Weg wird in etlichen großen und kleineren Schulen in je eigener Weise gelehrt. Aus Indien und China kommend, entwickelte sich Zen in Japan zu einer Schule mit einer einzigartigen Ästhetik des Schattens, der Klarheit, der schlichten und reinen Form, der Strenge und des Schweigens.

Vajrayana

17

Mit der Rezeption des Buddhismus im tibetischen Kulturraum vollendet sich die Bandbreite der Lehre des Buddha. Dieser Raum liegt in den Gebirgen und Hochebenen des Himalaya – wir erinnern uns: Der historische Buddha lebte an dessen südlichen Ausläufern – und umfasst neben der heute als Tibet bekannten chinesischen Provinz auch das übrige, in andere Provinzen hinein aufgelöste Tibet sowie erloschene oder noch existierende Königreiche wie Ladakh, Zanskar, Sikkim, Mustang und Bhutan. Tibetische Kultur findet sich aber auch entlang der Seidenstraße und in weiten Teilen der Mongolei.

Ausgangspunkt ist auch im hier praktizierten Vajrayana, dem „Diamantfahrzeug“, der Buddha Shakyamuni. In der Mitte des zentralen Heiligtums der Tibeter, dem Jokhang Tempel zu Lhasa wird eine alte legendäre Figur von ihm verehrt.

Die inhaltliche Verbindung zum Shakyamuni kommt etwa in einem Spruch des Vajra-Mystikers Rahulagupta zum Ausdruck:

„Es ist unwichtig, wie viel klare Visionen tantrischer Gottheiten du empfängst; du musst lernen, Liebe, Mitgefühl und das hingebungsvolle Bodhicitta-Herz zu entwickeln.“

Die Entfaltung der Buddhalehre in Tibet geht jedoch in der Praxis über Mahayana so sehr hinaus, dass sie wohl nur gerade noch als eine sehr spezielle Form des Mahayana gelten kann. So wurden beispielsweise die Welten der Buddhas und Bodhisattvas noch um ein Vielfaches erweitert. Die Bodhisattvi Tara etwa, die tibetische Version der Kwannon, erscheint hier in 21 Versionen. Die Bodhisattvas treten nun auch in einer Furcht und Grauen erregenden, zornvollen Form auf. Was es damit auf sich hat, wird weiter unten erläutert.

Die Gruppen der Buddhas und Bodhisattvas sind nun in große komplexe Systeme zusammengefasst. Während im übrigen Mahayana in weiten Teilen mit konkreten Bodhisattvas kaum noch praktiziert wird, genießen sie im Vajrayana anhaltend lebhafte und höchste Verehrung.

Insbesondere greift der tibetische Buddhismus eine Bedeutung des Shakyamuni auf, die in der bisherigen Darstellung seiner Lehre sicherlich zu Unrecht noch nicht eigens erörtert wurde: nämlich der Bedeutung des Buddha als Lehrer. Vajrayana ist praktisch eine Art Guru-Yoga. Der Übende lebt als Schüler von Anfang an in besonderer Weise von und mit seinen Lehrern, so sehr, dass vom Buddhismus als einer reinen Selbsterlösungslehre kaum noch die Rede sein kann.

18

Als Guru Rinpoche, der „Kostbare Lehrer“, der Inder Padmasambhava, im 8. Jahrhundert in Tibet eintraf – die Legende schreibt ihm bis dahin eine ähnliche Biographie wie dem Shakyamuni zu – traf er auf ein wildes und kriegerisches Bergvolk. Die Lehre des Buddha hatte bereits Fuß gefasst, sah sich jedoch vor etliche Hindernisse gestellt. Insbesondere die Vertreter der einheimischen Bön-Religion und ihrer Vorläufer, die von geheimen und magischen Kulten geprägt war, stellten sich quer. Die Schamanen fürchteten um ihren Einfluss. Jedoch, in Indien hatte sich mittlerweile in einer ganz ähnlichen Auseinandersetzung, nämlich mit den Hindus und ihrer Götterwelt, die Praxis des Tantra entwickelt. Auch diese Praxis konnte sich auf Äußerungen des Buddha stützen. Es gelang damit, wichtige Elemente aus der anderen Religion nahtlos in den Buddhismus zu integrieren. Guru Rinpoche konnte diese Praxis nun in Tibet einsetzen. Sein kraftvolles und erfolgreiches Wirken fand in Tibet hohe Anerkennung. Um 779 kam es zur Gründung von Samye, dem ersten Kloster Tibets, das (übrigens ebenso wie die Bön-Religion) heute noch existiert.

Einen weiteren Aufschwung erfuhr die Lehre des Buddha in Tibet durch Atisha im 11. Jahrhundert, nachdem der Buddhismus zwischenzeitlich einer grausamen Verfolgung ausgesetzt war.

Die älteste Schulrichtung ist diejenige der Nyingmapa, die sich direkt auf Padmasambhava berufen. Nach der Kadampa-Schule des Atisha begründete Marpa (1012–1097) noch im 11. Jahrhundert die Kagyüpa-Schule und Khon Konchok Gyalpo etwa zur selben Zeit die Schule der Sakyapa. Im 14. Jahrhundert eröffnete Tsongkhapa die Gelugpa-Schule, deren geistlicher Leiter, der Dalai Lama, von allen buddhistischen Tibetern als religiöses Oberhaupt anerkannt wird.

Herauszuheben ist ferner die schon von Guru Rinpoche eingeleitete intensive Übersetzung buddhistischer Texte aus dem Sanskrit ins Tibetische. Viele solcher Texte sind heute nur noch auf Tibetisch erhalten.

19

Was ist nun das im Vajrayana praktizierte Tantra? Eine umfassende Darstellung ist an dieser Stelle nicht und auch generell wohl kaum möglich.

Nur einige Grundzüge – Skizzen eben – lassen sich aufweisen. Vorab: Ähnlich wie „Yoga" kommt Tantra als Begriff auch im Hinduismus und in der Esoterik vor; hier beschränke ich mich ausschließlich auf die tibetische Version, die sich von anderen deutlich unterscheidet. Als Fahrzeug rückt Tantrayana neben das Sutrayana des Kleinen und Großen Fahrzeugs und will diese noch übertreffen.

Tantra ist das Sanskritwort für „Gewebe, Zusammenhang, Kontinuum". Die Tantrapraxis greift zunächst allgemein die im Mahayana konzipierten Vorgänge in der spirituellen Entwicklung auf: Der Übende geht von einer *Anschauung* aus, begeht zur weiteren Klärung derselben einen spirituellen *Weg* und erreicht als Wirkung der Praktiken ein *Resultat*. Das Resultat ist letztlich Nirvana, eine Realität, in der die Grenzen der konventionellen Welt überwunden sind. Auf Seite 25 wurde diese Trias bereits angedeutet. Vajrayana kritisiert allerdings den Dualismus, der diesem Konzept versteckt innewohnt: Das Resultat ist nicht ausschließlich als ein immer nur zu Erreichendes zu sehen, denn zugleich ist es ja stets schon vorhanden.

Im engeren Sinn geht es in der Tantrapraxis um den *Weg*. Tibetische Buddhisten behaupten hierzu, dass der Tantraweg schneller als andere zum Ziel führt, jedoch – er ist nicht ungefährlich. Ohne qualifizierten Lehrer (Guru, tib.: Lama) ist es weder ratsam noch überhaupt möglich, ihn zu gehen. Der Lehrer gibt die nötigen Initiationen; er kann beurteilen, wo der Übende steht und was er gerade braucht. Er greift korrigierend ein, schafft Klarheit. Er unterstützt so viel wie möglich und so lange wie nötig.

Dieser „äußere" Guru greift in den Geist des Übenden ein. Damit wird er zum „inneren Guru". Dieser wiederum bringt nun den „geheimen Guru" hervor, der als grundlegende Klarheit des Geistes bereits im Übenden vorhanden ist.

Wenn der tibetische Buddhismus immer wieder auch als „Lamaismus" oder als „Guruyoga" bezeichnet wird, so unterstreicht dies die überragende Bedeutung des Lehrers für die tantrische Praxis.

Der Tantraweg, den der Übende mit seinem Lehrer einschlägt, ist deshalb so gefährlich, weil er die konventionelle Welt des Irdischen radikal in Frage stellt und zeitweise sogar verlässt. Der Übende wird mit einer anderen Welt konfrontiert. Diese ist nur spirituell erfahrbar. Sie liegt hinter der dinglichen Welt oder auch in ihr; sie ist die Essenz des Seins. Das vollständige Aufgehen des

Übenden in diese Welt hinein ist das letztmögliche Resultat. Der Weg dorthin verläuft nun über diverse Übungssysteme, die Tantras.

20

Zu diesen Tantras ist nunmehr Folgendes auszuführen: Sprachen wir bisher von zwei Yanas, dem Kleinen und dem Großen Fahrzeug, so erweitert Vajrayana diese Reihe auf insgesamt neun Fahrzeuge. Mit dem entsprechenden System wird kein dogmatisches Lehrgebäude errichtet. Vielmehr führt es systematisch die praxisbezogenen und überprüfbaren Schritte zur Erforschung der menschlichen Möglichkeiten auf, ein Buddha zu werden. Demnach besteht Hinayana aus den beiden Fahrzeugen des „Hörers" der Buddhalehre und des „Einsam-Erwachten", der die Erleuchtung ganz aus sich allein heraus erlangt. Wir erinnern uns: Diese beiden Yanas stehen methodisch unter dem Aspekt der Disziplin und der Entsagung. Mahayana, das nunmehr dritte Fahrzeug, steht methodisch unter dem Aspekt des Mitgefühls für alle Lebewesen und der Offenheit für die Leerheit des Seins, die er in meditativer Schau erkennt.

21

Hierauf bauen nun zunächst die drei Yanas der unteren Tantras auf: Kria, Cara und Yoga. Sie sollen die Grundlagen für meditative und rituelle Handlungen schaffen.

Methodisch lassen sie sich dem Aspekt der *Reinigung* zuordnen. Was soll gereinigt werden? Nun, zunächst ganz allgemein der Geist des Übenden von den Verdunkelungen, die sich aus den falschen Ansichten vom Dasein des Menschen ergeben. Es ist in all seinen Erscheinungen leer; sonst nichts. Das Sosein aber nimmt Gestalt an in den Gottheiten. Diese manifestieren bestimmte Aspekte des Buddhageistes und kommen damit dem menschlichen Vorstellungsvermögen entgegen. Sie führen kein Eigenleben, sondern existieren in ihren Formen lediglich für und mit dem Praktizierenden – und natürlich schützen sie ihn auch. Als Bodhisattvas gehen sie auf die Familie der Sambhogakaya-Buddhas zurück; als Gottheiten zeigen sie die archetypischen

Gestalten unseres Wesens. Es ruft mit ihnen unsere inneren Ressourcen hervor, um diese in möglichst vollem Umfang, also unbegrenzt auszuschöpfen. Die Rituale sind dabei – wenn man so will, psychologische – Methoden, um zu erkennen, was hinter all den Gottheiten, Formen und Gestaltungen liegt. Die Gottheiten werden über deren Mantras angerufen und in der Meditation visualisiert. In der ebenfalls visualisierten Vereinigung mit ihnen geschieht Initiation. Dieser Vorgang ist durchaus mit der Aufnahme des „Leibes Christi" in der Form einer weißen Brotscheibe vergleichbar.

Es ist also vollkommen abwegig zu meinen, die Tibeter würden Bilder und Figuren von Göttern anbeten. Vielmehr arbeiten sie mit ihnen.

In diesem somit sehr praktischen Umgang mit den Gottheiten soll also der Geist des Übenden von den Trübungen und Verdunkelungen gereinigt werden. Damit wird er zu sich selbst zurückgeführt; denn seinem ursprünglichen Wesen nach ist dieser Geist rein und klar. Aber nicht nur der Geist, sondern auch der Körper und die Sprache werden auf diese Weise geläutert. Und darüber hinaus erstreckt sich die systematische Reinigung auf die „Fünf Komponenten des Daseins (Sanskr.: skandhas)": Körperlichkeit, Empfindungen, Wahrnehmung, psychophysische bzw. karmische Gestaltungskräfte und Bewusstsein.

All dies geschieht bereits in dem ersten der drei unteren Tantras, dem Kriyatantra.

Das nächste Tantra – Carya – stabilisiert mit Hilfe weiterführender Methoden die Konzentration des Übenden. Die Gottheit wird als Freund erfahren; der Übende wächst immer weiter in die inhaltliche Tiefe der Gottheit hinein.

Im nächsten, dem Yoga-Tantra, gelingt nun in tiefer Versenkung die Vereinigung mit der Gottheit in ihrem innersten Wesen. Die stützende Funktion der Rituale kann dabei zurücktreten. Alles Existieren liegt nun klar und offen da. Alle Konzepte sind aufgelöst. Der Übende ist eins mit der meditierten Gottheit.

22

Mit Mahayoga und Anuyoga folgen die beiden höheren Tantras. Die Reinigung des Geistes ist nun vollzogen; damit ist die Grundlage für die alles umfassende *Wandlung* des Übenden geschaffen. Diese bildet nun das Charakteristikum der beiden Yanas. Der Übende befreit hierbei zusehends seinen Geist von der Einflussnahme durch die samsarische Welt und steuert über das Einssein mit der Bodhisattva-Gottheit und deren Qualitäten auf Körper, Sprache und Geist des Buddha selbst zu. Über weitere Formen der Versenkung gelangt er zur Buddhaschaft: mit ihrer Offenheit, ihrer Glückseligkeit und ihrem Wissen um die absolute und relative Wirklichkeit. Der Übende *wird* eins mit dem Buddha, er *„ist"* aber noch nicht Buddha; Mahayoga ist noch eine Entwicklungsstufe.

Ist der Übende also schon ein anderer? Nun, er wird feststellen, und dies sogar mit einem hochgradig geschulten und verfeinerten Gespür, dass durchaus noch geistige Trübungen und die entsprechenden Emotionen in ihm stecken. Etliches an Gier, Hass und Verblendung ist noch vorhanden. Es geht jetzt sozusagen um das „Eingemachte" – und hier treten die sogenannten „Zornvollen Gottheiten" in Erscheinung. Wo Mahayana die negativen Emotionen gewissermaßen „aussitzt", nimmt Mahayoga die Energien dieser Emotionen auf, nimmt sie an und arbeitet mit ihnen, um sie in spirituelle Energien umzuwandeln und diese dann entsprechend zu nutzen. Dasselbe gilt auch für die sexuellen Energien. Wie gefährlich dieser Weg ist, und wie sehr hier ein wirklich guter Lehrer vonnöten ist, muss nicht mehr eigens ausgeführt werden.

An dieser Stelle möchte ich auf einen Einwand eingehen, den ich gelegentlich von Zen-Buddhisten höre. Sie sagen: Im tibetischen Buddhismus gibt es einfach zu viele Bilder. Jedoch, der eben aufgezeigte Mahayoga-Weg macht deutlich, dass es bei diesem ohne Bilder, in diesem Fall der Überführung wilder, formloser negativer Kräfte in die Gestalt zornvoller Gottheiten, schon aus rein psychologischer Sicht gar nicht geht. Negative Emotionen der Angst und der Bosheit lassen sich gewiss ins Schweigen hinein auflösen, wenn ich nur lang genug dasitze. Und nicht zu Unrecht sagt der XIV. Dalai Lama:

„Das absolute Gegenmittel gegen die negativen Emotionen ist die Einsicht in die Leerheit."

Wo ich aber den kürzeren Weg gehe, indem ich diesen wie allen Emotionen Ausdruck verleihe und sie dergestalt umzuwandeln, zu kultivieren suche, bedarf es der Bilder. Ohne sie wäre der therapeutische Prozess der Wandlung heillos

Anders gesagt: Wo Mahayana bestrebt ist, Bilder aufzulösen, werden sie im Mahayoga im doppelten Sinn des Wortes „vorgeführt" – und damit, in positive Energie gewendet, überwunden.

23

Im Anuyoga wird nun diese Bilderwelt noch erweitert. Wenn eine tantrische Gottheit nicht nur für sich allein, sondern inmitten der durch sie verwandelten Umgebung dargestellt wird, spricht man von einem *Mandala*. Viele verschiedene Elemente, insbesondere Zentrum und Peripherie sind hier zu einer Einheit zusammengeführt. Aus Chaos und Vielfalt entstehen Strukturen, entsteht ein „Reines Land" im natürlichen Klaren Licht der erschienenen Gottheit. Das Mandala ist Energiefeld dieser Gottheit. Es ist somit eine Landkarte, die Orientierung bietet.

Solche Mandalas können auch zu anderen Seinsweisen erstellt werden. So wird etwa die samsarische Welt der Irrtümer durch ein Weltenrad dargestellt. Es wird gehalten von Yama, dem Herrn des Todes. In voneinander abgegrenzten Bezirken finden wir Menschen, Götter, Halbgötter, Tiere, Hungergeister und Höllenwesen vor – die ganze Bandbreite der Verblendung, die wir auch in menschlichen Gestalten in unserem Alltagsleben kennen. Umrandet werden sie von einem Kreislauf der immer wieder blind sich wiederholenden Wiedergeburt. Im Zentrum aber ist da keine Gottheit, sondern das Knäuel der Grundgifte, die diese Welt „regieren". Sie sind dargestellt durch ein Schwein, eine Schlange und einen Hahn – diese stehen symbolisch für Gier, Hass und Verblendung.

Wird diese Welt durchschaut, können andere Mandalas entstehen.

Im Mandala des Anuyoga, dem zweiten der höheren Mantras, erscheint der Urbuddha Samantabhadra in Einheit mit Samantabhadri. Hier wird das Mandala zu einem Mittel zum Erfassen der essenziellen Basis, dem Urgrund (sanskr.: dharmata). Begrifflich ist der Urgrund gewissermaßen das Pendant zum Klaren Licht.

Dabei arbeitet Anuyoga weiterhin mit allen Arten von Gottheiten. Die Energien, ihre Kanäle und ihre Chakren (Energiefelder) werden in der Meditation spirituell vervollkommnet. Eine Praxis der Einheit von Offenheit,

Glückseligkeit und Urerkenntnis findet statt. Damit ist Anuyoga nicht mehr Entwicklungs-, sondern bereits Vollendungsstufe.

24

Die höchste Yoga-Stufe ist Atiyoga, die große Perfektion. „Ati“ bedeutet: ursprünglicher Zustand. Hier ist der Übende ans Ziel gelangt. Er hat die letztgültige Seinsweise der Leerheit erreicht. Er ist zu einem Wesen geworden, das in sich und gewissermaßen von sich völlig befreit ist. Samsara und Nirvana sind eins geworden im uranfänglichen Grund des Seins. Um die Natur des Geistes muss er sich nicht mehr bemühen; sie ist stets vollkommen präsent. Aus ihr heraus schafft er nicht und tut er nichts, sondern verharrt in tiefem, durchdringendem Gewahrsein. Seine Anschauung ist nun vollständig ausgebildet und eins geworden mit dem Weg und dem Resultat, als wäre sie davon nie getrennt gewesen; er braucht sie nur noch zu halten. Was ihm begegnet, wird weder akzeptiert noch zurückgewiesen; es wird mit dem So-Sein als solchem konfrontiert. Die Buddhaschaft ist in „Großer Perfektion“ vollendet.

Jedoch: Ein solchermaßen realer Buddha wird in der ganzen Tiefe seiner Bedeutung wohl kaum erkannt werden können; es sei denn, der Betrachter ist selbst auf seinem Weg schon weit fortgeschritten.

25

Wir sehen: Der tibetische Buddhismus stellt tatsächlich ein Juwel in der Lehre des Buddha dar. Noch viel gäbe es von dieser lebendigen und überaus vielfältigen Religion zu berichten. Da wäre vor allem die Institution und der gegenwärtige Inhaber des „Löwenthrons“, der XIV. Dalai Lama, zu würdigen, der als religiöses Oberhaupt der Tibeter heute eine weltweit hohe Anerkennung genießt. Vom Berg Kailash wäre zu erzählen, der von Sagen umwobenen „Mitte der Welt“, von Pilgerreisen und religiösen Bräuchen, von tibetischer Medizin, Debatten und Obertongesängen, von „Lam Rim“, dem Stufenweg zur Erleuchtung und anderen Lehrbüchern, von Thangkas und Stupas, von Kindermönchen und Schamanen, Einsiedlern und lebenden Orakeln, von

Tulkus und Schatzhaltern. Insbesondere wären die tiefsinnigen Weisheiten wiederzugeben, die sich die Tibeter, wie wohl kein anderes Volk, zum Sterben und zum Tod erschlossen haben.

Und gewiss müsste auch das aktuelle Schicksal des tibetischen Volkes thematisiert werden, das – dem jüdischen Volk früherer Zeiten vergleichbar – seit etwa 1950 bis heute im Exil oder unter Fremdherrschaft um sein physisches und kulturelles Überleben ringt. Wer sich in die jüngere Geschichte dieses Landes vertieft, wer nur einige der rund 6000 zerstörten und nur teilweise wiedererrichteten Klöster mit eigenen Augen gesehen hat, wer bis heute immer wieder von Verschleppung und Folter, von religiöser Diskriminierung, von der Ausbeutung der Natur des Landes und der schleichenden kulturellen Verfremdung hört, der mag von einem Mitgefühl erfasst werden, das von tiefer Trauer oder auch Wut durchzogen ist.

Leider ist natürlich auch bei den Tibetern selbst nicht alles Gold, was glänzt. So ist die Region immer noch nicht frei von okkulten Praktiken, die anderen Menschen Schaden zufügen. Die Vakanz zwischen dem Ableben eines Dalai Lama und dem Auffinden seiner Reinkarnation ist sicherlich ein Fehler im System. Und wenn man beispielsweise miterlebt, wie hochstehende Lamas einander ihre Klientel abzujagen versuchen, besonders wenn es sich dabei um vermögende Damen aus dem Westen handelt, dann wundert man sich doch sehr. Es gab Zeiten, in denen die einzelnen Schulen einander ihre Klöster in Brand gesteckt und auch intern heftige Kämpfe ausgefochten haben, um ihren Einfluss an Macht zu erweitern. Insofern ist die chinesische Invasion für die Leidtragenden nicht unbedingt etwas Neues.

Jedoch: All dies soll anderer Lektüre vorbehalten sein. Denn wir wollen uns ja in erster Linie das „Klare Licht der Weisheit" erschließen, wie es uns von der Rede von Gott und der Lehre des Buddha her überkommt.

26

Es ist gewiss der Himalaya, das „Land über den Wolken", das die Tibeter dazu bewog, die absolute Wirklichkeit in ihrer Transzendenz als Klares Licht aufzufassen. Denn über dieser Landschaft, bedingt durch ihre gewaltige Höhe, wölbt sich ein Himmel von unglaublicher Transparenz. Wer eines der tief geschnittenen Täler durchwandert, wer an einem heiligen See mit seiner glasklaren Oberfläche lagert, der weit hinten von einer Kette schneebedeckter Berge umrandet ist, wer einen Pass überquert oder einen Berg begeht, der wird immer wieder überrascht und berührt sein von diesem Licht, das ihn da umgibt. Die überall errichteten weißen Stupas, die an langen Schnüren und Seilen angebrachten, bunt flatternden Gebetsfahnen verstärken noch den Kontrast: Diese dünne und praktisch staubfreie Luft ermöglicht ein Licht von solcher Klarheit, dass man ohne Weiteres auf den Gedanken kommen kann, sie sei überirdisch. Gewiss, auch dieses Licht ist nur ein Symbol, aber was für eines! Es ist, als hätte dieser Planet Erde hier all seine Kräfte gebündelt, um das Äußerste an Darstellung dessen zu ermöglichen, was *Leerheit* ist, die nicht leer ist – eben so wie dieser unendlich weite Himmel. Und die Luft, sie arbeitet an den Bergen, und sie durchdringt den Menschen. Dünn wie sie ist, ist es nicht ungefährlich, sich ihr auszusetzen. Wer hierher kommt und es aushalten und an sein Ziel gelangen will, muss sich gut vorbereiten und auf seinem Weg entsprechende Maßnahmen treffen und Regeln beachten – auch dies lässt sich als Symbol für den Buddhaweg in der tibetischen Version verstehen.

Wir erinnern uns: Ein tibetischer Buddhist meditiert, indem er eine Gottheit visualisiert. Sie befindet sich über seinem Scheitel. Wenn er sie klar genug vor seinem geistigen Auge hat, kann er sich mit ihr vereinigen. Dies geschieht, indem die Gottheit, vielleicht nun in Form einer weißen Scheibe, durch den Scheitel in ihn eintaucht und sich dabei verwandelt – in Licht! Und dieses Licht erfüllt nun den ganzen Menschen. Und wenn dieser Mensch lange genug übt, dann wird ihn dieses Licht nie mehr verlassen. Der so ans Ziel Gekommene wird selig sein, er wird den nunmehr gewonnenen Körper als sein wahres Ich empfinden, als Dharmakaya. Er hat schon jetzt dieses Licht geschaut und gewonnen, das vielen Menschen erst in der Stunde ihres Todes aufleuchtet, zumeist wohl nur als Verheißung; aber immerhin.

Dem Erleuchteten aber ist dieses Licht Weisheit, das Wissen des gänzlich Erwachten, des Buddha. Da steht nichts mehr zwischen dem Geist des Geübten und dem Licht. Es ist ganz klar, stets neu präsent, immer *so*.

Folgerungen

Bei jenem Weg geht es nicht um Informationen,
sondern um das Erlangen der Antworten und des Wissens,
was nicht von Namen wie Hinduismus, Buddhismus,
Judentum und Christentum begrenzt ist.
Wenn man sich immer noch
an einer Religionsgemeinschaft festklammern muss,
dann hat man es nur mit dem Schatten der Wahrheit zu tun,
einer bloßen Reflexion einer Religion,
die nicht das wahre und tiefe Verständnis enthält.

Shodo Harada Roshi

Der voranstehende große Abschnitt zeigt es eindeutig: Weder die Rede von Gott noch die Lehre des Buddha lassen sich jeweils auf einen Nenner bringen. Gott selbst ist letztlich nicht benennbar. Und die Lehre des Buddha erweist sich als ein riesiges Feld verschiedenster Les- und Übungsarten, jeweils praktiziert von einer der zahlreichen Schulen, die – sagen wir es mal ein bisschen frech – heiter-besinnlich nebeneinanderher meditieren. Damit ist auch die Hoffnung auf einen gemeinsamen Nenner für Gottesrede und Buddhalehre dahin.

Und so müssen wir eingestehen, dass auch die Rede vom „Licht", wiewohl es in beiden spirituellen Linien an zentraler Stelle erscheint, kein gemeinsamer Nenner sein kann.

Allerdings, wenn schon nicht dies: Das Licht kann als Begriff eine Spur sein, die zur letztlich gemeinsamen Essenz der beiden Linien führt. So mag deutlich werden, warum ich den letzten Abschnitt mit „Licht-Zeichen" überschrieben habe.

„Licht" ist schon deswegen ein tauglicher Begriff, weil er allgemein allen Menschen eingängig ist und immer schon in einem übertragenen Sinn verwendet wurde. Gott ist das Wahre Licht, der Dharmakaya-Buddha ist Reines Licht; die eigentliche innere Mitte des Menschen ist Klares Licht, wiewohl verborgen und verdunkelt; und der Mensch findet erst wirklich und ganz zu sich selbst, wenn er dieses Licht erkannt hat. Der oftmals mühsame Weg zur Erkenntnis erweist sich als Akt der Befreiung. Die Begrenzungen der relativen Welt einschließlich des Todes können diese Freiheit nicht mehr beeinträchtigen.

Allerdings geht es hier um eine Freiheit, die man nie „hat"; denn „haben" ist ja schon ein Begriff aus der einseitig relativen Welt.

Ja, so kann man es sagen. Gewiss gibt es noch andere mögliche Ausdrucksweisen, vielleicht so viele, wie es Menschen gibt, die sich redlich darum bemühen; dies ist nur eine.

Eine nähere Betrachtung des Klaren Lichts soll nun den mittleren Teil unserer Folgerungen bilden. Zuvor sei aber die reizvolle Frage gestellt, ob denn nun die Rede von Gott und die Lehre des Buddha vereinbar seien, wiewohl ein gemeinsamer Nenner nicht ausgemacht werden konnte. Und im Anschluss an das „Klare Licht" werden aufgrund der voranstehenden Hinweise, wonach Liebe und Mitgefühl in unmittelbaren Zusammenhang mit diesem Licht stehen, ethische Folgerungen zu bedenken sein.

Ist die Rede von Gott mit der Lehre des Buddha vereinbar?

Je weniger wir die Trugbilder bewundern,
desto mehr vermögen wir die Wahrheit aufzunehmen.

Erasmus von Rotterdam

Wir müssen verstehen,
dass zum Beispiel Jesus und Avalokiteshvara
genau das Gleiche bedeuten. Ihr Kern, ihr Wesen
ist selbstlose Hingabe und Dienst am anderen.

Lama Thubten Yeshe

Am Beginn der folgenden Erwägungen soll eine neuerliche Betrachtung dessen stehen, was der Mensch in seiner irdischen Existenz als Leid erfährt.

Denn nun können wir in skizzenhafter Kenntnis der Rede von Gott und der Lehre des Buddha sagen: Ausgangspunkt der Rede von Gott ist der Mensch, und Ausgangspunkt der buddhistischen Lehren ist der Shakyamuni Buddha. Ausgangspunkt des Menschen und des Buddha aber ist das Leid, das sie wahrnehmen und das ihnen widerfährt. Erst das persönlich erfahrene Leid ruft das Bestreben hervor, sich über ein rein intellektuelles Interesse hinaus um dessen Aufhebung zu bemühen. Erst wer selbst von einem schweren Schicksal, einer Krankheit, einer Sucht, einem Verlust oder auch „nur" von tiefer Langeweile erfasst ist und nur noch einen Abgrund vor sich sieht, wird vielleicht noch mit letzter Kraft sagen können: So kann es nicht weitergehen.

Christus versucht das Leid zu überwinden, indem er es im inneren Wissen um das leidfreie, transzendente Reich Gottes bis zum äußersten Ende geht. Buddha will es überwinden durch analytische Erforschung der Ursachen und der daraus zu folgernden Wege der Aufhebung. Beide Wege sind verständlich, legitim, wirksam und gültig.

Religionen sind, so verstanden, kollektive Versuche der Überwindung von Leid durch einen spirituellen Weg. Dieser bezieht medizinische, psychologische und politische Kenntnisse und Bemühungen mit ein und bündelt sie, indem er den leidenden Menschen in einen übergeordneten und ganzheitlichen Zusammenhang stellt.

Wer also nun in seinem Leben eine persönliche Krise oder gar eine Katastrophe durchmacht, kann vollständig in ihr versinken. Das große Leid bewirkt, wozu sonst viele Meditationen nötig sind: Das Ich vergeht, und mit ihm die Faktoren, die es trügerisch zusammenhielten: Stolz, Prestige, bislang erworbene gesellschaftliche und private Positionen, soziale Netze und Sicherheiten, Freundschaften und sogar Familien. Ich nenne sie trügerisch, weil sie nun mitunter zerbrechen oder mit ihren Möglichkeiten kein gedeihliches Leben mehr bewirken können. Die Krise macht deutlich, was sich im Leben bisher an Negativem angesammelt hat, und eröffnet die Chance zur Bereinigung. Zur reinigenden Wirkung der Krise gehört es auch, dass bislang wichtige Interessen, Fragen und Themen auf ihren tatsächlichen Wertgehalt zurückgeschraubt und damit zumeist eher bedeutungslos werden.

Einige wenige nur bleiben übrig, und der innere Blick kann sich unverstellt auf sie richten. Dieser Blick ist allerdings noch nicht frei, das Leid nimmt viel Energie in Beschlag, die Gedanken überschlagen sich, und sie belasten die neuen Themen mit hohen Erwartungen. Denn diese verheißen ja, weit mehr als es die alten Inhalte vermochten, existenzielle Bedeutung für das Dasein.

Die Dichterin Ilse Aichinger kennzeichnet diese Phase der Leidbewältigung sehr gut, wenn sie schreibt:

Versuchen
in tödlichen Augenblicken
zuhause zu sein.

In diesem Prozess läge wohl ein Ansatz für psychotherapeutische Bemühungen, die über die akut notwendige Grundversorgung und die Analyse des Geschehens und seiner Ursachen hinaus zur Klärung und Bestimmung der neuen Wertgehalte beitragen können.

Zu meiner Überraschung war es in meiner persönlichen Leidensgeschichte die alte und schon längst abgelegt geglaubte Frage nach Gott, die sich mir vor diesem Hintergrund von neuem stellte. Damit verband sich nach einigem Zögern die Einsicht, ein religiöser Mensch zu sein – ob ich das nun wollte oder nicht. Was ist Gott, und was ist mein Platz in der Welt? Nur noch diese beiden Fragen waren mir – wie bereits erwähnt – von meinem bisherigen Leben und Studieren übrig geblieben. Dabei war mir klar, dass der Gott, wie er mir kirchlich konkret vermittelt wurde, fürs Erste erledigt war. Das überaus diffuse Gemisch aus Erkenntnissen und Projektionen war in der Finsternis verschwunden. Das in religiöser Sozialisation Erworbene war mir weitgehend abhanden gekommen. Ein unbeirrbarer Glaube, der meint, nicht weiter hinterfragen zu müssen oder zu dürfen, war mir nicht gegeben. Auch für jedwede Art von Zufluchtnahme schien dieser Gott nicht mehr zu taugen. Die Schrecken des Leidens wichen damit nicht zurück.

Was mir fürs Erste half, waren einige Menschen, die es gut mit mir meinten. Sie richteten mich wieder auf. Jemand machte mich dabei auf die Möglichkeiten der Meditation aufmerksam. Nicht, dass er mich bewusst und gezielt darauf gebracht hätte; es ergab sich so. Das war wichtig, denn eindeutig-enthusiastischen Heilsversprechen gegenüber war ich misstrauisch geworden. Schon die Sprechweise ihrer Protagonisten empfand ich als Lüge. Zudem war mir klar: Die einzelnen Schritte zur Leidbewältigung und zu den neuen Inhalten musste ich ohnehin selber gehen.

Der entscheidende erste Schritt bestand darin, *sich selbst nichts mehr vorzumachen.*

Illusionen

Täuschung und Lüge, Ausweichen und Verdrängen sind nichts anderes als Selbstbetrug, auch und gerade dann, wenn damit die eigene Haut gerettet werden soll – was mit diesen Mitteln jedoch kaum auf Dauer gelingen kann. Der Psychotherapeut Léon Wurmser hat dies eindrucksvoll dargelegt. Der Lyriker Erich Fried (1964, S. 62) dichtet hierzu treffend:

„Ich habe die Nacht mit meinen Träumen verwechselt
Ich habe die Träume mit meiner Hoffnung verwechselt
und meine Hoffnung verwechselt mit dem was ich bin
und was ich bin mit meinen Gedichten
Ich habe meine Gedichte verwechselt mit einer Frau
Ich habe eine Frau verwechselt mit ihrer Liebe
Ich habe ihre Liebe verwechselt mit ihrem Schoß
ihren Schoß mit der Ruhe – die Ruhe mit meiner Nacht
Also habe ich alles in allem verwechselt
ein schlechter Wechsler im Vorhof des Heiligtums
Ich habe das Heiligtum verwechselt mit seinem Reichtum
und den Reichtum mit meinem Zeitvertreib
Nun vertreibt mich die Zeit
der große Wechsel erfasst mich
der Wechsel ist fällig
die Wechsler kommen zu Fall
Es ist kein Zufall
der Gold verwechselt mit Kupfer
und Silber mit Abfall
Ein Arm kehrt den Reichtum
zum Staub auf den Tempelstufen
Arm bin ich Reicher geworden
sein Geld zerfließt auf den Fliesen
Ich kann mich nicht wehren
aber ich sehe die Wahrheit:
Die einzig gültige Währung
ist diese Vergeltung.“

Oder, kürzer (1989, S. 45):

„Ich weiß
dass ich oft oder meistens
ausweichen will

Ich weiß auch
dass das verständlich ist
denn ich will leben

Aber ich weiß nicht mehr
ob man leben bleibt
wenn man ausweicht"

Die Lehre des Buddha besagt hierzu, dass ohnehin alles Kreatürliche in und aufgrund seiner Vergänglichkeit reine Illusion sei. Genauer gesagt, wiewohl als Satz schwer verdaulich: Kreatur *und* Transzendenz sind *jenseits der Extreme* von Existenz und Nichtexistenz (Gampopa 1996, S. 217–229). Eine eingebildete oder durch Projektion aufgebaute Existenzweise (sanskr.: parikalpitasvabhava) würde bedeuten, sich sozusagen von der Illusion eine Illusion zu machen, was dann vollends zu heilloser Verwirrung führt.

Was ich so für mich selbst einsah, musste nun aber auch in Bezug auf Gott gelten: Gott darf keine Illusion sein. Wäre es so, dann wäre er keiner Anerkennung wert. Dieser Gedanke wurde zum entscheidenden Kriterium meiner nun einsetzenden religiösen Praxis, die ich mir neu einrichten und in zunehmender innerer Freiheit gestalten konnte. Die alte Praxis war ja dahingeschwunden. Das Neue wurde nun möglich nach der erfolgten Einsicht in die Bedeutung und Tragweite des Selbstbetrugs.

Religiöse Praxis

Jede religiöse Praxis bedarf einer passenden Formensprache, und diese bedarf der Übung. Ein Freund hatte mich ja bereits recht früh auf einen seriösen Meditationslehrer hingewiesen. Eine lange Suche nach der für mich geeigneten Meditation blieb mir also erspart.

Es ist sehr wichtig, die Frage nach der richtigen Meditationsform für sich persönlich gut abzuklären. Ein Zen-Lehrer etwa, mit dem ich später die

Möglichkeit in Erwägung zog, bei ihm in die Koan-Schule zu gehen, wies mich auf die Härte dieses Weges hin, der über weite Strecken von Verzweiflung geprägt sei, und meinte dann: „Sie haben in Ihrem Leben schon so viel durchgemacht, da müssen Sie sich das nicht auch noch antun.“ Er hatte erkannt, dass die Koan-Schule zumindest im Moment nicht der richtige Weg für mich sei.

Dieses „Durchmachen“ hatte mir ja auch bereits die Aspekte aufgezeigt, auf die es beim Meditieren ankommt: Es hatte die Sehnsucht nach innerem Frieden geweckt und zugleich gelehrt, dass es noch nicht genügt, wenn er sich einstellt, sondern dass mit ihm konzentriert auf das Resultat der umfassenden Einsicht hin zu arbeiten ist. Dies enthält bereits die wesentlichen Akzente der Meditation: tiefe innere Ruhe, offene Weite und Wachsamkeit, äußerste Konzentration; kein Dualismus mehr, der das Leben von neuem zerreißen würde. Ken Wilber (z.B. 1999, S. 406–427) spricht in diesem Zusammenhang vom einfach-allgegenwärtigen Gewahrsein des Meditierenden, womit diesem der Status eines Beobachters, eines Zeugen auf hohem Niveau zukommt.

Es fand sich ein Lehrer, der diese Aspekte authentisch aufzeigen und einüben konnte. Darauf ließ ich mich nun auf Dauer ein.

In der ersten Zeit war ich dabei noch sehr mit meinen eigenen vermeintlichen Belangen beschäftigt. Erst allmählich weitete sich der innere Horizont. Ich erfuhr eine tiefe Beruhigung hinsichtlich der Verstrickungen in meinem Dasein. Die Einsicht in deren und der Welt Vergänglichkeit beraubte sie ihrer Macht. Damit konnte ein sehr weit gehender Frieden in mein Dasein einziehen. Dieser Friede ist allerdings immer noch und immer wieder gefährdet. Neue Herausforderungen provozieren alte Verhaltensmuster; es gibt Rückschläge. Einige dieser Muster liegen so tief, dass sie erst jetzt allmählich ans Tageslicht treten. Es ist eine bleibende, lange und schwere Aufgabe, den Frieden bei solchen Erschütterungen zu wahren.

Wer begreift, was der Buddhismus mit „Illusion“ meint, muss deswegen seine Pläne zum Aufbau eines stabilen und auf Dauer angelegten irdischen Lebens nicht aufgeben. Er kann dabei sogar mit der Zeit eine größere Gelassenheit aufbringen, wenn bei der Umsetzung solcher Pläne Schwierigkeiten auftauchen.

Die Meditation ermöglichte es mir mit den Jahren der Übung, mich nun auch wieder anderen Menschen zuzuwenden und eine eigene Praxis des Mitgefühls zu entwickeln. Ein durchaus intensives Studium der Lehre des Buddha unterstützte diese Praxis aus Meditation und Mitgefühl.

Und bei all dem merkte ich nun, dass ich die Frage nach Gott nicht so einfach beiseiteschieben und ablegen konnte. Fast wäre ich versucht, die diesbezügliche Befindlichkeit mit den Worten eines Dichters zu umschreiben: *„Ich kreise um Gott, um den uralten Turm ...“* (1977, S. 11) – doch damit würde ich mich dem Verdacht aussetzen, in einer bloßen Pose zu verharren, wie es bei Rilke nicht selten der Fall ist. In meinem Fragen schien vielmehr eine Verheißung von Wahrheit zu liegen; vielleicht hatte ich diese nur nicht richtig verstanden?

Neben meinen buddhistischen Lehrern begann ich die christlichen wieder zu entdecken: Thomas von Aquin und Meister Eckehart, rezipiert etwa durch Raimon Panikkar und Georg Scherer. Was ich dabei verspürte und bei Autoren wie Jean Gebser schon vorab bestätigt fand, dem wollte ich nun näher und genauer nachgehen: nämlich dass die Aussagen und Inhalte der großen Lehrer aus den beiden Religionen bei aller Verschiedenheit in den Formulierungen vieles miteinander gemein haben. Dies sah ich insbesondere in der Freundschaft zwischen dem XIV. Dalai Lama und dem christlichen Mönch Thomas Merton verwirklicht. Die beiden machten mir klar, dass die Beziehung zwischen den beiden Religionen eine freundschaftliche sein kann, ja, ich meine: sein sollte. Das Unterscheidende deutlich (an)erkennen, das Verbindende in den Augen des anderen ebenso deutlich und wohlwollend zu „lesen“; warum nicht?

Kompatibilität

Diese ersten Wahrnehmungen ließen nun keinen andern Schluss zu als den, dass Religionen, hier insbesondere Buddhismus und Christentum, in einem Grundverhältnis der Kompatibilität zueinander stehen müssen. Dieses Verhältnis ist allerdings weitaus komplexer als etwa bei technischen Geräten, wenn sie – wiewohl von verschiedenen Herstellern – zu einer funktionierenden Computeranlage vernetzt werden können.

Kompatibilität (sanskr.: prapti) meint hier über die aufgrund gemeinsamer Merkmale wie Lehren, Sozialstrukturen, heilige Orte und Zeiten, Riten, Symbole und Transzendenzbezüge mögliche Vergleichbarkeit zweier Religionen hinaus deren inhaltliche Verträglichkeit bis hin zur Vereinbarkeit. Diese Merkmale deuten darauf hin, dass sie gleichsam miteinander verwandt sind. Als Position wird dies schon seit geraumer Zeit vertreten (z. B. Klimkeit 1987, S. 559 f.). Der gegenteiligen Auffassung, nämlich dass die beiden Religionen einander inhaltlich völlig ausschließen und die eigene Religion natürlich die einzig wahre sei, dürften wohl eher nur fundamentalistisch geprägte Fanatiker oder aber zutiefst von einer Religion verletzte Menschen frönen. Doch selbst wenn es sich um zwei ganz verschiedene Religionen handeln sollte, können das zwei Seiten derselben Medaille sein. Verschiedenheit bleibt Verschiedenheit; diese erlaubt keinerlei Gleichschaltung im Sinne eines „Nihilismus des Geltenlassens“ (Gehlen 1969, S. 40), der die Unterschiede naiv harmonisierend einebnet. Die Verschiedenheiten stehen jedoch auch nicht erratisch konträr zueinander. Sie lassen sich einander zuordnen.

Methodisch kann dies durch den kontrastiven Vergleich geschehen, der die Eigen- und auch Unarten der jeweiligen Religion umso deutlicher hervortreten lässt und nun auch Übereinstimmungen zwischen den beiden Religionen kenntlich macht. Dabei ist aber noch zu beachten, dass man die verschiedenen Konfessionen, Kirchen und Sekten im Christentum ebenso wenig über einen Kamm scheren kann wie die zahlreichen „Fahrzeuge“, Linien und Schulen im Buddhismus. Gleichwohl lassen sich nun nicht nur kompatible oder inkompatible Unterschiede finden, sondern auch das, was John Rawls (1992) den „overlapping consensus“ nennt: Angehörige verschiedener Religionen können sich auf bestimmte Werte und Prinzipien – wie etwa die „Goldene Regel: Alles, was ihr von den Menschen wünscht und wollt, das tut auch ihnen“ (Matthäus 7,12, eig. Übers.) – einigen, auch wenn sie verschiedene oder sogar einander ausschließende Begründungen dafür haben. Religionen können so bei ganz verschiedenen Sprachkleidern, je anderen geschichtlichen Abläufen, unterschiedlich entwickelten Disziplinen und selbst bei konträr erscheinenden Inhalten (v. Brück/Lai 1997, S. 644) von ihren Rand- bis hin zu ihren Kernbereichen einander nahe sein bis hin zu letztlicher Übereinstimmung.

Die Rede von Gott bzw. dem Absoluten berührt nun einen Bereich, wie er kerniger nicht sein könnte.

Gott?

Wer von Gott reden will, der ist mit seiner ganzen Person gefordert. Dies geht über eine rein intellektuelle, objektgerichtete Bearbeitung dieses „Themas“ weit hinaus. Mit dieser „Rede“ von Gott meine ich auch nicht den „Glauben“. Dieser Begriff ist derart vielschichtig, dass er in einer eigenen Untersuchung erörtert und geklärt werden müsste. Folgt man der Unterscheidung, wonach es sich beim Christentum um eine Glaubensreligion und beim Buddhismus um eine philosophische Religion handelt (Singh 1976, S. 10), so sind mit Glaube und Philosophie zwei Wege markiert, die im Sinne der vorangegangenen Erörterung unterschiedlich verlaufen, dabei aber durchaus dasselbe Ziel haben können. Dabei ist für Christen der Glaube die Vorstufe zum erhofften Schauen und für Buddhisten die Übung die Vorstufe zur erstrebten Erleuchtung. Dies möge an dieser Stelle genügen.

Mit der „Rede von Gott“ meine ich auch nicht die unzähligen Varianten zu diesem Thema, die sich in einer langen Kulturgeschichte entwickelt haben. Mono-, Poly- und Pantheismus, ägyptische, griechisch-römische, christliche und hinduistische Konzepte zur Gottesfrage wären sicherlich der Erörterung und des kontrastiven Vergleichs mit buddhistischen Inhalten wert. Ich sehe darin jedoch nicht den eigentlichen Schwerpunkt der Auseinandersetzung. Vielmehr will ich die Frage auf den „personalen Schöpfergott“ nach jüdisch-christlichem Verständnis zuspitzen. Denn diese Rede von Gott ist es, die einen unüberwindlichen, ja „garstigen, breiten Graben“ zwischen Buddhismus und Christentum zu bilden scheint.

Buddha selbst hüllte sich auf die Frage nach Gott in völliges Schweigen. Dies wird dahingehend interpretiert, dass er die Erörterung dieser Frage für unerheblich hinsichtlich seiner Grundintention hielt: „Meine Lehre ist nur auf eines ausgerichtet, Leiden und die Aufhebung von Leiden“ (in: Majjhima Nikaya I, S. 140). Für ihn ergab sich daraus die Notwendigkeit einer klaren Praxis, in der theoretische Erörterungen zu nichts führen würden. Da sich ihm kein Gott offenbarte, würde „schon der geringste Anflug von positiver Sprachgestalt den Verdacht des Verlustes bzw. des Missverständnisses“ dieser Grunderfahrung (Waldenfels 1987, S. 230) bedeuten. Als Konsequenz von Buddhas Schweigen konstatiert die Zen-Schrift Zenrin Kushu: „Öffne deinen Mund: sofort falsch; bewege deine Zunge: gegen die Wahrheit“, und so wird nicht von ungefähr die „Leerheit“ zu einem zentralen Begriff im Mahayana-Buddhismus.

Nun stellt aber der südtibetische Yogi Marpa fest: „Unwissende behaupten, dass Leerheit Nihilismus ist.“ Und schon der Patriarch Hui Neng (638–713) führt aus (in: Faber 1996, S. 233):

„Wenn ihr mich von der Leerheit sprechen hört, so lasst euch nicht von der Auffassung verleiten, dass ich die Leerheit eines bloßen Vakuums meine. Es ist von größter Bedeutung und Wichtigkeit, dass wir nicht einer solchen Auffassung verfallen; denn wenn beispielsweise ein Mann dasitzt und seinen Geist völlig leer hält, so würde er nur in einem Zustand der Leere im Sinne völliger Gleichgültigkeit und Indifferenz verharren. Die unendliche Leerheit des Universums aber ist fähig, Myriaden von Dingen verschiedenster Form und Gestalt zu bergen: Sonne und Mond; Sterne und Welten; Berge und Flüsse; Bäche und Quellen; Wälder und Sträucher; gute Menschen und schlechte Menschen; Gesetzmäßigkeit im Guten wie im Schlechten; himmlische und höllische Welten; die tiefsten Weltmeere und die höchsten Berge. Der Raum umfasst all dieses, und in gleicher Weise tut dies die Leerheit unserer eigenen Natur. Wir sagen, dass das wahre Wesen unseres Geistes groß ist, weil es alle Dinge umfasst, weil alle Dinge in unserer Natur beschlossen liegen.“

Also gut, Leerheit ist kein Vakuum – aber was ist es dann?

Vielleicht will das Schweigen des Buddha auch besagen, dass sich das mit „Gott“ oder „Leerheit“ Gemeinte unseren menschlichen Begriffen entzieht. Deren Verwendung würde nämlich dazu verleiten, etwas gedanklich einzugrenzen, das alle Dimensionen sprengt und somit keine Grenzen hat; würde das Unvergängliche verfälschend mit dem Vergänglichen und damit letztlich Illusionären vermischen, zu dem auch der Mensch mit seiner begrenzten Lebensspanne gehört. Die Zuordnung von Absolutem und Relativem, von Sein und Seinsweise kann ja nicht einfach aus bloßer Vermischung bestehen.

Wir finden diese Auffassung bei Nikolaus von Kues (1401–1461), dessen Tiefe des Nachdenkens über Gott meines Erachtens unerreicht ist:

Sagt mir einer, du würdest mit diesem oder jenem Namen genannt,
so weiß ich schon eben dadurch, dass es einen Namen gibt;
dein Name ist es nicht.
Die Mauer jenseits welcher erst ich dich erschaue,
ist die Grenze für jede Weise von namengebender Bezeichnung.

Brächte jemand einen Begriff dafür zum Ausdruck,
wie du begriffen werden solltest: Ich weiß, es ist nicht dein Begriff;
jedes Begreifen findet an der Mauer des Paradieses ein Ende.

Diese Interpretation kommt der jüdischen Weisung, den Namen Gottes möglichst nicht auszusprechen, und dem Verbot der bildlichen Darstellung im evangelischen Christentum und im Islam sehr nahe. Sie entspricht auch meinem eigenen Empfinden. Schon immer hatte es mich verwundert, wenn eifrige Christen oder Muslime allzu selbstverständlich und vollmundig von Gott sprachen – so als ob sie genauestens wüssten, wer er ist und was er will. Und die Zeiten, in denen man im Namen eines solchen Gottes von Kindern oder auch von Soldaten unsägliche Dinge verlangt hat, scheinen ja bis heute noch nicht vorbei zu sein. Dabei dürfte doch klar sein, dass der unermessliche Gott mit solcherlei Vereinnahmungen nichts zu tun haben kann.

Jedenfalls: Der Buddha schweigt. Und dennoch gibt es im Buddhismus – etwa in der Madhyamaka-Philosophie (Singh 1976) – eine ganze Reihe von Begriffen, die, wiewohl sie naturgemäß der Erfahrungswelt des Relativen entnommen sind, ein in seiner Unvergänglichkeit anderes „Sein“ und dessen Aspekte umschreiben können: das Absolute (Thathata), die letztgültig wirkliche Seinsweise (Parinispannasvabhava), die verweilende Erfahrung des Einsseins mit dem Absoluten (Nirvana), die Freiheit von allen Bindungen und jeglichem Dualismus, die allem zu Grunde liegende Essenz (Dharmata), das die Phänomene durchdringende und umfassende Wahre Wesen (Dharmadhatu), die Soheit des Seienden (Butatathata). Das Absolute hat keinen Namen und keine Form (Arupa). Es ist ein rein geistiges Kontinuum.

Nirvana wird charakterisiert als ungeschaffen, ungeboren, unsterblich, unveränderlich, unregierbar, endlos, nicht produktiv, zur Nicht-Lösung unfähig, frei von Übel, ohne Handeln, frei von Übersiedlung, vollkommen; als letzte Befreiung, Frieden, Erleuchtung, Weisheit, reine Erkenntnis, Sicherheit, ein verwandelter Zustand des Wesens und des Bewusstseins; Seligkeit (Nibbuti). Es gibt auch paradoxe und symbolische Ausdrucksformen: das kühle Grab, die Insel in den Fluten, das andere Ufer, die Heilige Stadt (!), die Zuflucht, Schutz und Asyl; das Vorhandensein von Nicht-Entität. Der tibetische Buddhismus bereichert diese Sammlung um die Formulierung: das Klare Licht.

Mit all diesen Umschreibungen steht das Absolute nicht in dualistischem Gegensatz zur Welt der Erscheinungen; es umfasst und durchdringt diese und wird sogar als wesenhaft eins mit ihr angesehen. Dem Menschen wohnt es auf natürliche Weise inne. Die Madhyamaka-Philosophie geht so weit, den Buddha als eine „incarnation of Divinity“ zu betrachten (Singh 1976, S. 46). Indem ein Buddhist die Welt der Erscheinungen als Illusion erkennt, findet er das Absolute und strebt weiter darauf hin (Bodhicitta). Schon in den ganz einfachen, alltäglichen relativen Vorgängen – einer Arbeit, einer Begegnung, einer Berührung – kann das Absolute aufleuchten. Da kann sich dann eine Ahnung einstellen von etwas unendlich Anderem, das mir zugleich dennoch nicht fremd ist; einer Leerheit, die dennoch nicht nichts ist. Der Buddhismus weiß darum, dass eine solche Ahnung in zumindest den niederen Stufen der Meditation mit einem immensen Glücksempfinden verbunden ist. Das Christentum umschreibt solche Entdeckungen mit den „Gleichnissen vom Reich Gottes“, wie dem im Acker verborgenen Schatz oder dem Fund einer kostbaren Perle.

Der Mensch, der aber nun diesen Ahnungen und Empfindungen nachgehen und mittels seines Verstandes zu genaueren Aussagen über Gott kommen will, stößt dabei allerdings an Grenzen. Gott ist eben so, dass er nicht dingfest gemacht, analysiert und definiert werden kann.

Die Rede von Gott und die Lehre des Buddha gehen damit nun gewiss nicht nahtlos ineinander auf. Dennoch können die genannten Aspekte in christlicher Sprechweise ohne Weiteres als „Spuren Gottes“ verstanden werden. „Gott“ wäre dabei ein Sammelbegriff, eine Chiffre für das Gesamt all dieser Aspekte. Da und dort mögen die entsprechenden Begriffe jeweils unterschiedlich gefüllt sein; da und dort mag etwas fehlen. Dies gilt etwa für den im Christentum zentralen Begriff der Liebe, der, wiewohl dem Buddhismus in mehreren Schattierungen bestens vertraut, in dieser Sammlung der Aspekte fehlt. Gott ist aber so sehr eins mit Liebe, wie im Buddhismus Weisheit und Mitgefühl wesenhaft eins sind. An Stelle von „wesenhafter Einheit“ spricht die christliche Theologie jedoch lieber davon, dass Gott transzendent und zugleich der Welt immanent sei; wobei sie dies sehr behutsam zu formulieren habe, denn „dieses ist das Äußerste des menschlichen Gotterkennens: zu wissen, dass wir Gott nicht wissen“ (de potentia, q.7, a.5 ad 14) – eine Aussage des Kirchenlehrers Thomas von Aquin (1225–1274), die gewissermaßen einen Schlüsselsatz zum christlichen Verständnis von Gott bildet.

Es wäre eine spannende Aufgabe für den buddhistisch-christlichen Dialog, solche Begriffe mit- und füreinander abzuklären. Verständigung ist durchaus möglich, wenn man sich bemüht. Für Buddhisten besteht dabei jedoch keine Veranlassung, das Wort „Gott“ zu verwenden oder gar in die eigene Philosophie einzubauen. Ein Buddhist kann und darf nicht für einen Glauben an Gott vereinnahmt werden. Er müsste sich jedoch andererseits aus dem bisher Gesagten heraus einer Verwendung dieses Wortes nicht zwingend verschließen. Der bereits erwähnte Gedanke des XIV. Dalai Lama bringt dies zum Ausdruck: „Wenn ich von Gott im Sinne von ‚unendlicher Liebe‘ spreche, können auch Buddhisten diese Art der Interpretation von Gott akzeptieren.“

Personalität?

Was aber soll nun ein Buddhist mit der Aussage anfangen, Gott sei eine Person? Gipfelt nicht gerade in diesem Begriff das, was der Buddha ja wahrscheinlich gerade vermeiden wollte: nämlich Gott mit irreführenden Vermenschlichungen (Anthropomorphismen) zu überziehen? Denn worum anderes als um die Übertragung menschlicher Eigenschaften auf Gott sollte es sich bei der Rede von Ihm als Person handeln? Wie kann man mit einem solchen Begriff Gott auch nur annähernd gerecht werden? Ist „Person“ nicht pure Illusion, zumal wenn der Buddhismus bereits das Ich als solche auffasst und die Ichlosigkeit des Menschen und aller Lebewesen konstatiert?

Nun, es fällt auf, dass der Personbegriff in der buddhistisch-christlichen Diskussion meines Wissens nirgends definiert wird. Die Madhyamaka-Philosophie bindet ihn wie selbstverständlich und ohne Weiteres an den menschlichen Körper.

Dies entspricht jedoch nicht der Auffassung der westlichen Philosophie, die diesen Begriff geprägt hat. Demnach ist eine Person ein Wesen (engl.: personality), das sich selber weiß, das also über ein Bewusstsein seiner selbst verfügt. Als solches kann sie sich in Freiheit durch Vernunft zum Handeln bestimmen und so zur Mitwelt in Beziehung treten, in der sie das eigene So- und Dasein zielgerichtet gestaltet. Damit verfügt eine Person dem römischen Gelehrten Boetius zu Folge über eine bestimmte für sich bestehende, in Raum und Zeit sich durchhaltende selbstständige Entität (Seinshaftigkeit), die eine nicht mehr teilbare Einheit darstellt. Dies entspricht durchaus einem

Gedanken des XIV. Dalai Lama: „Obwohl das Bewusstsein von Augenblick zu Augenblick zerfällt, ist sein Kontinuum anfangslos“ (1991, S. 242). Genauer formuliert der Reformator Gampopa (1079–1153): „Das, was im Hinblick auf ein Kontinuum ‚Person‘ genannt wird, ist eigentlich ein Prozess ständig schwankender Bewegung“ (1996, S. 217). Das jeweilige Dasein ist dabei eine Form des immer einen Soseins. Eine solche Personalität ist übergegenständlich, ist kein verrechenbarer Sachwert. Es ergibt sich daraus eine Personwürde, die nicht zuletzt für die Entwicklung der Menschenrechte bahnbrechend war.

Mit all diesen Zuschreibungen ist aber nun Personalität nicht mehr ausschließlich eine dem Menschen vorbehaltene Eigenschaft; ja, sogar in erster Linie ist sie nun ein Aspekt Gottes, da sie ihm in vollkommener Weise eignet. Insofern spricht Thomas von Aquin vom Menschen als einem Abbild des Gottes (lat.: imago dei), der reines Dasein ist (vgl. Exodus 3,14). Und mit der Gewinnung dieses transzendentalen Aspekts von Personalität lässt sich, wiederum aus christlichem Verständnis heraus, sogar folgern: Erst die Liebe ist es, die den Menschen als Person entdeckt.

Das jeweilige Personsein des Menschen zu entschleiern, verstehend zu erfassen und auf gelingendes und glückendes Leben hin zu begleiten, ist eine Aufgabe der Psychologie.

Wenn aber nun im Buddhismus von einem absoluten Bewusstsein die Rede ist, das die Phänomene durchdringt, so ist eben dies Personalität. Denn die Auffassung von einem Bewusstsein, das nicht über ein Bewusstsein seiner selbst verfügte, wäre absurd. Es wäre, auf „sich selbst“ bezogen, blind und eben nicht mehr „alles durchdringend“.

In gewisser Weise könnte man damit sagen, dass der Personbegriff der bereits erwähnten letztlich wesenhaften Einheit von Samsara und Nirvana Rechnung trägt. Der Theologe Karl Rahner sieht in „Person“ die zu sich selbst gekommene Unendlichkeit (1961, S. 282–285). Im Personbegriff lassen sich Dasein und Sosein, Inhalt bzw. Leerheit und Form, Absolutes und Relatives, Einheit und Vielheit zusammendenken; die menschliche Person ist je beides zugleich, in sich vereint. Wenn aber Samsara und Nirvana miteinander vereinbar sind, dann sind sie mit Sicherheit auch dialogfähig.

Schöpfung?

Als weitaus schwieriger erscheint es nun, eine Kompatibilität zwischen Buddhismus und Christentum hinsichtlich des Schöpfungsbegriffs nachzuweisen. Das Agganna-Sutra (Neumann 1996) bietet in ausdrucksstarken Bildern einen Mythos zur Herkunft des Menschen aus einer vergangenen Welt. Von einer absoluten Erstursache oder einem Schöpfer ist dabei aber mit keinem Wort die Rede; eine entsprechende Frage wird gar nicht erst gestellt, da der Mythos eine andere Intention verfolgt; er will die Befindlichkeit der gegenwärtigen Menschheit erklären.

Der historische Buddha lehnt den Glauben an einen Schöpfergott eindeutig ab. Denn Anfang oder Anfangslosigkeit der Welt sind nicht begründbar und Wissen darüber für die Befreiung vom Leid weder nützlich noch nötig. Einem Gott eine Initiation irdischer Vorgänge zu unterstellen würde überdies das Schweigen des Buddha konterkarieren.

Aber auch nach christlicher Auffassung ist ein Wirken Gottes zumindest nicht auf einen Schöpfungsakt im Sinne bloßer physikalisch-biologischer Inszenierungen reduzierbar. Umso beklagenswerter ist es, wenn bis heute christliche Kreise einer solchen Auffassung Vorschub leisten, was beispielsweise in den USA mitunter seltsame Blüten treibt. Nach biblischem Verständnis steht der Schöpfungsakt in engem Zusammenhang mit dem zentralen Ereignis des Alten bzw. Ersten Testaments: der Geschichte vom Exodus, dem Auszug der Juden aus „dem Sklavenhaus" Ägypten. Im Licht dieser Geschichte erscheint Schöpfung insbesondere als ein Akt der Befreiung des Menschen. Indem er sich aus un- und selbstverschuldeten Verstrickungen und Anschauungen löst, wird er freigesetzt zu dem, was er eigentlich ist. Diese Freiheitsgeschichte ist zugleich eine Geschichte des Erwachens, da in ihr Gott erkannt wird. Dies ist ein emanzipatorisches Geschehen, das sich bei Individuen und Gemeinschaften auf den verschiedensten Ebenen abspielen kann und somit bis heute fortdauert. Es gelingt den biblischen Schöpfungs-„berichten" zufolge dort, wo im vorhandenen Chaos der Verstrickung Befreiung und Neuordnung gelingt, und wo die Anschauungen sämtlich aufgegeben werden (vgl. Exodus 32 f.). Mein eigener Lebenslauf bestätigt dies. Andere Befreiungsgeschichten von Menschen, wie sie auch in der Bibel zahlreich enthalten sind, verlaufen in ähnlicher Weise. Zumindest die Schöpfungsgeschichten sind dabei allerdings keineswegs historisch; es kommt den biblischen Autoren mehr auf die Beschreibung des Vorgangs an, den sie in verschiedenen Varianten aufzeigt.

Wenn nun ein Buddhist durch die Praxis der Meditation in langer, ordnender Übung zur Freiheit des Erwachens findet und wenn man dabei die Aussage des vorhin erwähnten Zen-Lehrers berücksichtigt, so ist dies ein individueller Vorgang, der mit dem biblischen Schöpfungsakt durchaus vergleichbar ist.

Was oder wer bewirkt aber nun dieses Geschehen? Die beiden Religionen stimmen darin überein, dass es für alles Seiende und damit auch für alles, was in und zwischen allem Seienden geschieht, einen zureichenden Grund geben muss. Im Christentum finden sich entsprechende Hinweise, etwa in der „Bergpredigt Jesu" (Matthäus 5–7). Im Buddhismus ist dieses Faktum universelles Gesetz; das hierfür verwendete Wort – Karma – stellt einen Schlüsselbegriff in der Lehre des Buddha dar.

Wo aber ist nun dieser Grund zu suchen – innerhalb oder außerhalb des Seienden?

Wieder scheint die Antwort des Buddha völlig klar zu sein: kein Schöpfergott – keine Einwirkung von außen.

Aber – abgesehen davon, dass die Annahme eines reinen Außen-Daseins Gottes oben bereits widerlegt werden konnte – wie soll das gehen? Wir sagten es bereits: Nichts, was ist, hat seinen zureichenden Grund dafür schon ganz in sich selbst. Seinsweisen entstehen immer *auch* durch eine Einwirkung von außen. Haben wir es also mit einer Endloskette von Gründen zu tun, einem „regressus in infinitum"? Oder sollte man nicht doch, auch im Sinne eines brauchbaren Resultats, einen letzten bzw. ersten zureichenden Grund annehmen, der keines weiteren Grundes mehr bedarf? Dieser erste Grund wäre dann „ipsum esse subsistens"; das sich selbst tragende und allem zu Grunde liegende „Sein" selbst; zugleich der umgreifende Horizont all dessen, was Gegenstand werden kann. Wenn ich – wie oben erfolgt – diesem Sein schon in Übereinstimmung mit dem Buddhismus zuschreibe, dass es alles Irdische umfasst und durchdringt, warum sollte es dieses nicht auch, drittens, begründen? Wer oder was könnte dies denn sonst? Dieses Sein bedürfte dabei keiner weiteren Bedingung mehr, weil es selbst ja das „Sein" an sich ist.

Überraschender Weise ist dem Buddhismus dieser Gedanke durchaus nicht fremd. Er nennt dieses „Sein“ den Urgrund.

Nun könnte man diesen Urgrund durchaus mit einer Art Urmaterie, einer Monod'schen „Ursuppe“ gleichsetzen. Aber eine befriedigende Erklärung ist das nicht; es bedarf eben wohl doch eines Transzendenzbezugs. Und deshalb wird der Urgrund im tibetischen Buddhismus nicht von ungefähr mit einem blauen Punkt oder mit einem offenen klaren Himmel symbolisiert. Er teilt sich dem Menschen mit. Er enthält Absolutheit und Erleuchtung. Er ist aber auch, durchaus im Sinne einer „theologia negativa“, durch die „Nicht-Zwei“ gekennzeichnet: Weder Zeit noch Raum, weder Oben noch Unten sind dort zu finden. Dieser Urgrund ist ein Reich der Freude, das nicht aus Steinen und Häusern gemacht ist, sondern aus Licht. Es ist jedoch ein Reich, das sich für die Menschen gleichsam „hinter dem Vorhang“ befindet.

Nach tibetischem Verständnis verfügt der Urgrund über drei (gewissermaßen trinitarische) Eigenschaften, die natürlich an die Lehre von den Drei Körpern des Buddha erinnern:

- Uroffenheit, also Leerheit (sanskr.: sunyatta) von Anfang an;
- Spontaneität, d. h. spontan leuchtend und erscheinend und insofern überall präsent;
- Präsenz im Sinne einer allerfassenden und urintelligent wirkenden Energie.

Die Vermutung, dass nun zwischen Urgrund und Nirvana – wenn man so will, zwischen Schöpfungsakt und Vollendung – ein Zusammenhang besteht, hat vielleicht niemand schöner und klarer formuliert als der Dichter T. S. Eliot: „Und das Ende unseres Forschens ist, an den Ausgangspunkt zu kommen und zum ersten Mal den Ort zu erkennen.“

Diese und gewiss noch viele andere mögliche Zusammenhänge bedürfen jedoch weiterer Bemühungen um Klärung. Dies gilt auch für die Auffassungen der beiden Religionen zu allen hier angesprochenen Themen. Unterschiede bleiben vorerst weiter bestehen. So ist beispielsweise nicht zu übersehen, dass der auf tibetische Weise symbolisierte Urgrund kein personales Element aufweist; mit dem Hinweis auf die Urintelligenz findet sich hierfür allenfalls eine Andeutung. Strittig ist auch das „Handeln Gottes“ im Kontrast zum Nichthandeln der Leerheit; nun, vielleicht darf ich mir dieses

Handeln wie das Nichthandeln als das Zentrum eines Zyklons vorstellen, in dem tatsächlich *nichts* geschieht.

Einem „overlapping consensus“ dürfte es jedoch sehr nahekommen, wenn der christliche Mystiker Jakob Böhme schreibt:

„Man kann nicht von Gott sagen, dass er dies oder das sei, böse oder gut, dass er in sich selber Unterschied habe; denn er ist in sich selber naturlos, sowohl affekt- und kreaturlos. Er hat keine Neiglichkeit zu etwas, denn es ist nichts vor ihm, dazu er sich könnte neigen, weder Böses noch Gutes. Er ist in sich selber der Ungrund, ohne einigen Willen gegen die Natur und Kreatur als ein ewig Nichts … Er ist das Nichts und das Alles, und ist ein einiger Wille, in dem die Welt und die ganze Kreation lieget. In ihm ist alles gleich ewig ohne Anfang, in gleichem Gewichte, Maß und Ziel. Er ist weder Licht noch Finsternis, weder Liebe noch Zorn, sondern das ewige Eine“ (1983, S. 48).

Ein Schlussbild

Ist nun in Anbetracht der vorangestellten Erwägungen die Rede von Gott mit der Lehre des Buddha vereinbar? Und was ist aus meinen beiden Ausgangsfragen – der Frage nach Gott und nach meinem Platz in der Welt – geworden?

Endgültige Antworten kann ich nicht geben. Lediglich Spuren sollten angedacht, eine denkbar mögliche Richtung sollte verfolgt werden. Wenn ich meinem eigenen eingangs umschriebenen Lebensverlauf nochmals nachspüre, so meine ich: Es kommt nicht so sehr darauf an, Antworten zu erzielen, sondern vielmehr darauf, ob die Auseinandersetzung mit einer solchen Frage die religiöse Praxis und damit die eigene Lebensführung bereichert. Es geht also nicht so sehr darum, Überzeugungen und Positionen zu finden oder zu bewerten, sondern um den Gewinn dessen, was in und durch die Religionen hindurch universale Güte hat. Es geht über weite Strecken des Lebens mehr um die Klärungsprozesse als um letzte, zumeist ohnehin nur allzu vorschnelle Klarheit. Dies gilt auch für die hier vorgelegten Überlegungen.

Um aber zu meinen beiden Ausgangsfragen eine Antwort wenigstens anzudeuten, möchte ich an dieser Stelle ein Haiku wiedergeben, das nach einer Meditation entstanden ist:

Sitzen, nur atmen –
freundlich strahlt das Klare Licht
diesem stillen Platz.

Theorien sind vergebens, wenn sie in der Praxis nicht eingelöst werden. Deshalb soll der Schlussgedanke vor allem der Praxis gewidmet sein. Der Heilige Ignatius von Loyola formulierte seinerzeit eine Weisung, die die christliche Existenz durchaus zutreffend umschreibt. Sie lautet: „Handelt, als ob alles von euch abhinge; und hofft, als ob alles von Gott abhinge." Dies lässt sich nun mühelos in buddhistische Sprechweise übersetzen: „Lebe, als ob das Wohl aller Lebewesen von dir selbst abhinge, und setze dabei dein ganzes Vertrauen auf deinen Lehrer, der dir zum Buddha geworden ist, und damit auf das, worauf der Buddha verweist."

Das Bild eines Meditierenden mag solcherlei Weisung verdeutlichen. Indem er friedvoll und achtsam dasitzt, übt er jene Freiheit, die ins Erwachen führt; die umfassende Wirklichkeit gibt sich ihm zu erkennen. Und immer dann, wenn ihn seine Gedanken einholen, wenn der Atem verflacht, wenn die Haltung seines Körpers nachlässt, immer dann ist er darauf verwiesen, sich von Neuem geistig und körperlich ganz auf das Unsagbare auszurichten.

Klares Licht

Erst nach mehreren Tagen und nach mehreren Nächten
der Meditation und des Wachens
scheint von der Mitte des Raumes etwas auf und nimmt Form an,
das einer Sonne gleicht.
Ein Punkt, dessen fortgesetzte Betrachtung
die Seele zu einem Sprung in das vollkommene Wesensgleiche führt.

Michel Houellebecq

Ich beginne mit einer kleinen Erzählung aus meiner Kindheit. Im Alter von zehn Jahren durfte ich mit einer Jungengruppe, der ich angehörte, an einem großen Zeltlager teilnehmen. Für ein Kind von damals war es etwas Seltenes und Besonderes, von zu Hause fort zu sein. Wir lagerten mit vielen anderen

Gruppen in einer wilden Flusslandschaft, wie geschaffen für Spiele und Abenteuer, in denen wir uns im Leben mit der Natur bewähren sollten.

Eines Nachts wurde ein großes Geländespiel veranstaltet. Einige von uns ängstigten sich in der Dunkelheit, aber von der Schar der vielen Kinder und der Betreuer wurden sie mitgetragen.

In dem Spiel sollten die Gruppen verschiedene Posten anlaufen, die weit übers Gelände verstreut waren und die wir erst einmal finden mussten. Dort sollten wir unser Wissen und unsere körperliche Geschicklichkeit unter Beweis stellen.

Es war ein wunderbares Spiel in der Nacht. Wohl an die drei Stunden ging es hin und her über das Gelände. Zwischen den Posten spürten wir die Stille der Natur, und allmählich wurden wir mit ihr vertraut. Aber wir mussten uns ja beeilen, um auch noch eine gute Zeit zu erzielen.

Schließlich kamen wir reichlich außer Atem an unserem Zielort an: dem Lager. Ganz erschöpft warf ich mich ins kühle, hohe Gras und drehte mich um, so dass ich auf dem Rücken lag – und sah, wie sich über mir in tiefer Stille ein riesiger Sternenhimmel wölbte. Myriaden von Lichtern funkelten im tiefschwarzen Himmel. Einige schienen zu glimmern, sich gar zu bewegen, vollkommen lautlos. Ich vergaß alles um mich her, auch meine Erschöpfung, und staunte nur in diesen Himmel hinein. Nie zuvor hatte ich etwas derart Schönes gesehen. Jetzt wurde mir dieser Himmel zuteil, da ich, auf dem Boden liegend, die Blickrichtung gewechselt hatte.

Aus dem Getriebe der Zeit heraus der Lichter einer anderen Wirklichkeit gewahr werden und sich ihnen öffnen – eigentlich nur darum geht es.

Der eingangs Zitierte ist ein umstrittener zeitgenössischer Philosoph; es steht mir nicht zu, irgendein Urteil über sein Werk abzugeben. Warum aber zitiere ich ihn und keinen der großen Zen-Meister, Lamas oder Theologen? Weil ich damit deutlich machen will, dass das Klare Licht und seine Schau keine elitäre Angelegenheit ist. Sie ist jedem Menschen zugänglich. Houellebecq ist kein ausgewiesener spiritueller Experte. Er beschreibt eine Erfahrung, aus der nicht hervorgeht, ob ihr eine jahrelange Übung zugrunde liegt. Auch ist eher nicht anzunehmen, dass ihm mit der Erscheinung des „Sonnengleichen“ schon die ganze Tragweite und Bedeutung des Klaren Lichtes aufgeht. Ferner wäre es interessant zu erfahren, welchen Raum er meint, von dessen Mitte ihm „etwas“ aufscheint. Aber es entspricht einfach seinem spirituellen Entwicklungsstand und ist somit völlig korrekt, wenn er in seiner Darstellung über Andeutungen und Symbole nicht hinausgeht. Und es entspricht auch dem meditierten Gegenstand, dem Klaren Licht selbst. Der Philosoph mag ein Anfänger sein, doch dies ist keineswegs als Defizit aufzufassen. Der unverbildete „Anfängergeist“ wird in der Zen-Literatur geradezu als Voraussetzung für die Meditation angeführt; es gilt, auch für den langjährig Geübten, ihn sich bei jeder Sitzung zu bewahren.

Jesus würde es so sagen: „Wenn ihr nicht umkehrt und wie die Kinder werdet, könnt ihr nicht in das Himmelreich kommen“ (Matthäus 18,3).

Was aber nun Houellebecqs Worte betrifft, so sei nochmals darauf verwiesen: Auch dem Fortgeschrittenen bleibt letztlich der verbale Zugriff auf das Klare Licht versagt. Immerhin aber gibt er uns noch einen wichtigen Hinweis: Er beschreibt seine Meditation nicht als dösige Trance, sondern als einen Zustand fortgesetzten Wachens. Und eben diese Wachheit ist es, die den Betrachter mit dem Klaren Licht verbindet, ja, die bereits jetzt eine Einheit mit diesem Licht herstellt. Denn die achtsame Wachheit ist jener Bereich des Klaren Lichtes selbst, durch den es sich äußert.

Mit dieser Würdigung des Zitats ist nun auch der Rahmen abgesteckt, in dem Aussagen zum Klaren Licht möglich sind. Der Leser möge sich also im Folgenden nicht zu viel erwarten. Auch die biblischen und buddhistischen Hinweise sind ja hier nicht allzu breit gestreut. In der Bibel ist zwar viel vom Licht die Rede, aber der Begriff wird kaum näher erläutert. In der mir zugänglichen buddhistischen Literatur finden sich nur wenige Hinweise auf das Klare Licht. Die Autoren üben hier eine erkennbare Zurückhaltung, ja Scheu – wiewohl solche Scheu beispielsweise beim Dalai Lama nicht gerade zu jenen Eigenschaften zählt, die man ihm als Erstes zuschreiben würde.

Wir haben vorhin die Rede von Gott und die Lehre des Buddha eingehend betrachtet. In einer Zusammenschau können wir nun feststellen: In beiden Bereichen nimmt *Licht* als Begriff einen festen Platz ein, und er wird in einem durchaus ähnlichen Sinn verwendet. Wer von Gott redet, verwendet gerne das Licht als Gleichnis, als Symbol oder auch als Wesensbestimmung: Gott ist Licht, nur Licht, Licht ohne Dunkelheit. Wer die Lehre des Buddha weitergibt, will zum einen die vollkommene Freiheit dieses Lichtes von allen Eintrübungen und zum anderen dessen absolute Wirklichkeit betonen, da er ja über den Begriff „Gott“ nicht verfügt.

Nach Auffassung beider leuchtet dieses Licht zumeist im Verborgenen; jedoch nicht weil es nicht immer offen da wäre, sondern weil es nicht erkannt bzw. von Befleckungen überlagert wird. Dabei ist es immer schon so da, von Anfang an. Selbst anfangslos ist es somit fundamentaler Grund, Urgrund des Seins. Nach tibetischer Auffassung ist es ungeschaffen, spontan leuchtend und erscheinend und dabei alles durchdringend. In völliger Übereinstimmung, so, als würde er mit einem Lama ein Synchronspringen von einem Zehnmeterbrett veranstalten, schreibt der christliche Mystiker Jakob Böhme: „... Denn das Licht hat in der Gebärung Gottes keinen Anfang, sondern es hat von Ewigkeit her also in der Gebärung geleuchtet, und weiß Gott selber keinen Anfang darinnen“ (1943, S. 36).

Worin sich die beiden allerdings unterscheiden, ist die Verortung dieses Lichtes. Ein Buddhist findet dieses Licht nirgendwo anders als in jedem einzelnen Menschen, ja in allen Lebewesen. Und zuallererst in sich selbst sucht und findet er es. Das Klare Licht ist die Buddhanatur, die jedem Menschen zumindest keimhaft innewohnt. Zwar spricht Meister Eckehart in einem ganz ähnlichen Sinn von einem „Seelenfünklein“ im Menschen, aber im Gesamt der christlichen Theologie wird das Licht doch eher außerhalb, in einem Gegenüber lokalisiert, nämlich im Reich Gottes, das vom Menschen gesucht und gefunden werden soll.

Interessant ist in diesem Zusammenhang, dass sowohl für die Buddhanatur als auch für das Reich Gottes Gleichnisse verwendet werden, die einander verblüffend ähneln. So weisen beide wiederum auf die Verborgenheit des Lichtes hin. Jesus vergleicht das Reich Gottes mit dem winzig kleinen Senfkorn, mit einem Sauerteig, einem im Acker vergrabenen Schatz, einer besonders schönen Perle, einer verlorenen Münze. Und im Mahayana-Buddhismus vergleicht Maitreya, der zukünftige Buddha, die Buddhanatur: mit einem Korn in der Hülle, einem Goldstück im Straßendreck, einem Juwelenschatz unter der Erde, einem Samenkorn, einer von Lumpen verhüllten kostbaren Buddhastatue.

Ich möchte hier nicht unerwähnt lassen, dass das Auffinden solch übereinstimmender Texte die Beschäftigung mit der Rede von Gott und der Lehre des Buddha mitunter sehr spannend macht.

Jedenfalls ist nunmehr festzuhalten: Wenn einer vom Reich Gottes spricht und ein anderer von der Buddhanatur, so sprechen beide, wenn auch unterschiedlich verortet, vom Klaren Licht.

Bevor ich nun einige Hinweise gebe, wie dieses Licht gefunden werden kann, möchte ich noch die Aufmerksamkeit auf zwei Begriffe lenken, die mit einer ähnlichen Intention wie „Klares Licht" verwendet werden, nämlich „Geist" und „Liebe bzw. Mitgefühl".

In der Rede von Gott ist dieser Gott „Heiliger Geist". Er tritt an die Stelle des von seinen Jüngern scheidenden Christus (Johannes 16,7), so wie Dharma an die Stelle des leiblich verschiedenen Buddha tritt, um den Menschen ein Helfer und Beistand zu sein. Er bleibt unsichtbar (Sambhogakaya), kann aber durch sein Handeln in seiner Präsenz erkannt werden. Er bemächtigt sich – fast wie bei einem tibetischen lebenden Orakel – bestimmter Personen, nämlich der Propheten, um durch sie zu sprechen.

Unter den Symbolen, die für den Heiligen Geist verwendet werden, ist es wiederum das Licht, das besonders gut verdeutlichen kann, auf welche Weise er wirkt. So heißt es schlicht und schön in der byzantinischen Pfingstliturgie:

„Wir haben das wahre Licht geschaut,
wir haben den himmlischen Geist erhalten,
wir haben den wahren Glauben gefunden."

Wie aber wirkt nun dieser Geist? Nun, wer sich auf ihn einlässt, wer seinen Leib als „Tempel des Heiligen Geistes" auffasst und diesen einfach nur wirken lässt und sich darin entsprechend übt, in dem reifen bestimmte Gaben des Geistes zu vollen Früchten heran. Diese sind: „Liebe, Freude, Friede, Langmut, Freundlichkeit, Güte, Treue, Sanftmut und Selbstbeherrschung" (Galaterbrief 5,22 f.).

Auch im Buddhismus wird *Geist* als transzendentale Größe aufgefasst. Er ist höchstes Sein, Soheit, und als solche fleckenlos leuchtend. Er ist charakterisierbar, und zwar durch die „Vier Vollkommenheiten" Reinheit, Selbst, Wonne und Ewigkeit. Nach Auffassung des Avatamsaka-Sutra ist letztlich die ganze Welt von diesem Reinen Geist hervorgebracht. Sie ist Manifestation des Dharmakaya-Buddha. Insofern kann der Geist auch als Urgrund bezeichnet werden.

Im Menschen wirkt er als Erleuchtungsgeist – bodhicitta – und damit zugleich als Geist des Großen Mitgefühls. So sagt Lama Yeshe: „Die tiefe, friedvolle Klarheit unseres grundlegenden Geistes ist wesensgleich mit Liebe, und in dieser Ruhe und Stille ist kein Raum für Ärger und Hass“ (1998, S. 97 f.). Allerdings kann dieser Geist aufgrund der karmischen Verstrickungen in Folge von Gier, Hass und Verblendung bis hin zur Unkenntlichkeit überdeckt werden. Daraus entsteht eine Not, die Nyoshul Khen Rinpoche in einem Gebet eindrucksvoll zum Ausdruck bringt:

Lass ruhen im großen, natürlichen Frieden
Diesen erschöpften Geist,
Hilflos geschlagen von Karma und neurotischen Gedanken,
Wie von der unbarmherzigen Gewalt der wütenden Wogen
Im unendlichen Ozean von Samsara.
Lass ruhen im großen, natürlichen Frieden.

Somit hat der Mensch die Aufgabe, diesen Geist wieder neu in sich zu erwecken und über verschiedene Praktiken so herauszubilden, dass er mit ihm vollkommen eins wird. Dabei transzendiert sich der Geist sogar selbst. Dies besagt ein rätselhaftes, eigentlich nicht mehr fassbares Wort des Buddha, mit dem er aber den Sachverhalt genau trifft:

Der Geist ist frei von Geist.
Die Natur des Geistes ist Klares Licht.

Betrachten wir nun die Liebe und das Mitgefühl als weitere Umschreibungen für dieses Klare Licht, so verdeutlichen diese Begriffe sozusagen die praktische Seite des Geistes. Um hier Immanuel Kant die Ehre zu geben: Der gestirnte Himmel über ihm und das moralische Gesetz der Liebe in ihm markieren die Möglichkeiten vollendeten Menschseins.

Einfach gesagt: Ein Geist, der nicht wirkt, bleibt damit unwirksam, bleibt nur in sich selbst verschränkt und wäre somit kein Geist; ein Licht, das nicht leuchtet, ist keines. Das Wesen des Lichtes ist es, zu leuchten. Es muss damit nicht einmal irgendeine Aktivität aufbringen, denn es *ist* Leuchten. Und ebenso, ganz aus sich selbst heraus, geschieht Liebe. Als Mitgefühl weist die Liebe in ihren schier unzähligen Spielarten weit über den einzelnen Menschen hinaus, ohne dass dabei die Selbstliebe aufgegeben werden muss. Vielmehr geht diese mit der Nächstenliebe, die als solche nicht nur die Eltern, Freunde und Lehrer, sondern auch alle Menschen, ja alle Lebewesen einbezieht, in eins.

Der Mensch repräsentiert im Kreislauf des Weltenrades die Chance, selbst ganz Licht zu werden und so aus diesem blinden Kreislauf herauszutreten. Insofern ist das Eintauchen in den Strom der Liebe, etwa in einer Begegnung mit einem bereits Erleuchteten, eine Gnade. Und es ist jederzeit möglich, von ihm begleitet zu werden. Aber wie das geschieht, und ob es sich nicht schon längst ereignet, das ist zumeist ein Geheimnis, das aufzulösen eine Frage des Erkennens ist. Wir können nur vermuten, dass unter den vielen Spielarten und Formen der Liebe diejenige am häufigsten ist, von der nicht viel Aufhebens gemacht wird, die also in aller Stille geschieht. Stille scheint der Liebe ebenso wie die Unsichtbarkeit in besonderer Weise angemessen zu sein. Jede echte Meditation ist bereits eine Vorwegnahme jenes Schweigens.

(Im letzten Kapitel dieses Buches möchte ich diesem Geheimnis eigens nachspüren, da ich es für überaus bedeutsam für das Verständnis des Klaren Lichtes halte.)

Es kann sehr, sehr lange dauern, vielleicht sogar über mehrere Leben hinweg, bis diese Liebe aus ihrer Verborgenheit heraustritt und deutlich wird. Die Bibel spricht in diesem Zusammenhang von einem „Erkennen", der Buddha spricht von „Erleuchtung".

Es mag sein, dass das Glück wirklich, wie Immanuel Kant meint, den höchst seltenen schwarzen Schwänen gleicht, so dass man schon froh sein muss, dass es solche Schwäne überhaupt gibt. Es darf jedoch darauf vertraut werden, dass die Liebe, die zu solchem Glück führt, bereits jetzt überall verborgen am Werk ist.

Schon eine leise Ahnung davon setzt unglaubliche Kräfte im Menschen frei.

Wie aber nun diese Ahnung zur Gewissheit intensiviert werden kann, ist individuell verschieden. Ich wies bereits darauf hin: Eine besonders leidvolle Erfahrung kann dabei eine große Rolle spielen, eine wertvolle Begegnung, ein günstiger eigener oder äußerer Umstand, ein Ereignis der Liebe … der spirituelle Zugang aber verläuft systematisch: als Weg. Das Konzept Anschauung-Weg-Resultat wurde bereits genannt und in Grundzügen beschrieben. An dieser Stelle möchte ich lediglich noch klären, worauf sich diese drei Faktoren beziehen. Die Anschauung – oder wenn man so will, der Glaube – ist immer Ausgangspunkt, wobei sie sich stets verändert. Letztlich bezieht sie sich auf den Urgrund allen Seins. Der Weg meint konkret die Übung, die den

Menschen voranbringt, wenn er meditiert, studiert, seinem Dasein Ausdruck verleiht und Mitgefühl praktiziert. Das Resultat ist das Klare Licht.

Der Dreischritt Anschauung–Weg–Resultat entspricht somit dem Dreischritt Urgrund–Übung–Klares Licht.

Was aber nun dieses Licht betrifft, so können wir nun in einem kleinen Hymnus darlegen, was es ist:

Gott ist das Klare Licht. Soheit ist Klares Licht. Weisheit ist Klares Licht. Mitgefühl ist Klares Licht. Ewigkeit ist Klares Licht. Das Reich Gottes ist Klares Licht. Reiner Geist ist Klares Licht. Der Erleuchtungsgeist ist Klares Licht. Die Früchte des Geistes sind Klares Licht. Dharmakaya ist Klares Licht. Die Buddhanatur ist Klares Licht. Im Schweigen ist Klares Licht. Im Verborgenen ist Klares Licht. Im Üben ist Klares Licht. In der Achtsamkeit ist Klares Licht. Im Menschen ist Klares Licht. Das Seelenfünklein ist Klares Licht. Das Resultat ist Klares Licht. Die Große Perfektion ist Klares Licht.
SO ist es.

Am Ende dieser Betrachtung möchte ich noch ein Gebet anführen, das einen Zugang zu diesem Klaren Licht schaffen kann. Es ist in der Form eines Mantra gehalten; es erschließt sich also vielleicht erst, wenn man es vielfach und in großer innerer Anteilnahme wiederholt. Es wendet sich an Gott und zählt zu den schönsten seiner Art (nach Psalm 43,3):

Sende dein Licht und deine Wahrheit,
auf dass sie mich führen zu deinem heiligen Berg.

Grundzüge einer Ethik für Individuum und Gesellschaft

Die Realität der Gegenwart ist so komplex und
– zumindest auf der materiellen Ebene –
derart verwoben, dass eine neue Perspektive nötig ist …
In Anbetracht dessen bin ich davon überzeugt,
dass wir unbedingt eine Einstellung entwickeln müssen,
die ich als globale Verantwortung bezeichnen möchte.

Der XIV. Dalai Lama

Wenn das Klare Licht der Liebe und des Mitgefühls wirksam werden soll, bedarf es hierfür beim Praktizierenden zunächst einer entsprechenden Grundeinstellung, einer Gesinnung. Daraus kann der Liebende die Motivation und die erforderliche Kraft für sein Handeln schöpfen. Kraft und Motivation erschließen sich aber auch aus dem Handeln selbst. Die aus Gesinnung und Handlung kommende Kraft ist besonders dann nötig, wenn manche Menschen ganz andere als liebevolle Reaktionen im Übenden provozieren. Jeder weiß, wie schwer es dann ist, auf dem Weg des Mitgefühls zu verbleiben.

Die Gesinnung ist in der Regel eingefärbt von der Mentalität des Liebenden. Ein sanfter Charakter liebt anders als einer, der gern kräftig zupackt. Der eine liebt aber deswegen nicht weniger als der andere.

So bin ich beispielsweise in meinem Leben gelegentlich Frauen begegnet, deren Mentalität eigentümlich herbe Züge aufwies. Es waren Frauen, die zu Hause einen schwerkranken Mann zu pflegen hatten. Für eine so große Herausforderung waren sie mit ihrer herben Mentalität, solange diese nicht in Verbitterung umschlug, sicher besser geeignet als eine sanfte Nymphe.

Es gibt also sehr unterschiedliche Varianten des Liebens. In ihrer Essenz sind diese aber alle gleich gültig.

Davon zu unterscheiden sind jene Anteile in der Persönlichkeit eines Menschen, die seiner Gesinnung entgegenstehen. Die Grundeinstellung der Liebe trifft man ja nur selten in praktizierter Reinkultur. So gut wie immer gibt es da noch andere Tendenzen, die den Akt der Liebe unterlaufen oder ihm sogar zuwider handeln wollen. Ein Beispiel: Da man ja nicht alles und jeden gleichmäßig lieben kann, ist man gehalten, die Objekte der Zuneigung auszuwählen. Nach welchen Kriterien wird ausgewählt? Einmal nach dem Grad der Sympathie. Dass es also auch Antipathie gibt, ist völlig natürlich. Der Übende sollte und darf sich über seine Tendenz zur Verweigerung von Mitgefühl im Klaren sein.

Ein anderes Kriterium ist die Nähe zu einem Menschen. Wenn der Übende außer Acht lässt, dass auch die Nähe auf einem Weg der Mitte bleiben soll, wenn er also zu viel Nähe zulässt oder wenn er sie schleifen lässt, provoziert dies, vom Weg des Mitgefühls abzukommen. Dann kann die Liebe erkalten oder sogar in Hass umschlagen.

Ferner gibt es wohl in jedem Menschen bestimmte persönliche Eigenheiten, mit denen er anderen nicht gerade als liebevoll erscheint oder die ihm unverständlich sind – Anteile, die sich zumindest vordergründig gegenläufig zu seiner Grundeinstellung zeigen.

Er kann diese nicht einfach abstoßen. Die Bibel sagt, dass sie dann in siebenfacher Zahl wiederkommen (Lukas 11,24-26). Es bleibt ihm also nichts anderes übrig, als diese gegenläufigen Anteile zu *integrieren*, eventuell in einem therapeutischen Prozess, und so zu überwinden.

Dies aber – und hier kommen wir zu einem entscheidenden Punkt – erfordert Wissen: Wissen darüber, wie das geht. Manchmal erscheint es mir so, als müsste ich als Mensch mein ganzes Leben damit verbringen, mir die diesbezüglichen Kenntnisse zu erwerben.

Dieses Wissen muss daher zur Gesinnung hinzuerworben werden. Wir stellen fest: Die Gesinnung allein reicht nicht aus. Ein Mensch guten Willens bewirkt überhaupt nichts Gutes, wenn er nicht auch über Kenntnisse darüber verfügt, wie Liebe geht. Und – wir ahnen es – dieses Wissen kann sich nicht nur darauf beziehen, wie ich mit mir selber klarkomme. Es muss sich auch darauf beziehen, wie ich mit Mensch und Natur umgehe, *wie* ich sie also liebe. Kurz und knapp gesagt: Wer lieben will, muss das auch können.

Genau das aber ist Ethik. Das Können in der Liebe, die Kunst zu lieben, das für die Praxis des Mitgefühls erforderliche Wissen, die zu erwerbenden Kenntnisse, die entsprechende Erprobung und Fortbildung: Das alles ist nichts anderes als Ethik.

Damit also die Praxis der Liebe positiv wirken kann, bedarf es zusammen mit der guten Gesinnung auch der anwendbaren Ethik. Auch die Gesinnung selbst ist dabei bereits Ethik, insofern sie nicht theoretisch abgehoben, sondern in praktischer Erfahrung entstanden, herausgebildet und mit den ethischen Ansätzen und Prinzipien einer Gesellschaft abgestimmt ist.

Ich hoffe sehr, dass dieser Gedankengang die Bedeutung und die Notwendigkeit von Ethik hinreichend unterstreicht. Denn hinter dieser Hoffnung steckt die Sorge, die darin gründet, dass die Ethik seit langem in eine gewisse Schieflage geraten ist. Vielfach hat sie eigentlich nur noch die Funktion eines Deckmäntelchens, das sich gut für Sonntagsreden oder für die scheinmoralische Entrüstung diverser Boulevardmedien eignet. Oder für

Menschen, die ihre üblen Handlungen mit einer Spende für Bedürftige ausreichend auszugleichen hoffen.

Aber da ich nun der Versuchung des Moralisierens nicht selber erliegen möchte, will ich es bei dieser Andeutung der Schieflage auch schon belassen und noch auf eine andere hinweisen, die mehr inhaltlicher Natur ist. Ein weiteres Defizit aktueller Ethik sehe ich nämlich darin, dass sie zu einseitig auf das Individuum konzentriert ist. „Wenn du die Welt verändern willst, dann fange zuerst bei dir an" – so wird es uns immer wieder mal gesagt. Aber die Gefahr einer solchen Weisung liegt darin, über diesen Anfang niemals hinauszugehen. Dies führt dazu, Ethik ausschließlich als ein auf den Einzelnen bezogenes Wissen zu begreifen. Aber als Einzelne leben wir in Gemeinschaften, Verbänden, in wirtschaftlichen, sozialen und politischen Strukturen, und diese üben bekanntlich nicht selten Gewalt aus. Eine auf die individuelle menschliche Person hin abgestellte Ethik scheint da in der Welt der Strukturen nicht mehr zu greifen.

Dieser Vermutung möchte ich nun weiter nachgehen. Ich ziehe als Beispiel hierfür die Ethik im Buddhismus heran; diese scheint mir dazu besonders geeignet, da sie zweifellos eine höchst ausgereifte Form von spirituell geprägter Individualethik darstellt.

Zum Verständnis von Ethik im Buddhismus

Der Buddhismus bietet in seinen zahlreichen Schulen eine Lehre, die von Grund auf praxisorientiert ist. Wo er sich theoretisch zur Existenz des Menschen äußert, wird keine dogmatische oder gar verrechtlichte Überhöhung der Erklärungen angestrebt, sondern vielmehr zu deren kritischer Überprüfung in Anbetracht des eigenen Daseins aufgefordert, das mit der Aufhebung aller Leidensanteile zum Erwachen in ein anderes „Sein" gelangen soll.

Insofern nun der Buddhismus stets die hierzu erforderliche Praxis im Blick hat, ist damit unabdingbar eine bestimmte Ethik verbunden. Diese Ethik wendet sich vor allem an das jeweilige Individuum, und diese persönliche, direkte Ansprache macht einen bedeutenden Teil der Attraktivität des Buddhismus aus. Insofern ist seine Ethik zunächst eine Individualethik.

Eine genauere Analyse stößt nun auf eine ganze Reihe von Wortgruppen – angeführt etwa vom „Achtfachen Pfad“ zur Aufhebung von Leid oder den verschiedenen „Paramitas“ aus der Mahayana-Schule – bei denen es sich formal samt und sonders um Tugenden handelt. Stellvertretend seien hier nochmals die „Sechs Paramitas“ genannt: Freigebigkeit, Sittlichkeit, Geduld, Ausdauer, Meditation und Weisheit. Diese und noch viele andere Tugenden sollen eingeübt und vervollkommnet werden, um so in das große Ziel völligen Erwachens zu finden. Die buddhistische Individualethik ist somit eine in hohem Maß ausformulierte Tugendethik, und deren Einübung und praktische Anwendung wird für das Glücken menschlichen Lebens als unverzichtbar erachtet.

Kritik der Tugendethik

Nun lässt sich aber deutlich feststellen, dass Tugenden heutzutage nicht gerade „in“ sind. Dies gilt insbesondere bei Jugendlichen; um ein Wort des Schriftstellers Siegfried Lenz abzuwandeln: Vielen Jugendlichen erscheinen Tugenden als eine Art pädagogischer Lebertran, der zwar wirkt, aber übel schmeckt und veraltet ist und den man deshalb tunlichst meiden soll. Aber auch Menschen, die etwa in Politik und Wirtschaft Macht haben wollen oder bereits ausüben, können den Tugenden oft nicht viel abgewinnen; moralische Appelle – etwa bei aller Gewinnorientierung die Mitarbeiter stärker zu beachten, über deren Existenzen sie ja etwa mit einer Kündigung maßgeblich entscheiden – lassen sie nicht selten kalt.

Ein zweiter Einwand: Tugenden sind ideologieanfällig. Sie können von idealistisch gesinnten Schwärmern überinterpretiert und von Fundamentalisten regelrecht missbraucht werden. Die Geschichte der Religionen ist voll von entsprechenden Beispielen: von seelischen Versehrungen, Kreuzzügen aller Art und sogar „heiligen“ Kriegen, für die Tugenden als Motivation, als Druckmittel und zur Rechtfertigung herhalten mussten und müssen. Mit fundamentalistischen, insbesondere aber mit idealisierenden Sichtweisen verkümmern Tugendlehren zu platter Sozialromantik. Diese Sichtweisen vermögen zwar immer wieder neu und mitunter wortreich zu faszinieren, können aber zur Lösung ethischer Probleme kaum wirklich beitragen. Das Menschenbild eines Karl Marx etwa oder der Begriff der Ehrfurcht bei Albert Schweitzer enthält gewiss einen jeweils ehrenwerten und auch schön klingenden Ansatz; es stellt sich dabei jedoch die nüchterne Frage, ob solche Positionen wirklich stimmen, und ob sie auf ihre erhoffte Wirksamkeit hin tauglich sind.

Im Zusammenhang mit der Ideologieanfälligkeit von Tugenden stellt sich auch das Problem der unterschiedlichen Bewertung von Tugenden hinsichtlich ihrer Geltung. Eine durchgängige und verbindliche Systematisierung ist hierzu bis heute noch nicht gelungen und wohl auch nicht möglich.

Aber ein dritter Einwand gegen eine reine Tugendethik wiegt noch viel schwerer. Die Menschheit besteht ja nicht einfachhin nur aus lauter Individuen; es gibt Verbindungen. Es gibt Gemeinschaften, Gesellschaften, Systeme, und in diesen Verbindungen gibt es Bereiche wie: Kunst, Politik, Wirtschaft, Technik, Verkehr, Medizin, Forschung, Medien, Sport und vieles mehr. Im Verhältnis des Menschen zur Umwelt stellt Letztere einen überaus beachtenswerten eigenen Bereich dar. Alle diese Verbindungen und Bereiche befinden sich aber nun nicht etwa in prästabilisierter Harmonie, sondern bedürfen je eigener Regeln und Normen bis hin zu Geboten und Gesetzen. Verbindungen, Bereiche und Regelwerke strukturieren unser Leben; sie lassen sich deshalb unter dem Begriff „Strukturen“ zusammenfassen.

Der Mensch ist also nicht nur ein Individuum, sondern als solches auch ein soziales Wesen, das mehr oder weniger massiv in eine Fülle von Strukturen eingebunden ist. Im Bemühen um eine positive Veränderung dieser Strukturen wird aber nun vielfach deutlich, dass man ihnen rein tugendethisch oft gar nicht beikommen kann. Das oftmals bemühte „Mitgefühl“ als Schlüsselbegriff buddhistischer Tugendethik etwa reicht längst nicht aus, um Strukturen wirklich gerechter zu gestalten und zum größeren Wohl der Menschheit hin zu verändern. Eine nur tugendethisch praktizierte Umwelt- oder Sozialpolitik etwa wird von diesem Verständnis her lediglich zur Verteilung von Almosen imstande sein, und so wurde diese Politik ja auch lange Zeit in Deutschland betrieben; was natürlich weder genügt noch befriedigt. Wer die drängenden Fragen des menschlichen Zusammenlebens lediglich mit moralischen Appellen angehen will, macht es sich schlichtweg zu leicht.

Was ist Strukturenethik?

Es bedarf also zusammen mit einer tugendethisch orientierten Individualethik einer auf Strukturen hin ausgerichteten Sozialethik. Anders gesagt:

Sozialethik ist Strukturenethik; bloße Tugendethik wäre als einziges sozialethisches Handlungsprinzip überfordert. Tugendethische Ansätze können zwar Einstellungen und Verhaltensqualitäten ins Bewusstsein heben, thematisieren aber nicht die diesem Handeln voraus und zugrunde liegenden Relationen und Ordnungsvorgaben.

Da sich nun strukturenethische Konzepte im Buddhismus nicht ohne Weiteres finden lassen, sei zur näheren Erläuterung ein Einblick in diesbezügliche Bemühungen des sogenannten „westlichen Kulturkreises" gestattet. Dies vermag dann auch darüber Auskunft zu geben, wie – wenn die Anwendung von Tugendethik unzureichend ist – strukturenethisch verfahren werden kann und inwieweit etwa der Buddhismus eine solche Ethik aufgreifen kann.

Auch der westliche Kulturkreis war über einen langen Zeitraum hin ausschließlich tugendethisch orientiert. Platon wusste: Nur von intellektueller Tüchtigkeit kann die Idee des Guten erfasst werden. Tugend setzt Wissen des Guten voraus, und dies ermöglicht vernünftiges Handeln, das gerecht, weise, tapfer und besonnen ist. Die konkrete Handlung erfordert jedoch nach Aristoteles nicht nur intellektuelle Bemühungen, sondern auch praktisches Wissen; erst damit können im Einzelfall richtige Entscheidungen getroffen werden, die zwischen möglichen Extremen die richtige Mitte finden. Tugenden stellen hierzu gute Dispositionen dar, die eine entsprechende Haltung befördern. Besonnenheit beispielsweise wäre demnach die rechte Mitte zwischen Lust und Schmerz.

Zugleich untersucht Aristoteles aber auch die Strukturen altgriechischer Stadtstaaten (1956). Diese seien am besten von den Bürgern selbst zu erstellen; und wo zwischen konkreter Situation und generell geltendem Gesetz eine Diskrepanz klafft, müsse zur Vollendung (!) der Gerechtigkeit ein maßvoller Ausgleich (Epikie) gefunden werden. Wenn es beispielsweise das Strafrecht in den USA erlaubt, einen zehnjährigen Knaben wegen angeblicher Doktorspiele über mehrere Wochen hin in ein Gefängnis zu stecken, so kann dies nur unter krassem Ausschluss des Epikie-Indikators geschehen.

Bereits bei Aristoteles sind also strukturenethische Sichtweisen erkennbar. Diese finden sich auch im jüdisch-christlichen Bereich, so etwa in den Ausführungen zum Begriff der Gerechtigkeit im Buch Micha (Kap. 2, 3 und 7) oder in der Bergpredigt Jesu. Doch überwiegt im Leben der Juden wie der Christen weithin der tugendethische Ansatz. Noch Thomas von Aquin meinte, den ganzen Bereich des Sittlichen über eine Analyse der Tugenden erschließen zu können. Er bringt sie in eine systematische Ordnung, die er von einer „göttlichen Heilsordnung“ ableitet. Leider fehlte es im Lauf der Kirchengeschichte nicht an Bestrebungen, diese Ordnungen legalistisch zu fassen, d. h. ihnen Gesetzescharakter zuzuweisen. Thomas selbst spricht sich gegen damit verbundene Fremdbestimmungen aus, indem er dem Gewissen des Einzelnen die höchste Entscheidungsinstanz zuweist; selbst, wo dieses irrt, hat der Mensch immer gemäß seiner Überzeugung zu handeln.

In Anbetracht der insgesamt generell tugendethischen Ausrichtung des griechischen und jüdisch-christlichen Kulturkreises erstaunt es, dass sich bereits im 16. Jahrhundert mit der spanischen Spätscholastik (Las Casas u. a.) ein radikales Umdenken anbahnt. Dies geschieht durch die Entwicklung von Menschenrechten als sozialen Anspruchsrechten und politischen Mitwirkungsrechten, später auch als individuellen Freiheitsrechten (Williams). Der Aufklärung gelingt schließlich der Durchbruch zur Strukturenethik mit der „Wende zum Subjekt“: Menschliches Dasein ist nicht mehr von unveränderlichen Wesensordnungen, göttlichen oder fürstlichen Vorgaben abhängig, sondern wird nun selbst in seinem Selbst- und Sozialbezug in den Blick genommen. Der Mensch selbst als Subjekt, als Person ist nun der normative Bezugspunkt allen menschlichen Handelns, also auch aller Ordnungen und Institutionen. Der Mensch ist der Zweck an sich selbst (Kant).

Die emotional kaum zu überbietende Spannung und die entscheidende Tragweite dieses Vorgangs liegen darin, dass nunmehr auch die bestehenden Strukturen und deren Normen und die hinter diesen stehenden Autoritäten selber hinsichtlich *ihrer* Güte und Nützlichkeit – wenn man so will, *ihrer eigenen* Tugendhaftigkeit auf den Prüfstand gestellt und kritisch hinterfragt werden. Sie können zwar für den Einzelnen zum Platzhalter seiner Freiheit werden (Wilhelm Korff 1998, Bd. 3, S. 380) – aber ebenso auch seiner Willkür. Der Mensch hat folglich strukturellen Vorgaben gegenüber nicht einfach nur eine Gehorsams-, sondern auch eine Gestaltungsverantwortung (a.a.O., S. 379). Gerade in Zeiten, in denen sich Daseinsvorgänge immer mehr beschleunigen und Strukturen technisch immer perfekter organisiert werden können, ist es wichtig, die ihnen zugrunde liegenden Normen auf ihre Humanität hin zu überprüfen. Die ethische Frage (nach Gerechtigkeit) wird somit auf die Normen selbst ausgeweitet. Die im Christentum wie im Buddhismus (z. B. bei Meister Dogen) bekannte „Goldene Regel“ – in unserer Version: Alles, was ihr von den Menschen wünscht und wollt, das tut auch ihnen – wird nicht mehr nur subjektiv gelesen und beachtet, sondern auch auf die Strukturen übertragen. Die Normen selbst haben sich der Differenzierung von Gut und Böse zu unterwerfen. Dabei orientiert sich die Strukturenethik am menschlichen Subjekt, und zwar unter strikter Beachtung der den Menschen umgebenden und ihm innewohnenden Natur.

Damit zielt die so gewonnene Ethik nicht mehr nur auf die Veränderung von persönlichen Haltungen, sondern auch auf Veränderung und Humanisierung von Zuständen und Strukturen, und zwar bis in politische, rechtliche und ökonomische Ordnungen hinein. Diese dürfen nicht mehr länger von zufälligen Machtkonstellationen abhängig sein. Darauf vehement hingewiesen zu haben ist sicherlich das Verdienst der Studentenbewegung in den 1968er Jahren, wobei sie allerdings mit der Forderung nach einer generellen Abschaffung von Normen gewissermaßen das Kind mit dem Bad ausschüttete. Die Utopie einer Beseitigung von Normen ist weder machbar noch nützlich. Anders gesagt: Mit der Kritik, nicht aber mit der Auflösung der Strukturen strebt die Sozialethik vielmehr ein konstruktives Weltverständnis an, das auch praktisch eingelöst werden soll.

Zur Umsetzung von Strukturenethik

In diesem neuen Weltverständnis ist die Wahrung der Personwürde des Menschen und deren menschenrechtliche Absicherung unabdingbar. Was im Buddhismus mit „Mitgefühl" und im Christentum mit „Liebe" umschrieben wird, bedarf konkreter Umsetzung in den Menschenrechten; und es bedarf deren Einlösung in möglichst allen Systemen und Organisationen. Hierbei kommt den sog. Non-Profit-Organsationen – wie etwa Amnesty International, Greenpeace, Ärzte ohne Grenzen, Menschen für Menschen etc. – eine Vorreiterrolle zu. Voraussetzung hierfür aber wäre eine sauber formulierte Strukturenethik.

Zur Einlösung solcher Ethik ist näherhin somit nicht mehr nur die Einübung in tugendhafte Haltungen erforderlich, sondern, zunächst ganz allgemein

– eine klar konzipierte Sozialethik und deren menschenrechtliche Fassung,

– eine möglichst genaue Analyse von Sachverhalten, und aus diesen beiden heraus

– die Durchführung klug angelegter Reformen.

All dies gilt insbesondere auch für die religiös motivierte Praxis. Mahatma Gandhi etwa war ja nicht einfach nur ein Tugendapostel, er war vielmehr ein handfester, überaus wirkmächtiger und dabei zutiefst religiös geprägter Kritiker und Veränderer von Strukturen. Wenn das Christentum auf die Liebe zu Gott und den Menschen ausgerichtet ist und wenn im Buddhismus Samsara und Nirwana letztlich in eins fallen, dann dürfen diese jeweiligen Pole nicht einseitig bevorzugt behandelt oder gar dualistisch gegeneinander ausgespielt werden.

Wiederum möchte ich an dieser Stelle das Beispiel der Ethik im Buddhismus aufgreifen. Hinsichtlich seiner Individualethik ist gewiss ein Höchstmaß an Qualität, hinsichtlich einer Sozialethik aber nun ein massives Defizit zu konstatieren; zu sehr scheint die buddhistische Praxis einer reinen Tugendlehre verhaftet zu sein. Meines Erachtens bedarf diese Ethik einer strukturenethischen Erweiterung. Hierfür wären sogar durchaus einige Ansätze in buddhistischer Lehre und Praxis gegeben. Denn grundsätzlich erlaubt es ja die letztliche Identität von Nirvana und Samsara gerade nicht, sich indigniert von der vergänglichen Welt abzuwenden; mit solchem Verhalten würde man in eine große Falle (des Dualismus) geraten. Buddhistische Praxis hat ganz und gar nichts damit zu tun, sich in eine esoterische Kuschelecke zu verkriechen. Vielmehr bedarf gerade die altruistische Grundausrichtung des Buddhismus auch einer sozialethischen Konkretisierung. Individual- und Strukturenethik können dabei einander bedingen, begrenzen und stimulieren; sie sind nicht voneinander unabhängig realisierbar.

Auch die Praxis der kritischen Hinterfragung von Strukturen und Autoritäten ist im Buddhismus nichts Neues. So wird immer wieder bei der Wahl eines religiösen Lehrers durch einen Schüler betont, wie wichtig es ist, kritisch zu prüfen, ob dieser Lehrer etwas taugt und für den Kandidaten auch der richtige ist. Hinsichtlich der Einübung in den Buddhaweg weist etwa der Zen-Meister und Reformer Hakuin auf drei Voraussetzungen hin, die der Kandidat mitbringen soll: An erster und dritter Stelle nennt er das „Große Vertrauen“ und die „Große Entschlossenheit“, an zweiter, gleichsam verbindender Stelle aber den „Großen Zweifel“. Wo Autoritäten, Normen und

Lehren, Ordnungen und Gemeinschaften vorschnell über jeden Zweifel erhaben sind, können sie gefährlich werden.

Auch was das konkrete Handeln betrifft, sind im Buddhismus sozialethische Aufbrüche zu verzeichnen. Soziales und gesellschaftliches Engagement gab es im Buddhismus schon immer. In der Begegnung mit dem Westen und der Moderne ist jedoch eine neue Sensibilität hierfür entstanden. So ist von thailändischen Klöstern zu hören, die sich mit Erfolg um Drogenabhängige bemühen oder im Katastropheneinsatz (Tsunami) bewähren. Besondere Erwähnung verdient das „International Network of Engaged Buddhists" (INEB) oder das 1999 durch den XIV. Dalai Lama angeregte „Spirit in Business"-Netzwerk (SiB) für Leaders in aller Welt, denen ein auf spiritueller Erfahrung gründendes, sozial verträgliches Wirtschaften ein Anliegen ist. Einige Vertreter dieser und vieler anderer Bewegungen wollen sogar neben Hinayana, Mahayana und Vajrayana unter dem Stichwort *Engaged Buddhism* nichts Geringeres als ein viertes „Fahrzeug" etablieren, das diese Aufbrüche als festen Bestandteil in den Buddhismus integriert.

Strukturenethisch relevant werden solche Organisationen und Bewegungen jedoch erst dann, wenn sie mit ihren Bemühungen nicht einfach nur interpersonal agieren, sondern bewusst und konzeptionell auf die positive Veränderung von Strukturen hin abzielen.

Insbesondere wäre dies auch dem viel beschworenen Dialog der Religionen (Küng, v. Brück) zu wünschen. Gelegentlich hört man von westlichen Dialogpartnern die verhaltene Klage, dass sich etwa tibetische Mönche für westliche Weisheit und praktisches Wissen im Grunde überhaupt nicht interessieren. Andererseits war dem Buddhismus immer schon eine erstaunliche Fähigkeit eigen, fremde kulturelle Qualitäten gut in die eigene Lehre und Praxis zu integrieren (China, Japan). Ließen sich Buddhisten noch deutlicher als bisher für einen strukturenethischen Dialog gewinnen, so würde dies sicherlich das Ringen um eine zukunftsfähige Welt bereichern.

Ein Fazit

Zum Abschluss dieser kleinen Untersuchung lässt sich festhalten: Die Vermutung, dass die Gesellschaft einer anderen Ethik bedarf als das

Individuum, erweist sich als zutreffend. Das Dilemma der unzureichenden Kompetenz und der daraus resultierenden mangelnden Effizienz einer tugendethisch orientierten Individualethik erfordert es, sie nicht nur durch eine strukturenethisch orientierte Sozialethik zu ergänzen, sondern ihr diese ebenbürtig zur Seite zu stellen, und zwar mit eigenen Schwerpunkten, Normen und Methoden. Das Verhältnis der beiden Ethiken zueinander wäre noch zu klären. Aber auch dies würde bedeuten, dass die jeweiligen ethischen Bereiche zu erkennen und gegebenenfalls voneinander zu trennen sind. Auch Ken Wilber verweist ja in seiner Quadrantenlehre (etwa in: 1999, S. 85) auf die grundsätzliche Verschiedenheit von innen und außen, von individuell und sozial. Verschiedene Inhalte bedürfen je eigener Umgangsweisen. Von der richtigen Anwendung der jeweils erforderlichen Ethik dürfte nicht nur das Wohl, sondern in Anbetracht etwa der zunehmenden ideologischen Auseinandersetzungen, der wachsenden Armut in weiten Gebieten der Erde, des Klimawandels, der Verknappung von Energieressourcen und anderer zu erwartender Belastungen (wie etwa der Korruption etc.) die Zukunft der Menschheit mit abhängen.

Leider steht allerdings ein schlüssiges strukturenethisches Gesamtkonzept meines Wissens noch aus. Hierzu bemerkt der XIV. Dalai Lama, der in seiner ethischen Grundlegung ebenfalls eine klare Unterscheidung zwischen einer Ethik für den Einzelnen und einer Ethik für die Gesellschaft vornimmt, „dass niemand davon ausgehen sollte, dass es je möglich sein wird, ein Gerüst aus Regeln und Gesetzen zu errichten, das uns aus jedem ethischen Dilemma hilft, selbst wenn wir die Religion als Grundlage der Moral anerkennen. Solch ein schematischer Ansatz könnte den Reichtum und die Vielfalt menschlicher Erfahrung niemals erfassen … Das soll aber nicht heißen, dass man nicht versuchen sollte, Prinzipien aufzustellen, die moralisch als verbindlich gelten können. Ganz im Gegenteil: Wenn es überhaupt eine Chance für uns geben soll, unsere Probleme zu lösen, dann ist es unbedingt notwendig, dass uns so etwas gelingt“ (2000, S. 34 f.).

Anwendungen – die Übung des Alltags

Mein Körper hat sich verändert –
erst gehörte er einem Baby, dann einem jungen Mann;
eines Tages wird er der Körper eines alten Mannes sein,
und dann werde ich sterben. Der Körper wird zerfallen
– aber dieses kleine Bisschen in seiner Mitte,
das ist die einzige Realität, die es gibt.
Alles andere ist Illusion.
Warum also in der Dunkelheit leben?
Schaut nach dem Licht – das Licht ist in euch.
Das ist eine wichtige Botschaft.

George Harrison

Wer eine bewusst spirituelle Lebensweise übt, wer nach dem Klaren Licht schaut, dessen Dasein gestaltet sich grundsätzlich und wesentlich anders als in anderen Lebensverläufen. Dabei bleibt er natürlich von den allgemeinen Herausforderungen des menschlichen Lebens nicht verschont. Er muss im Normalfall für seinen und vielleicht seiner Familie Lebensunterhalt sorgen, er kann krank werden, einen Unfall erleiden, er wird Verluste hinnehmen und sterben müssen. Auch private und berufliche Rückschläge und sogar psychische Versehrungen können ihn ereilen. In seiner irdischen Existenz bleibt er dem dort herrschenden Gesetz der Vergänglichkeit unterworfen. Allerdings wird er in solchen Ereignissen immer auch den Aspekt der Verwandlung aufspüren und umsetzen können, solange sein Bewusstsein nicht organisch getrübt ist.

Noch deutlicher sichtbar wird die Andersartigkeit der spirituellen Existenz in der Verlagerung und Umwertung bestimmter Themen. Was den Menschen gemeinhin umtreibt – Glück und Gesundheit, Ruhm und Reichtum, Erfolg und Prestige, Wissen und Macht, ja selbst die sexuelle Lust – all das verliert im spirituell gestalteten Leben an zielsetzender Bedeutung. Sein Leben wird von der Erfüllung solcher Werte zunehmend unabhängig. Sie können weiterhin eine Rolle spielen; sie sind jedoch ihrer Bedeutung nach klar anderen Zielen zugeordnet, und zwar in letzter Hinsicht eben jenem Licht, von dem der

Ex-Beatle George Harrison spricht. Dieses Licht erfüllt vollständig den ganzen Raum der irdischen Existenz. Ein innerer Frieden geht von ihm aus, der durch nichts zu erschüttern ist. Und dieses Ziel wird der Übende nicht mehr, wie er es vielleicht gewohnt war, nur außerhalb seiner selbst suchen, sondern zuallererst in sich selbst. Dabei eignet ihm das Bewusstsein, dass damit jedes seiner spirituellen Ziele im Grunde schon da ist, sich in ihm befindet. Er muss lediglich, allerdings in geduldiger und oft mühseliger Kleinarbeit, die Verdunkelungen auflösen, die ihn am freien Zugang zu diesen Zielen hindern. Er muss durch die Dunkelheiten hindurch „zu Grunde“ gehen.

Ein seriöser spiritueller Lehrer wird diese Verortung der letzten Ziele respektieren. Und er wird dem Übenden – schon gar nicht gegen horrende Honorare – keine Ziele vorsagen oder gar vorschreiben, da diese ja zuerst in ihm selbst zu suchen und zu finden sind.

Im Folgenden möchte ich nun einige der Themen, die in einem spirituellen Leben aktuell werden können, eingehender besprechen. Auch wer in den allgemein üblichen Bahnen lebt, wird zu dem einen oder anderen Bereich eigene Fragen haben. In der Bedeutung, die ich einem solchen Gebiet einräume, und in der Methode, mit der ich es aus meinem spirituellen Dasein heraus bearbeite, möge er Ansätze und Aufschlüsse hinsichtlich seiner eigenen Themen- und Problembewältigung gewinnen.

„Wer bin ich?“

Jeder Mensch – ach, jeder Mensch bedeutet ja mehr
als diese Gestalt, in der er vor uns steht.
Nichts ist diese Gestalt als eine ungelöste Formel
für eine vielfältige Welt.
Die Formel erschließen, heißt lieben.

Ina Seidel

Ja, wer bin ich eigentlich? Was ist es denn, was meine Identität ausmacht, meine Identität als Mensch im Allgemeinen und als einzelnes Individuum im

Besonderen? Was macht diese Frage zu einer Ausgangsfrage buddhistischen Bemühens, und wer bin ich beispielsweise – vor Gott?

Oder stelle ich mir diese Frage nicht, weil ich mich nicht verunsichern lassen will oder weil ich mich sicher genug fühle? Aber worin besteht dann eigentlich meine Sicherheit?

Es ist eine wirklich schwere Frage. Ich merke das allein schon bei der Niederschrift dieser Zeilen. Sie entstehen mir ähnlich mühsam wie zuvor schon bei der Darlegung des tibetischen Buddhismus. Denn der gemeinsame Nenner der beiden Themen, der die Niederschrift so schwierig macht, liegt in der ungeheuren Vielfalt der Erscheinungsformen des Menschen und seiner Gepflogenheiten und insbesondere der tibetischen religiösen Praxis.

Aber die Identitätsfrage stellt sich, und zwar mitunter unerbittlich: etwa wenn ich mich einer Tätigkeit, einem Projekt verschrieben habe und mit der Zeit merke, dass diese Arbeit gar nicht zu mir passt, dass sie mir im Grunde sogar fremd ist. Oder wenn dieses Projekt, ob ohne oder durch eigenes Dazutun, scheitert; nicht jeder kann dann so damit umgehen wie Alexis Sorbas.

Noch tragischer wirken Irrtum und Scheitern, wenn dasselbe mit einer Beziehung geschieht, auf die ich mich eingelassen und in die ich so viele Gefühle der Zuneigung eingebracht habe. Habe ich mich denn wirklich so sehr getäuscht – in dieser Arbeit, in dieser Beziehung, oder sogar in mir selbst?

Und wer bin ich denn eigentlich, dass ich mich andauernd mit vergleichsweise lächerlich kleinen Problemen herumschlagen muss? Oder wenn ich wieder einmal nicht in der Lage bin, Konflikte sauber zu lösen, und immer in dieselben destruktiven Verhaltensmuster falle?

Wer also bin ich?

Vollständige Antworten schließe ich da lieber von vornherein aus. Soll ich eine derart übergewichtige Frage vielleicht sogar besser gleich beiseiteschieben?

Nicht wenige meiner Gesprächspartner vertreten diese Position. Sie sagen: „Die Frage nach Gott, nach einem Leben nach dem Tod, nach dem, was der Mensch ist – das sind derart uferlose Fragen, da braucht man erst gar nicht damit anfangen. Was wissen wir denn schon? Nichts wissen wir."

Die Konsequenz einer solchen Position sieht jedoch auch nicht gerade gut aus. Sie bedeutet nämlich nichts anderes, als sich weiterhin mehr oder weniger blind im ständigen Wechsel von Versuch und Irrtum durchs Leben zu schlagen.

Wo und wie finde ich also Antworten, wenn ich diesem „Wer bin ich?" nachgehen will?

Gewiss, hierzu gibt es reichhaltiges Material in den weiten Feldern der Philosophie und der Psychologie. Da ich mich darin umfänglich eingelesen habe, könnte ich jetzt einiges davon vortragen. Aber da drängt sich mir die Empfindung auf, dass ich mich damit nur hinter diesem Material verschanzen würde. Der Leser würde nichts davon haben; er würde gewiss merken, dass ich ihm nur trockenes, eher schwer verdauliches Brot auftischen würde – und nicht mich selbst.

Und was würde ihm eine Erklärung nützen, was Zucker ist, wenn er dessen Süßigkeit nicht schmecken kann (Mumonkan, S. 202)?

Ein anderes Erfahrungsfeld für meine Frage bietet – ob männlich oder weiblich – der Mitmensch: ein Lehrer, ein Freund und vielleicht auch ein Feind, ein Lebensgefährte, ein Verwandter, eine Zufallsbegegnung … Martin Bubers „Ich werde am Du" hat zweifellos seine Gültigkeit. Wer oder was ich werde, lässt sich demnach zumindest schon als Kontur dessen begreifen, wer ich bin. Jedoch, Bubers Hinweis enthält zwei Gefahren: nämlich jene, das Du ausschließlich als ein Gegenüber aufzufassen und somit sein eigenes Sein außerhalb seiner selbst zu suchen. Das kann aber nur bedingt zur Klärung meiner Frage beitragen; kein anderer kann mir die Entscheidungen, die Maßnahmen und eben auch die Selbstfindungsprozesse abnehmen, in denen *ich selbst* gefordert bin.

Vielmehr ist es die Selbsthingabe – die längst nicht mehr gelesene Schriftstellerin Ina Seidel würde sagen: die Liebe – die bei der Bearbeitung gerade dieser Frage gefordert ist. Ohne sie geht es nicht. Ein Zen-Buddhist würde es so formulieren: Du musst in diese Frage hineingehen wie in ein Koan. Sie ist ja auch ein Koan – ein Rätselspruch also, der auf eine letzte Wahrheit hindeutet. Du musst das Koan selbst lösen. Hierzu in der Literatur nachzulesen ist nur bedingt ertragreich; du musst *dich selbst* mit deiner ganzen Person ganz und gar dieser Frage stellen, und zwar so sehr, dass du selber zu dieser Frage wirst – dann wird dir vielleicht etwas oder sogar alles dazu aufleuchten.

Sie sind so jung, so vor allem Anfang, und so möchte ich Sie, so gut ich es kann, bitten, lieber Herr, Geduld zu haben gegen alles Ungelöste in Ihrem Herzen und zu versuchen, die Fragen selbst liebzuhaben wie verschlossene Stuben und wie Bücher, die in einer sehr fremden Sprache geschrieben sind. Forschen Sie jetzt nicht nach den Antworten, die Ihnen nicht gegeben werden können, weil sie sie nicht leben könnten. Und es handelt sich darum, alles zu leben. Leben Sie jetzt diese Fragen. Vielleicht leben Sie dann allmählich, ohne es zu merken, eines fernen Tages in die Antwort hinein (Rilke 1951, S. 23).

Gut – so könnte ich es versuchen. Ich gehe also mit meiner Frage in die Meditation. Sie ist nicht mehr „diese" Frage, sie ist bereits zu meiner Frage geworden.

Wer lange genug meditiert, weiß nun um einen höchst paradoxen Vorgang: In der Meditation kann ich ganz in eine Frage hineinkommen, indem ich aus ihr heraustrete, und zwar, indem ich sozusagen zum Beobachter dieser Frage werde. Ich schaue also; ich schaue nur hin, schau die Frage an. Vielleicht visualisiere ich das *Wer* in meinem Geist zu einer heiligen Silbe, die ich innerlich immer wieder rezitiere.

So schaue ich nun in meinen Geist. Das Objekt – das *Wer* – verfehlt nicht seine Wirkung. Der Geist wird ruhig, der Gedankenfluss versiegt, der Geist wird klar: Wachsamkeit ohne Ablenkung.

Ich schaue.

Da fällt mir – vielleicht nach zwei, fünf oder zehn Jahren – ein schöner alter Satz ein. Offensichtlich ist er aus der Schatzkammer meiner Bewusstseinserfahrungen aufgestiegen.

(Diese „Schatzkammer" ist nach buddhistischer Auffassung als achte Bewusstseinsschicht dem tiefsten Bewusstsein, nämlich dem grenzenlos weiten Ozean des Bewusstseins, unmittelbar vorgelagert. Es enthält abrufbar alle bisher gemachten Erfahrungen des Bewusstseins.)

Der Satz stammt von dem evangelischen Theologen Paul Tillich und lautet:

Der Mut zum Sein
gründet in dem Gott, der erscheint,
wenn Gott in der Angst des Zweifels
untergegangen ist.

Oh, denke ich mir, wie schön! Demnach sind Angst und Zweifel, so berechtigt sie auch zu ihrer Zeit sein mögen, zu überwindende und überwindbare Faktoren; und wenn deren Gott fort ist, dann erscheint der wahre Gott. Nicht mehr der zurechtgemachte, erhoffte oder konstruierte, sondern der wahre Gott erscheint! Und was da aufleuchtet – ist unaussprechlich.

Sogleich fällt mir zwischen diesem Satz und meinem Vorgehen eine Parallele auf. Im einen Fall geht es um die ungetrübte Schau des Geistes auf meine Frage hin mit Hilfe der Zähmung störender Gedanken; im anderen Fall geht es um die Schau Gottes durch die Bewältigung von Ängsten und Zweifeln.

Gewiss, die Gedanken sind ebenso wie die Ängste und Zweifel hartnäckig. Sie kommen immer wieder. Aber sie sind nur relative, nicht ewige Wirklichkeit. Sie lassen sich bearbeiten. Zumindest kann man sich mit ihnen arrangieren. Wer in seiner Meditation partout keine Ruhe findet, ist deswegen für diese Praxis nicht verloren; es genügt schon, sich wenigstens mit seiner Unruhe zu versöhnen.

Da dies Zeit in Anspruch nimmt, kann Druck entstehen: Wann endlich habe ich Ruhe vor diesen Ängsten und Gedanken? Wann endlich bin ich so weit, dass ich nur noch Hingabe bin? Wann leuchtet mir ein Ergebnis auf, eine Antwort?

Ich übe mich wieder einmal in der Tugend der Geduld – und schaue, schaue einfach weiter, so gut es nun einmal geht.

Ob nicht allein das schon das Glück ist? Man kann es mit Thomas von Aquin durchaus so empfinden: „Das Glück des beschaulichen Lebens liegt in nichts anderem als in der vollkommenen Betrachtung der höchsten Wahrheit."

Aber dennoch: Da wäre ja noch die ungelöste Frage, das Koan, das Ziel.

Was heißt das eigentlich konkret, was vorhin über den Weg zu diesem Ziel gesagt wurde: Ganz in ein Koan hineingehen – eins mit der Frage werden? Wie ist so etwas überhaupt möglich?

Hierzu möchte ich einen Vergleich heranziehen. Vergleiche können natürlich nie identisch mit dem jeweiligen Original sein, machen aber wesentliche Aspekte davon durchaus deutlich.

Nehmen wir an, Sie haben das Glück, auf einem Pferd zu reiten. Vielleicht haben Sie diese Erfahrung schon öfter gemacht – umso besser. Ich bezeichne das Reiten als ein Glück, weil es bei den wenigen Gelegenheiten, die ich in meinem Leben dazu wahrnehmen konnte, genau diese Empfindung in mir ausgelöst hat.

Aber woher kommt denn nun eigentlich dieses Glück?

Ich glaube, es hängt mit diesem mächtigen Körper zusammen, der da unter mir lebt und rennt und schnaubt. Wie die Muskelbündel und alle Organe des Pferdes arbeiten, wie diese sich zu einer gewaltigen einsgerichteten Leistung koordinieren, wie das Fell schweißnass und heiß wird, wie das Pferd heftig dazu atmet und der Speichelschaum aus dem Mund flockt: ein unglaubliches Erlebnis!

Und dieses große Tier trägt mich mit. Es nimmt mich sozusagen in seine Masse mit auf. Es ist nur noch Hingabe: Es erzeugt nicht mehr nur Bewegung, es ist ganz und gar selbst Bewegung, und es bezieht mich, den Reiter, nahtlos in diesen Vorgang mit ein. Dabei bringe ich aber auch einen eigenen Faktor ein, indem ich Laufrichtung und Geschwindigkeit des Pferdes lenke.

Und so werden wir eins in der Bewegung und der Lenkung.

So ähnlich verhält es sich bei der Einswerdung mit einem Koan. Diese Einswerdung wird so intensiv, dass man sich unwillkürlich fragen kann: Ist der Reiter nun das Koan für das Pferd, oder ist das Pferd das Koan des Reiters?

Lassen wir die Frage einfach mal so stehen. Etwas anderes, ein weiterer Hinweis scheint mir bei dem gewählten Vergleich noch wichtig zu sein. Mir geht nämlich auf, dass dieses Pferd eine tief verborgene Seite meiner eigenen Existenz in mir herausruft und hervorbringt – nämlich das Animalische in mir selbst. Das Animalische ist es ja, das ich so kraftvoll und mächtig in dem Pferd spüre. Und ich vermute, das Pferd spürt das Animalische auch in mir. Und damit sind wir in der animalischen Tiefe zu einer echten und wahrnehmbaren Einheit verbunden.

Weiter können wir sogar sagen: Auch der Geist des Pferdes verbindet sich über die Lenkung mit meinem Geist. In der Zen-Schrift Mumonkan (S. 179) heißt es hierzu: Ein Pferd kann so feinfühlig sein, dass es „schon beim Gewahrwerden des Schattens der Peitsche losläuft" – natürlich hoffentlich nicht aus purer Angst, sondern aus Lust am Lauf.

Nun ist es ganz leicht, den Vergleich mit dem Pferd abzuschließen. So wie ich beim Reiten der verbindenden Realität von Geist und Animalischem begegne, so begegne ich in einem Koan – meinem eigenen Geist.

Dasselbe geschieht, wenn das Koan „Wer bin ich?“ lautet. Ich meditiere, ich schaue. In der immer klareren Schau in meinen Geist finde ich – mich. Mit Freude oder auch mit Bedauern nehme ich dabei meine besondere individuelle Ausprägung, meine Eigenheiten wahr. Aber weit darüber hinaus erfahre ich, dass der in mir lebendige Geist keine nur für mich bestimmte exklusive Qualität ist, sondern dass dieser auch dem Pferd und allen, allen Lebewesen nicht nur innewohnt, sondern gänzlich eigen ist.

Somit wäre das Besondere, Eigentliche, Tiefste und Äußerste meines „Wer bin ich?“ also etwas allen Eigenes? So wäre also alles eins?

Ich staune: Was für ein Gedanke! Aber bliebe er bloßer Gedanke und würde nicht auch Einsicht sein und ganz im Bewusstsein aufgehen und im Alltag wirken, so hätte er keinerlei Bedeutung. Stattdessen würde ich mich dann auf den Holzweg der Bemühung um eine möglichst genaue sprachliche Fassung dieses Gedankens begeben, was ebenso vergeblich wie unnötig ist.

Dies jedoch sollte wiederum nicht daran hindern, weiter zu fragen. Etwa (im Sprachspiel des Christentums) so: Sollte es etwa der Geist Gottes selber sein, der hier, und jetzt, mein Wesen ausmacht?

Sehr vorsichtig und behutsam, gewissermaßen schweigend äußern sich Buddhisten zu dieser Frage. In ihrer Begrifflichkeit eignet allen Menschen die eine Wesensnatur, die Natur des Geistes, die Buddhanatur. Dieser Geist ist absolute ungeschaffene Wirklichkeit. Hinsichtlich einer solchen Wirklichkeit ist alles Vergängliche leer, aber letzten Endes ist alles reiner Geist, und auch ihm eignet Leerheit; es gibt keinen Dualismus zwischen relativer und absoluter Wirklichkeit. Dieser Geist, um auf Nikolaus von Kues anzuspielen, hebt alle Gegensätze auf und vereinigt sie.

Wenn das so ist, sind wir dann selber Gott?

Solange wir Menschen uns immer noch mit unseren Verdunkelungen und unseren relativen Daseinsformen herumplagen müssen, sollten wir einen großen Abstand davon nehmen, uns selbst zu Göttern, zu Gott zu erklären. Und überdies: Indem ich mich einer Wenn-dann-Logik bediene, verwandle ich die

Einsicht in ein Konzept; damit aber degradiere ich den Geist. Gott ist in keinerlei Konzepten fassbar, auch wenn sie noch so ausgeklügelt sind.

Es genügt völlig, in unseren Daseinsformen die Wege zur Vollendung zu erkennen, die sie enthalten. Selbst wenn sie sich als Hindernisse darstellen, gehören sie bereits zum Ganzen. Um hier einmal ein anderes Sinnbild als das vom Klaren Licht einzubringen: Wenn tibetische Buddhisten die Vollendung in dem Mandala des „Wunscherfüllenden Palastes" zu verdeutlichen suchen, so enthält dieses Bild notwendigerweise auch die Wege und die Tore, die zu diesem Palast führen und die somit ohne Abstriche zu ihm gehören. Es gibt viele solcher Wege und Tore, und sie finden sich beispielsweise in jeder Altersstufe, von der frühen Kindheit bis ins hohe Alter. „Ich" ändere mich mit meinen Lebensjahren und es ist sinnvoll, dies zu erforschen. Womöglich entdecke ich dabei: Jedes Jahr, jede Sekunde hält eine passende Tür bereit. Denn die Wesensnatur verändert sich in all den Jahren nicht.

In einer Version des dritten Bodhisattva-Gelübdes heißt es hierzu:

Die Tore zur höchsten Wahrheit sind mannigfach;
ich gelobe, durch alle zu gehen.

Alle diese Tore sind grundsätzlich von jeder spirituellen Position aus erreichbar; es ist diesbezüglich nicht notwendig, eine Religion oder Konfession oder spirituelle Schule zu wechseln.

Vielleicht ist mir nun für den Geschmack des einen oder anderen Lesers dieser schweren Zeilen der oben erwähnte Gaul durchgegangen, so dass er diesem nicht mehr folgen kann, so dass er „so klug als wie zuvor" zurückbleibt. So seien mir zuletzt nur noch einige einfache Hinweise erlaubt:

Wer auf die Frage „Wer bin ich?" eine Antwort sucht, kann sie sich von niemandem, auch von diesem Beitrag nicht, vorsagen lassen. Es hätte keinen Sinn; er würde die Bedeutung des Vorgesagten ohne eigenen Werdeprozess gar nicht erkennen können, es allenfalls als interessante oder eindrucksvolle Meinung aufnehmen und zur Tagesordnung übergehen. Er muss also die Antwort für sich selber finden. Er muss sich dazu selber auf den Weg des Meditierens und Forschens machen – nicht verbissen, aber stetig. Er mag dann irgendwann auf dem Weg von sich und seinen Bedürfnissen vollkommen absehen können und weit hinausschauen, nicht nur über sich selbst, sondern auch über den eigenen Horizont hinaus. Wenn er diese Schau als innere Reinigung erfährt, wenn er also mit sich selbst und allem, was er schaut, ins Reine kommt, wenn sich dabei womöglich sogar die Fragestellung selbst in die Vollkommenheit der Leerheit hinter dem Horizont hinein auflöst, dann ist der Boden für die Antwort bereitet.

Und doch können noch weitere Jahre in diesem Stadium vergehen, bis die Antwort da ist. Du hast ja Zeit. Sollte dir dann aber aufgehen, wie das, was du jenseits aller Horizonte erschaust, mit deinem eigenen innersten Selbst zusammenhängt –

dann bleib bitte ganz still.

Und setze beharrlich deine Übungen fort.

Sprache und Kunst

Wenn du fortfährst, zungenfertig daherzuschnattern,
solltest du dich vor dir selbst schämen.

Aus dem Mumokan, Vers zum Fall 24

„Was nützt mir eine Erklärung, was Zucker ist, wenn ich seine Süßigkeit nicht schmecken kann?“, wurde soeben gefragt. Wenn schon beim Zucker die Worte fehlen, um ihn und seine Süßigkeit hinreichend zu beschreiben, so trifft dies umso mehr auf das Klare Licht zu. Das Göttliche kann nicht hinreichend in Worte gefasst werden – mehrmals wurde dies in den bisherigen Ausführungen bereits betont. Sollte man also nur noch schweigen – und sich damit den Vorwurf einer diffusen Vieldeutigkeit einhandeln? Oder sollte doch gesprochen werden – mit dem Mut zur Lücke? Der Buddha hat sich nach anfänglichem Zögern doch zur Rede entschlossen. Seine Anhänger drängten ihn dazu. Und sein Mitgefühl sagte ihm, dass er ihnen Hinweise geben müsse, mit denen sie dem, was er gefunden hatte, selber auf die Spur kommen konnten. Auch Christus hat gesprochen und dabei viele Gleichnisse und Bilder verwendet, um anzudeuten, was das „Reich Gottes“ ist.

An diesen beiden religiösen Gestalten wird aber besonders deutlich, dass beides, Reden und Schweigen, in ihrem Leben Platz hat. Der meditierende Buddha und der Christus, der sich vor öffentlichen Auftritten gern auf einen Berg in die Einsamkeit zurückzieht: Hier werden Reden und Schweigen einander zugeordnet. Das eine nährt sich vom anderen. Wenn von Gott die Rede sein soll oder von der Buddhanatur, dann ist es angebracht, wenn diese Rede aus dem Schweigen heraus geschieht – und immer wieder auch in dieses Schweigen hinein mündet. Auf diese Weise kann die Rede vom Schweigen her erfüllt und durchdrungen werden, es kann eine Art Dialog zwischen Wort und Stille stattfinden, und dem Hörer des Wortes erschließt sich so eine ausgezeichnete Chance, seine inneren Ohren auf diese Stille hin zu schulen, so dass er sie – wenn schon nicht hören, so doch – spüren und vernehmen kann.

Damit ist es möglich und auch erforderlich, nunmehr eine positive Bestimmung von Rede und Sprache vorzunehmen, statt wie bisher immer nur auf die defizitären Aspekte der Unsagbarkeit Gottes und die „höhere Qualität" des Schweigens hinzuweisen. Mit dieser Bestimmung lassen sich auch Kriterien finden, wie Sprache eingesetzt werden kann und wo sie missbraucht wird – etwa in Form von romantisierendem Schwulst oder von inflationärer Darbietung von Leerformeln.

Um diese positive Bestimmung von Rede und Sprache soll es nun im Folgenden gehen.

Einen ersten Ansatz hierfür bietet die schlichte Feststellung: Sprache formuliert Daten und übermittelt Informationen. Wenn jemand ein neu erworbenes Gerät richtig bedienen will, benötigt er eine korrekte und verständlich formulierte Gebrauchsanweisung; vor der Einnahme einer Medizin kann es nicht schaden, die Hinweise auf dem Beipackzettel durchzulesen.

Es wäre jedoch eine sehr beschränkte Auffassung von Sprache, in der Übermittlung von Informationen deren einzige Funktion zu sehen. Dies würde den Wert einer Rede auf ein rein sachbezogenes Kalkül reduzieren. Wenn beispielsweise Menschen einander Gefühle mitteilen, so enthält solches Sprechen weit mehr als bloße Informationen. Denn hier werden nicht nur Daten, sondern vor allem Empfindungen zum Ausdruck gebracht und beim Gegenüber hervorgerufen; Worte schaffen Wirklichkeiten. Und zudem wird in einer Unterredung oft ohne direkte Thematisierung deutlich, wie es um die Beziehung zwischen den beiden Gesprächspartnern steht. Dabei spielt eine große Rolle, was „zwischen den Zeilen" gesagt wird, was etwa mit der Art und Weise des Sprechens, der Lautstärke, den Pausen zwischen den Worten zum Ausdruck kommt. Und wenn ich den sprechenden Menschen vor mir sehe, erhalte ich über seine Körpersprache weitere Hinweise auf das, was er mir sagen will und was dabei in ihm vorgeht.

Von hier aus lässt sich eine deutlich erweiterte Funktion von Sprache feststellen: Sprache ist unbedingt notwendig, um das Innere eines Menschen zum Ausdruck zu bringen. Sprechen ist sozusagen ein Fenster der Seele. Wie viel Durchblick dieses Fenster gewährt, hängt von der Aufnahmefähigkeit des Empfängers sowie von der Qualität meines Sprechens ab. Eine schlampige Sprache ist wie eine trübe Fensterscheibe.

Ein an Autismus erkrankter Mensch leidet an einer besonders tragischen Schranke: Da er nicht so gut sprechen kann, versperrt er den Zugang zu seiner Seele wie mit einem Fensterladen. Es wäre überaus hilfreich, wenn es gelänge, solche Fensterläden zu öffnen, um diesen Menschen so, wie er ist, als Ganzes zu verstehen, um richtig auf ihn eingehen zu können.

Vielleicht lassen sich auch andere Zugänge finden – hiervon jedoch später.

Gewiss haben nicht nur Autisten Mühe, ihr Inneres zu öffnen, und das sicherlich oft nicht zu Unrecht. Es wäre ja eine Übertreibung, seine Seele gleich auf den Marktplatz zu tragen; schon eine entsprechende Darbietung des Körpers ist gewiss nicht unproblematisch. Aber wenn es wenigstens ein paar Menschen oder auch nur einen gäbe, zu dem ich so viel Vertrauen habe, dass ich ihm mein Inneres offenbaren kann und darf – das würde ja schon genügen.

Wenn ich aber mein Inneres verschließe wie ein Gefängnis, wenn ich jede Mitteilung „nach außen" verweigere – oder aus Angst verweigern muss – und damit sozusagen kein Licht in die Seele lasse, so nenne ich diesen Vorgang tragisch, weil er eine schier unendlich scheinende Traurigkeit hervorruft. Die Seele selbst ist ja Licht, und deshalb gehört sie zum Licht; wo Licht von Licht getrennt wird, entstehen Dunkelheiten, und zwar gerade dort, wo sie gefährlich werden können.

Deshalb ist es von größter Notwendigkeit, sein Inneres zu öffnen und sprechen zu lassen. Vielleicht wirkt ein Mensch, der damit anfängt, recht unbeholfen und wird deswegen belächelt; das Entscheidende ist, damit anzufangen. Alles Weitere kann er üben. Jeder Mensch muss sein Sprechen erst erlernen, und dieses Lernen ist ein lebenslanger Vorgang. Übt er aber immer weiter, so kultiviert er damit sein Leben. Damit wiederum hat der Ausdruck eine wichtige Rückwirkung auf die Seele. Menschen werden ja immer wieder mit Situationen konfrontiert, in denen es ihnen die Sprache verschlägt ob der Wucht oder der Unvermitteltheit, mit der sie sich ereignen. Solche Situationen können von glückhafter oder auch von leidvoller Natur sein. In beiden Fällen ist es hilfreich, diese Ereignisse sprachlich zu fassen, sobald man dazu in der Lage ist. Die Beschreibung schafft einen gewissen Abstand zum Ereignis; ähnlich wie bei einem Sportreporter, der sich ja nicht selber im Wettkampf befindet. Sie ist besonders wichtig in unüberschaubaren oder gar bedrohlichen Situationen. Hier wird das in Worte Gefasste zu einer Plattform, die ein gewisses Stehvermögen gewährt, so dass ich die Situation von dieser Position aus besser meistern und nötigenfalls bannen kann. Damit die Plattform gut hält, muss um die treffende Beschreibung, die passende Formulierung durchaus gerungen werden; jede Erstellung einer Plattform ist eine richtig schwere Arbeit.

Bei dieser Arbeit kommt es nicht nur auf die Genauigkeit des Ausdrucks und möglichst exakte Formulierungen an, sondern auch auf deren Geschmeidigkeit und Stimmigkeit im Ganzen. Ein perfekt formulierter Vortrag ist nur von geringem Nutzen, wenn er so trocken geraten ist, dass der Hörer dabei einschläft. Oder so hölzern, dass man an der gestelzten Sprache merkt: Der Vortragende hat sein Thema selber noch gar nicht richtig bewältigt. Die Sprache hat also nicht nur die möglichst genaue Beschreibung eines Ereignisses oder Themas zu leisten. Sie muss auch auf den Hörer eingehen, sich ihm verständlich machen und ihn auch „bei Laune halten", damit er am Thema bleibt. Entsprechende Inputs sollten aber nicht aus beliebigen Schlenkern oder platten, wahllos eingesetzten Gags bestehen, sondern in behutsamer Dosierung aus der Themenführung heraus entstehen und zumindest die Verbindung zum Thema halten.

Sofern es sich bei diesem Thema um das Innere des Menschen, um seine Seele handelt, müssen wir erneut einräumen: Sprache kann nicht exakt aussagen, was seine Seele eigentlich ist. Schon eher kann sie darüber Auskunft geben, was in ihr gerade vorgeht. Sie kann diesem Vorgang Ausdruck verleihen und damit auch der Seele selbst. Und sie kann auf deren Existenz und Bedeutung hinweisen.

All dies gilt nun auch für die anderen spirituellen Gegebenheiten, die uns durch dieses Buch hindurch begleiten. Gott, die Buddhanatur, das Klare Licht der Weisheit: Sie sind unbeschreiblich. Aber ich kann sie zur Sprache bringen, indem ich meine Erfahrungen mit ihnen und meine Kenntnisse über sie in Worte fasse und damit auf sie und ihre Bedeutung aufmerksam mache.

Was nun über das Sprechen gesagt wurde, gilt ebenso für die anderen Möglichkeiten, mittels derer sich Menschen ausdrücken können. Sie alle lassen sich unter dem Begriff der Kunst zusammenfassen. Sie haben gegenüber der Sprache sogar den Vorteil, sich nicht auf Worte beschränken zu müssen. Insbesondere die Musik ist für den Aufweis von Spiritualität besonders geeignet.

Als Beispiel für ein spirituelles Musikempfinden in Verbindung mit dem Versuch, dieses in Worte zu fassen, möchte ich hier einen Eintrag aus den Tagebüchern meiner Mutter wiedergeben. Er datiert vom Karfreitag des Jahres 1947. In dieser bitter armen und traurigen Zeit sehen wir die Autorin, eine kleine Frau, in Anwesenheit ihres Neffen damit beschäftigt, ihre Wohnung für das bevorstehende Fest herzurichten:

Karfreitag war für mich ein harter Arbeitstag. Der Herrgott wird mir schon verzeihen, dass ich an meinem Heim arbeitete von früh bis spät. Ist es doch meine einzige Freude, die ich noch habe. Alles war endlich gestöbert, von oben bis unten geputzt, die Fenster blinkten in Sauberkeit und nun ging es an die Gardinen. Mit der Staffelei wurde herumgeklettert, auf dem Kasten kletterte ich umher, wobei klein Hansi herzlich lachte, der mir die Vorhänge zureichte. Es war fast alles fertig bis auf eine Kleinigkeit, da fiel mir ein, das Oratorium von Haydn! Es war wohl schon angegangen. Mit zitternden Füßen stieg ich von der Leiter, zog mich ausgehfertig an und eilte in die Kirche. Sie war überfüllt. Ich zwängte mich durch die dichtgedrängten Reihen und fand wie vom Herrgott für mich hingestellt zwischen zwei Beichtstühlen einen alten Betschemel, auf dem ich Platz nehmen konnte. Da saß ich mit dem Rücken an die Wand gelehnt und lauschte der herrlichen Musik. Mein Gott, mein Gott, warum hast du mich verlassen, sang eine herrliche Stimme so verzweifelt, wie dies manche Menschenseele schon empfunden haben mochte. Es war ergreifend. „Ach mich dürstet" erklang es wieder und man fühlte die Qual dieser ausgetrockneten todgeweihten Lippen. Ich saß mit geschlossenen Augen und lauschte. Meine ganze, so müde Seele nahm teil an dieser Qual. „Vater, in deine Hände befehle ich meinen Geist." Wie ersterbend klang dies. „Geist" klang es noch einmal auf, wie der letzte Hauch eines Sterbenden. Man sah den Erlöser am Kreuz sterben, so rührte einen diese herrliche Stimme. Eine laut-

lose Stille trat ein, regungslos verharrte die riesige Menschenmenge ergriffen mit gesenkten Köpfen, bis sie still den geweihten Raum verließ. Auch ich ging mit erschütterten Sinnen heim. Wie oft wird der Herrgott in unseren Tagen ans Kreuz geschlagen. Nie wieder will ich so sündigen und den Herrgott ans Kreuz schlagen, mit allen Kräften will ich dagegen ankämpfen, gegen alle menschlichen Schwächen will ich angehen, gelobte ich in diesem Mitgefühl des göttlichen Leidens. Mein Gott gib mir die Kraft dazu, und lass mich nicht an mir und allem verzweifeln.

In diesem Eintrag wird ein spirituelles Ereignis beschrieben: Die Autorin begegnet mittels der Musik einer anderen, einer transzendenten Wirklichkeit, die von einem zutiefst leidenden Menschen angerufen wird; und sie kann diesen Vorgang mit ihrer eigenen Lebenswirklichkeit verbinden und daraus Impulse für ihre weitere Lebensführung entnehmen.

Natürlich ist nicht jedes Musikstück, jede Malerei oder Bildhauerei, nicht jede Architektur und auch nicht jede Dichtung schon ein Kunstwerk. Kriterium hierfür ist die Qualität des Könnens, das in dem Werk steckt. Um seinem Inneren Ausdruck zu verleihen, bedarf es jedoch keiner großen Kunstfertigkeit. Die spirituelle Praxis würde zu einer elitären Angelegenheit, wenn sie nur den großen Künstlern vorbehalten bliebe. Eine liebevoll angefertigte Zeichnung eines Autisten kann von größerem spirituellen Wert sein als Da Vincis „Abendmahl“. Eine schlichte Holzfigur, die einen Buddha darstellt und auf einem Hausaltar Symbol des zu Verehrenden ist, bedeutet mehr als die teure und womöglich noch auf alt getrimmte Buddhastatue oder Heiligenfigur, die in einer Prestigewohnung als Dekoration herumsteht.

Kunst ist in besonderer Weise Ausdrucksform des ganzen Menschen. Leider ist es in wirtschaftlich angespannter Lage üblich geworden, sie als überflüssig zu betrachten und ihr die Aufträge zu entziehen. Jedoch, gerade in schwierigen Zeiten ist es vonnöten, diesen mit den Mitteln und Formen der Kunst zu begegnen und so zu ihrer Bewältigung beizutragen. Denn von ihrer ganzheitlichen Grundausrichtung her kann Kunst Problemschichten aufspüren und erfassen, die zur Bewältigung einer Not der Wahrnehmung bedürfen.

Der spirituell Tätige hat nun die Aufgabe, unter den vielen Möglichkeiten künstlerischen Schaffens diejenige zu finden und zu üben, die ihm gemäß ist, die ihm zusagt und entspricht. Ob er nun tanzt oder töpfert, Theater spielt oder Blumen steckt, ein Buch schreibt oder Bogen schießt, modelliert oder malt, einen sakralen Raum gestaltet oder fotografiert – wichtig ist, dass es die zu ihm passende Ausdrucksform ist. Während er an seinem Kunstwerk arbeitet, sollte er in ständigem bewussten Kontakt zu seinem Inneren bleiben, um dort die nötigen Impulse für die Ausgestaltung zu empfangen. Aus dem inneren Gespräch heraus wird sich das gute und richtige Gespür einstellen, wann und wie etwas zur Bearbeitung „dran" ist und wann man besser innehalten soll.

Mit der Zeit wird der Künstler in seiner Gestaltung einen belebenden und bereichernden Teil seiner spirituellen Praxis erkennen.

Wichtig ist, immer wieder einfach anzufangen. Es gibt nämlich bei nicht wenigen Übenden eine Tendenz, die das verhindern will. Da entstehen dann merkwürdige Fragen: Bin ich auch disponiert genug? Habe ich auch genügend Zeit? Bin ich nicht doch zu müde dafür? Ist es auch still genug? Sind jetzt alle Bedingungen geschaffen und alle Hindernisse beseitigt, um auch wirklich loslegen zu können? Sollte ich nicht doch erst Zeitung lesen?

Auf einem Marktplatz in Münster konnte ich einmal ein Paar erleben, bei dem der junge Mann seine erotische Zuwendung allen Ernstes von der Beschaffenheit seiner Laktatwerte abhängig machen wollte!

Wer sich in seiner spirituellen Praxis von solchen Gedanken leiten lässt, wird vermutlich nie anfangen. Schluss damit! Ein Anfang ist immer möglich, hier und jetzt und wann und wo auch immer. Und wenn ich nur fünf Minuten Zeit habe: Ist es nicht besser, diesen fünf Minuten etwas Kostbares zu verleihen, anstatt sie mit irgendeiner Belanglosigkeit zu überbrücken?

Ebenso wie beim Anfang ist es wichtig zu entscheiden, wann man eine Arbeit unterbrechen soll und wann der Zeitpunkt gekommen ist, sie zu beenden. Wer mit seinem Kunstwerk nicht aufhören kann, läuft Gefahr, es zu überladen. Zweifel an den eigenen Fähigkeiten kommen auf, und ich kannte Menschen, die von diesen Zweifeln in den Wahnsinn und sogar in den Tod getrieben wurden. Eine gute Testfrage hierzu wäre: Wo ist an dieser Arbeit etwas zu üppig geraten; käme das Grundmotiv vielleicht sogar deutlicher heraus, wenn ich dieses oder jenes einfach weglasse?

Wichtige Korrekturen ergeben sich auch, wenn ich mein Werk einem Menschen zeige, dem ich vertraue. Dies muss nicht erst dann geschehen, wenn das Erarbeitete fertig ist. Meine Erfahrung ist, dass sich Mitmenschen oftmals freuen, schon an der Entstehung einer Arbeit teilhaben und diese begleiten zu dürfen. Dem Übenden erschließen sich aus solchen Dialogen wertvolle Impulse und nicht selten auch Fragestellungen, die ihm neu sind und ihn so mit seinem Thema weiterbringen.

Eine andere Empfehlung möchte ich gerne noch aussprechen. Wenn ein Übender seine Ausdrucksweise gefunden hat, so kann es von großem Nutzen sein, sich eine zweite zuzulegen. Jede künstlerische Form verfügt über eigene Ausdrucksmöglichkeiten, die in den anderen Formen so nicht gegeben sind. Sehr oft wird beispielsweise behauptet, ein Buch sei „besser" als dessen Verfilmung, was gewiss darauf beruht, dass das Buch durch das Fehlen von Bildern die Phantasie im Leser stärker freisetzt. Damit wird dieser am Geschehen intensiver beteiligt, indem er zur Handlung und zu den Personen eigene Bilder entwickelt. Es kommt zu einer Art Kommunikation zwischen dem Kunststück und seinem Empfänger, die je nach Medium verschieden ausfällt.

Für mich bedeutete die Entwicklung einer zweiten Aussageform einen großen Gewinn, einen Zuwachs an Erkenntnis. Meine erste Art und Weise, mich zu äußern, ist das Wort – das geschriebene mehr noch als das gesprochene, da das Schreiben ein intensiveres Feilen am Text ermöglicht, während es mir beim oft flüchtig gesprochenen Wort an Schlagfertigkeit fehlt oder an der Disziplin, bei einem Thema zu bleiben. Der Grund für meine Lust am Wort ist ein seit jeher tief empfundenes Verhältnis zur Sprache. Immer wieder staune ich, was eine gut geführte Rede- oder Schreibweise alles kann: Sachverhalte genau erfassen, tiefe Stimmungen erzeugen, und im Bereich der Spiritualität: eigentlich Unsagbares erhellend und beglückend andeuten.

Ein Großteil dessen allerdings, was da heute an Worten produziert wird, ist des Aufhebens nicht wert. So wurden Briefe früher sicherlich länger aufgehoben als die E-Mails, die die Briefe als Kommunikationsform mittlerweile weitgehend ersetzt haben. Somit kann ich dem Reden und Schreiben nicht generell das Wort reden, sondern muss das Votum für diese Ausdrucksform immer auch mit der Aufgabe verbinden, aus dem großen Wörterwust das jeweils Kostbare herauszufinden.

Als Alternative übte ich mich eine Zeit lang im Ikebana. Gelegentlich greife ich immer noch gern auf diese Ausdrucksweise zurück, merke aber, dass sie sich als regelmäßige Praxis für mich nicht eignet.

Eine gute Freundin, die noch in hohem Alter therapeutisch tätig ist, machte mich nun damit vertraut, es neben dem Schreiben mit dem Zeichnen zu versuchen, und zwar mittels einer Methode, die im Umfeld von Karlfried Graf Dürckheim entwickelt wurde. Sie riet mir, ein großes Blatt Papier bereitzulegen und ein paar Kohlestifte. Bevor ich zu zeichnen beginne, sollte ich mich vor dem leeren Blatt erst für einige Minuten nach innen wenden und still meditieren. Vielleicht tauchen dabei im Geist einige Linien und Figuren auf; ob sie dann aber auf das Blatt übertragen werden, ist damit nicht gesagt; es muss nicht sein.

Nach einigen Minuten also nehme ich das Blatt in die Hand und zeichne – aber nun kommt das Entscheidende: mit geschlossenen Augen! Ich zeichne also ohne jede Kontrolle durch Verstand und Augen, ich lasse einfach die Hand den Stift führen. Oft nur wenige Minuten nimmt dieser Vorgang in Anspruch. Wenn ich das Gefühl habe, damit aufhören zu können, öffne ich die Augen – und staune immer wieder, was da entstanden und auf dem Blatt vor mir sichtbar geworden ist. Nur selten zeigt sich wirres Gekritzel. Zumeist erkenne ich eine Figur, ein Muster, eine Bewegung, Linien und Lücken – und ich kann, wenn ich will, dem so entstandenen Bild einen Titel geben, den ich neben der Datierung auf das Blatt schreibe oder für mich festhalte.

Zum Staunenswerten bei diesen Bildern gehört es auch, dass sie oft Ereignisse aus dem Alltagsleben wiedergeben, die vielleicht sogar schon schriftlich oder verbal reflektiert sind, die sich aber nun in überraschend anderen Dimension präsentieren. Diese Bilder scheinen, da sie ja nicht vom Kopf mit seinen Augen gesteuert sind, aus der Seele heraus zu entstehen und somit Aussagen über die aktuelle Beschaffenheit des Innenlebens zu ermöglichen: weich, weit, dunkel, oder auch zerfahren, chaotisch beengend – je nachdem.

So habe ich nun neben dem Schreiben eine zweite, eine sowohl ergänzende als auch vertiefende Ausdrucksweise gefunden, und ich bin meiner alten Freundin sehr dankbar dafür.

Ich kann es jedem Leser dieser „Anwendungen" nur wünschen und gönnen, seine persönliche erste und zweite Ausdrucksweise zu finden und bewusst zu praktizieren.

Überdies schadet es gewiss nicht, sich zusätzlich von Zeit zu Zeit in das Werk eines Künstlers zu vertiefen. Ob dieser nun in hohem oder in geringem Maß anerkannt ist, ist dabei nicht so wichtig. Ich kann mich betrachtend, vielleicht auch nachahmend in seine Werke vertiefen, kann mich anhand seiner Biographie über ihn informieren, kann für mich die Botschaften entdecken, die dieser Künstler wohl übermitteln wollte. In der Regel werde ich herausfinden, dass auch die arrivierten Künstler gerne mit zwei oder mehreren Ausdrucksweisen arbeiten – Günter Grass sei hierfür ein prominentes Beispiel. Denn nicht nur im Wort, sondern auch mit Bildern und Zeichnungen äußert er sich. Vor allem aber gewinne ich aus dem Studium eines Künstlers, seiner Zeit und seiner Werke wertvolle Anregungen und Einsichten für meine eigene Praxis. In meinem Fall war es der Maler Paul Klee, der mich zutiefst berührt, ja erschüttert hat. An seinen Arbeiten lassen sich die Einflüsse und Herausforderungen besonders deutlich ablesen: seine Kindheit und die seines Sohnes Felix, seine Freunde, seine Reisen, seine Vorlieben und Enttäuschungen, und besonders seine tragische Erkrankung in den letzten Lebensjahren, von denen jedoch „kein Tag ohne Linie“ vergangen ist. Von seinem Können her war und bleibt Paul Klee ein Künstler höchsten Grades. Aber noch dahinter berührt mich, wie sich in all seinen Lebensumständen mit Hilfe der Kunst seines Ausdrucks sein Inneres geformt hat und diese seine Seele klar zutage treten ließ. Und nicht ganz zufällig bildeten die Entdeckung und die künstlerische Bewältigung des Lichts die große Herausforderung und den entscheidenden Durchbruch in seinem Schaffen.

Eine ganze Reihe der großen Maler – wie Klee oder Turner, El Greco oder auch Caravaggio – sind Menschen, die auf ihre ureigene Weise das Klare Licht darstellen konnten – und ihm dienten. Und auch unter den Musikern, den Dichtern, unter allen Künstlern, unter uns allen also lassen sie sich finden.

Einen letzten Hinweis halte ich noch für erforderlich. Es ist ja nicht so, dass all die Künstler, die wir sind, Einsiedler wären, die ihre Werke in unzugänglichen Höhlen aufbewahren. Vielmehr treten wir – ob selbstbewusst oder scheu – miteinander in Beziehung. Mit unseren Werken geben wir auch unsere Ansichten, unsere spirituelle oder auch religiöse Verortung preis; und hier entsteht nicht selten ein Dilemma. Es erscheint nämlich vollkommen unmöglich, alle diese Werke und die ihnen zugrunde liegenden Ansätze zu *verstehen*. Es zeigt sich das Dilemma der Missverständnisse.

Verstärkt wird dies bei einer besonders abstrakten oder komplizierten Ausdrucksweise, und zudem auch dann, wenn ein Künstler seine Werke absolut setzt: Meine Arbeit ist die bessere, meine Ansichten sind die Wahrheit, und deine ist es nicht oder kaum. Ganze Kriege sind wegen solcher Dilemmata geführt worden in hässlicher Heftigkeit: unter Künstlern und Philosophen, unter politischen und militärischen Machthabern, und insbesondere unter Religionen und Konfessionen.

Zu diesen Auseinandersetzungen wäre viel zu sagen, aber aus den vorangegangenen Ausführungen heraus möchte ich hier nur noch einen abschließenden Hinweis geben. Hierfür greife ich ein Wort auf, das der Philosoph (und Architekt, Lehrer und Gärtner) Ludwig Wittgenstein in das philosophische Denken eingebracht hat. Ich meine damit die bahnbrechende Einsicht, dass wir Menschen uns mit unseren Werken und unseren Ansichten in einem gewaltigen *Sprachspiel* befinden. Die Gemeinschaften, Organisationen, Institutionen betreiben demnach ihre je eigenen Sprachspiele, mit deren Muster sich ihr Denken bildet. Letztlich verfügt wohl jeder einzelne Mensch über sein eigenes Sprachspiel, und zwar schon aufgrund der individuellen Erfahrungen, die er mit den Begriffen verbindet, die er gebraucht. Wenn nun Menschen mit ihren verschiedenen Sprachspielen miteinander ins Gespräch eintreten oder wenn die verschiedenen Gemeinschaften, die Nationen, Religionen, die politischen und wirtschaftlichen Verbände einander begegnen und dabei anerkennen würden, dass es sich bei den unterschiedlichen Positionen nur um je eigene Sprachspiele handelt, so würde dies die Kommunikation ungemein erleichtern. Es wäre nicht mehr nötig, das eigene Sprachspiel für absolut oder gar unfehlbar zu erklären und dem anderen aufzuzwingen. Man müsste über die verschiedenen Positionen nicht mehr in Streit geraten oder sich gar die Köpfe einschlagen. Denn an Stelle solcher Abgrenzung würde man im Dialog erahnen, dass die verschiedenen Sprachspiele im Grund dieselben Inhalte meinen, und dass sie nur verschiedene Zugänge zu diesen Inhalten sind; und zwar selbst dort, wo sie einander zu widersprechen scheinen. Die Kontrahenten könnten in ihnen verschiedene Wahrheiten zu immer denselben Inhalten erkennen. Die Spieler sollen dabei die Eigenart ihres jeweiligen Sprachspiels vor Beliebigkeiten durchaus schützen und in ihrer Besonderheit unbedingt bewahren, aber sie müssen ihr Spiel nicht mehr gegen die anderen führen, sondern *mit* ihnen. Kontroverse Debatten, Ringen um Wahrheit, gesunden Wettbewerb schließt dies nicht aus. Dies geschieht aber nun in dem Bewusstsein, dass sie eine grundsätzliche Gemeinsamkeit in Bezug auf die Inhalte verbindet. Konkret: Wenn ein Christ seinem Sprachspiel gemäß von „Gott“ redet und ein Buddhist von „absoluter

Wirklichkeit“ spricht; oder ob ich „Seele“ sage oder „Wesensnatur des Menschen“; vor dem Hintergrund, dass diese Begriffe womöglich ein und dieselben Inhalte meinen, würde sich ein Dialog eröffnen, der den Streit um Worte überflüssig macht und der Energien für das gemeinsame Ringen um Erkenntnis freisetzt, die diese unsagbaren Inhalte so klar leuchten lässt, wie es diesen immer schon eigen war.

In solchem Umgang miteinander könnte sich bewahrheiten und erfüllen, was Jean Gebser, der große Erforscher des menschlichen Bewusstseins, das „Zeitalter der integralen Weltsicht“ nennt. Und tatsächlich sprechen viele Anzeichen dafür, dass dieses Zeitalter bereits begonnen hat.

Jitensya-Do oder: Radwandern als geistliche Übung

Wenn das Fahrrad schon einem normalen jungen Mann
viel Vergnügen bereitet, wie musste es da erst
einem armen Kerl wie mir vorkommen, der noch vor kurzem
in erbarmenswerter Weise und schweißgebadet
nach den ersten vier Kilometern das Bein nachzog!

Alain-Fournier

Im Folgenden möchte ich anhand eines Beispiels aufzeigen, wie die Idee des Sprachspiels methodisch eingesetzt werden kann, um die innere Nähe von Religionen oder überhaupt von Lebensweisen zueinander aufzuzeigen. Hierzu ist eine Vorbemerkung unerlässlich: Es geht um das Aufzeigen von Nähe und nicht um die Gleichschaltung der Begriffe. Es würde den einzelnen Lebensweisen nicht gerecht werden, würde man sie nach dem Motto: „Letztlich ist alles ein und dasselbe“ einander gleichmachen und zu einem Einheitsbrei zusammenstampfen. Sie haben sich jeweils unterschiedlich entwickelt und dabei je eigene Traditionen und Disziplinen hervorgebracht. Es kann also nicht um eine Vereinheitlichung von Religionen und anderen Lebensweisen gehen, sondern um das Aufspüren von Verwandtschaft in den Inhalten und deren Ausdrucksweisen. So kann man beispielsweise wahrnehmen, dass die christliche Offenbarung und die buddhistische Erleuchtung als Begriffe aus verschiedenen Sprachspielen einander nahestehen. Dabei sollten Unterschiede jedoch nicht unterschlagen, sondern vielmehr genau herauskristallisiert werden; etwa, dass bei der Offenbarung der Akzent mehr auf einer Handlung des sich Offenbarenden liegt, hier: einem Sichzeigen Gottes, während die Erleuchtung bei demjenigen ansetzt, der sie wahrnimmt.

Die bloße Gleichschaltung der Begriffe führt nur zu banalen Kurzschlüssen. Dies gehört zu jenen Faktoren, die an der Seriosität esoterischer Bemühungen immer wieder Zweifel aufkommen lassen.

Um das Gemeinte am Begriff des Sprachspiels selbst zu verdeutlichen: Spiele – man denke etwa an Fußball, Tischtennis oder Schach – bestehen im Allgemeinen aus Feldern, Figuren, Bewegungen, Regeln und Utensilien. Um im Wettkampf zu bestehen, bedarf es der Übung. Beim Sprachspiel ist das nicht anders. Das Feld ist die jeweilige Sprache selbst, die Figuren sind die Menschen, die sie sprechen. Die Bewegung ist hier die Kommunikation. Die Regeln kann man in der Grammatik oder auch in regionalen oder in altersgemäßen Sprachformen finden, die Utensilien sind beispielsweise Mikrophone oder Schreibwerkzeuge, und die Übung ist erforderlich, wenn man sich in seinem Sprachspiel thematisch genau und zugleich verständlich ausdrücken will.

Über diese grundsätzlichen Gemeinsamkeiten hinaus unterscheiden sich nun die Sprachspiele in unzähligen Varianten, und gerade diese machen den jeweiligen Reiz eines Spiels aus – oder bewirken das Gegenteil, vom Nichtreiz bis hin zur Ablehnung.

Im Mahayana-Buddhismus wurden bereits einige solcher „Sprachspiele" erwähnt: Kyudo, Sado, Kado, Zendo … sie alle sind in ihrer Variante authentische Buddhawege, geistliche Übungsformen. Sie zeigen also einen spirituellen Weg nicht nur symbolisch auf; sie *sind* dieser Weg. Den Aufweis dieser Behauptung möchte ich nun aus eigener Erfahrung heraus am Weg (jap.: do) des Fahrrades (jitensya) aufzeigen. Die zugrunde liegende Erfahrung einer Radwanderung über eine Strecke von etwa 940 Kilometern durch zumeist bergiges Land wurde zugleich insbesondere deshalb zu einer geistlichen Übung, zu einer spirituellen Erfahrung, weil ich ganz allein unterwegs war, weil ich einen Fluss von Anfang bis Ende begleitet habe, auch weil ich zumeist in einem Land radelte, dessen Sprache ich nicht verstand – und nicht zuletzt deshalb, weil ein solcher Weg natürlich auch ein Leidensweg ist. Tag für Tag erschlossen sich mir neue Schichten an Erkenntnis, von denen ich vielleicht schon einmal gelesen, die ich aber nicht selbst im Sinn des Wortes *erfahren* hatte. Ich hoffe nun, im Folgenden einige solcher Erkenntnisse wiedergeben zu können.

Zunächst muss eine solche Reise jedoch vorbereitet werden. Wer eine Tour mit dem Fahrrad plant, sieht sich mit drei großen Themenfeldern konfrontiert:

- Was motiviert mich? Was bringe ich körperlich und geistig für eine solche Reise mit? Habe ich genügend Kondition? Hält das Knie, das vor geraumer Zeit operiert wurde? Bin ich willensstark genug, um durchzuhalten? Oder stecke ich allzu leicht auf? Wie viel Geduld kann ich bei einer größeren Herausforderung auf dem Weg aufbringen? Wie locker, oder auch wie verbissen verfolge ich meine Tagesziele? Kann ich zu mir selber auch mal großzügig sein? Wie gut kann ich, wenn erforderlich, improvisieren? Wie aufmerksam kann ich mich auf das Land, auf Begegnungen und eventuelle Mitreisende – und auf mich selbst einlassen?

- Wie gut ist meine Ausrüstung? Kann ich zur Not das Fahrrad warten? Ist das Rad für den Weg geeignet? Wie gut kann ich mich bei Regen oder bei praller Sonne schützen? Welche Kleidung passt für eine solche Reise, und welche wäre nur überflüssiger Ballast? Wie kompakt und praktisch kann ich mein Gepäck verstauen?

- Und schließlich: Was habe ich auf der Strecke zu erwarten? Wie gut ist mein Kartenmaterial – und meine Fähigkeit, es zu lesen? Wie gut oder schlecht sind die Wegweiser? Was erwartet mich an Steigungen, an Kurven und Straßenbelag, an möglichen Gefahren? Wie werde ich mit den anderen Verkehrsteilnehmern klarkommen, mit Autos und Lastern?

Die eigene Befindlichkeit, die Ausrüstung und der Weg – diese Themen treten umso deutlicher zutage, wenn man eine solche Reise alleine antritt. In einer Gruppe wird einem vieles abgenommen: Der Reiseleiter hat die Tour geplant und organisiert; er weiß den Weg und die Tagesziele. Die Unterkünfte sind bereits gebucht. Der Leiter bestimmt das Tempo der Fahrt und setzt die Pausen fest. Er überprüft und korrigiert gegebenenfalls die Ausrüstung. Die Gruppe bietet dem Mitreisenden ein hohes Maß an Motivation. Je versierter ein Leiter ist, desto besser kann er seine Gruppe ans Ziel bringen.

Die Teilnehmer helfen einander, stützen sich und warten, bis auch der Letzte das aktuelle Ziel erreicht hat.

Wer hingegen alleine fährt, ist in allen Belangen ausschließlich auf sich selbst angewiesen. Er hat über alles zu entscheiden.

Deshalb ist es grundsätzlich gefährlicher, alleine zu fahren. Wer sich dennoch dazu entschließt, sollte als Voraussetzung die Erfahrung einiger Gruppenreisen mitbringen, damit er anwenden kann, was er auf diesen Reisen vom Leiter und von der Gruppe gelernt hat.

Dann aber, wenn er alleine fährt, wird er alles, was ihm begegnet, umso intensiver erleben: die Landschaft, den Weg und sich selbst, seine Stärken und Schwächen. Er wird seine Existenz besser kennenlernen, als dies in der Gruppe möglich ist. Er wird seinen eigenen Rhythmus, sein eigenes Tempo finden, da er selber bestimmen kann, wie zügig er fährt und wo er seine Pausen macht. Mit einigen Anforderungen wird er gut zurechtkommen, andere werden ihm Schwierigkeiten bereiten. Die körperliche und geistige Herausforderung, das Erlebnis der Natur, die kulturellen Kostbarkeiten, Freude und Schmerz, die Einsamkeit; all das wird ihn in besonders intensiver Weise angreifen oder auch beflügeln.

Viele nehmen von einer solchen Reise schon deshalb Abstand, weil sie niemanden dabei haben, dem sie sich mitteilen können. Ohne Mitteilung geht es aber nicht; der allein Reisende muss sich andere Formen dafür suchen; gewiss wird er sie auch finden. Eine andere Konsequenz des Alleinseins ist der Mangel an Berührung. Der Reisende wird jedoch gerade auch durch das Alleinsein so unmittelbar in die Natur hineingestellt, dass diese nicht mehr nur Umgebung ist; die intensive Verbindung mit ihr kommt einer Berührung gleich. Ähnliches gilt für die Motivation; er holt sie sich nicht von der Gruppe, sondern beispielsweise aus der Landschaft, aus der Bewegung oder bei guter Streckenkenntnis aus dem Wissen um die Entfernung vom Ziel.

Er kann sein Unternehmen natürlich auch dahingehend radikalisieren, dass er auf Pensionen und Hotels verzichtet und sein eigenes Zelt mitnimmt. Hiervon rate ich jedoch ab; abgesehen vom erhöhten Gefahrenpotenzial ist es durchaus angebracht und lehrreich, wenn der Reisende gelegentlich unter die Leute kommt.

Spirituell tätige Menschen, die ihr Leben auf Meditation oder Kontemplation hin ausgerichtet haben, können nun ein solches Szenarium mitsamt dem dazugehörigen Sprachspiel gut auf ihre eigene Situation übertragen:

- Was motiviert mich zu einem spirituellen Leben, zur geistlichen Übung? Bin ich dem vielen Sitzen in der Meditation körperlich und geistig gewachsen? Wie kann ich meinen Körper bei diesen Übungen unterstützen? Wie gelingt es, den Geist zu disziplinieren? Welche Gegenmittel gibt es, wenn ich beim Üben müde werde, oder hyperaktiv? Wie steht es um meine Ausdauer und meine Geduld? Wie förderlich oder auch wie schädlich für mein Fortkommen ist die „religiöse Landschaft", die Kirche oder die Gemeinde, in der ich mich befinde? Bin ich noch auf dem richtigen Weg, habe ich mein Ziel noch im Auge, oder habe ich mich irgendwohin verloren?
- Welche Hilfsmittel nehme ich in Anspruch? Wie gestalte ich mir den Raum, in dem ich meditiere, und den Meditationssitz? Brauche ich wirklich dieses teure Kissen dafür, diese Klangschale oder jenen Duft, oder kann ich die Übung nicht auch viel einfacher halten? Wie gut sind die Methoden, die ich beim Üben verwende? Welche Literatur fördert und ergänzt meine Übung?
- Und was erwartet mich alles auf dieser Reise zu mir selbst: an Glücksmomenten und gelungenen Übungen, an Herausforderungen und zähen Passagen? Welche Erfahrungen werden es sein, die ich auf diesem Weg mache? Was bringt mich voran – und was wirft mich zurück?

Ein meditierender Mensch wird sich solche Fragen immer wieder stellen, um damit zu überprüfen, wo er gerade steht, welche Fortschritte er gemacht hat und was ihm noch intensiver zu üben verbleibt.

Im Folgenden möchte ich nun einige der Erfahrungen mitteilen, die während einer Radwanderung ebenso wie auf einem Weg der geistlichen Übung gemacht werden können. Wiewohl ich mich dabei chronologisch in etwa an mein Reisetagebuch halte, gibt es hierfür keine zeitliche Reihenfolge. Jeder Reisende macht seine Erfahrungen auf seine eigene Art; der eine früher, ein anderer später, ein Dritter wird vielleicht ganz andere Erkenntnisse gewinnen.

Zuvor aber noch ein gewiss entscheidender Hinweis. So paradox es klingen mag: Ein allein Reisender oder ein allein Meditierender ist dabei nicht allein. Denn er hat seine Lehrer und Reiseleiter bei sich, auch wenn diese nicht körperlich anwesend sind. Er hat mit ihnen geübt und weiß nun einigermaßen, wie es geht. Er hat ihre Lehren und Botschaften aufgenommen und so sehr verinnerlicht und zu eigen gemacht, dass er nun selbst seine Reise antreten und seinen Weg gehen kann, der ja letztlich sein eigener Lebensweg ist. Und er kann diesen Weg nicht nur gehen, er kann ihn auch selbst vollenden.

Jede Vollendung setzt einen Anfang voraus. Meine ersten Reisetage begannen in der Regel mit einer Panne: ein falsch eingeschlagener Weg, ein Sturz, eine unsachgemäß angebrachte Gepäcktasche … es dauerte einige Tage, bis ich meine Aufmerksamkeit auf das Unternehmen eingestellt und die nötigen Vorkehrungen und Handgriffe eingeübt hatte. Vergleichbare Pannen kannte ich auch von der Meditation, und deshalb konnten sie mich nicht entmutigen; vielmehr verstand ich sie als Einladung zu größerer Achtsamkeit.

Am Ende des zweiten Reisetages, ich befinde mich noch in Deutschland: „Gucken!“ ruft mir eine Radlerin zu, als sie in hohem Tempo, aber vorfahrtberechtigt meinen Weg kreuzt und ich vor lauter Erschöpfung kaum noch ausweichen kann. Erst ärgere ich mich über das freche Mädchen, aber später bin ich ihr dankbar für ihre Botschaft. Schauen, auf den Weg achten, auch und gerade, wenn ich erschöpft bin – das ist durchaus eine intensive Schulung des Geistes, die mir auch in anderen Lebenssituationen zugutekommen wird.

Manche Defizite brauchen einen längeren Zeitraum, um behoben zu werden; jeder Radfahrer und auch jeder Meditierende hat da seine persönlichen Schwachstellen. So gelang es mir erst zum Ende der Reise, und auch das nur leidlich, eine Straßenkarte richtig zu lesen; ein solches Unvermögen wirkt sich unvermeidlich in leidvoll zuviel gestrampelten Kilometern aus. Wer aber nun – ob beim Radfahren oder generell – der Behebung größerer Probleme allzu verbissen nachjagt, gerät leicht in eine weitere Falle, nämlich die, sich einem Diktat der Zeit zu unterwerfen. Alle Lösungen aber brauchen nun einmal ihre Zeit, und wer sich darauf einlässt, der wird zu seiner Freude erfahren, dass er diese Zeit auch hat; dass er letztlich alle Zeit der Welt hat, um seine Ziele zu erreichen.

Weder trödeln noch hetzen – wie in der Meditation empfiehlt es sich auch hier, den „Mittleren Weg“ einzuschlagen, der die Extreme vermeidet.

Dies gilt ebenso für die Tagesvorgaben. So sehr war ich in den ersten Tagen darauf fixiert, die selbstgesteckten Ziele zu erreichen, dass ich die Reise selber gar nicht mehr richtig genießen konnte. Wenn aber der Geist diesbezüglich verkrampft, beginnt auch der Körper seine an sich vorhandene Leistungsfähigkeit abzubauen. In der meditativen Praxis wird in einer solchen Situation empfohlen, sich selber besonders genau zu beobachten und auf innere Signale zu hören. In der Folge gab ich das Vorhaben auf, ein Tagesziel unter allen Umständen erreichen zu wollen. Ich verordnete mir eine größere Gelassenheit. Damit konnte ich die Etappen lockerer angehen, musste nicht mehr bis zur Grenze des Leistungsvermögens fahren, konnte mir öfter eine Pause gönnen. Und, wie seltsam: Genau mit dieser Gelassenheit habe ich dann meine weiteren Tagesziele doch noch alle erreicht.

Ich hatte gewissermaßen den großen, langen Atem gefunden, der auf solchen Reisen wie auch in der spirituellen Praxis durch weite Strecken hindurch trägt.

Und so konnte ich mich nun allmählich dem weiten Land um mich herum öffnen, und insbesondere der Stille. Stundenlang war es mir vergönnt, durch tiefe Wälder zu fahren, ohne dabei einen Menschen, geschweige denn ein Fahrzeug anzutreffen. Singvögel boten mir überwältigende Konzerte. Besonders markante Plätze, eine alte Wallfahrtskirche oder ein schöner Ausblick luden mich ein, ein wenig zu verweilen – um dann gestärkt weiterzuziehen.

Solche Orte werden ja besonders intensiv wahrgenommen, wenn es mit Schweiß und Mühen verbunden ist, sie zu erreichen; aber sie sind nicht dazu bestimmt, den Reisenden ganz aufzunehmen. Sie sind nur Stärkungen, Kostbarkeiten am Rand des Weges. Als solche sind sie wichtig. Schon allein wegen der Gasthäuser: Was wäre ein langer Weg ohne sie? Eine ordentliche Dusche, nahrhaftes Essen und erfrischendes Trinken, ein erholsamer Schlaf – nicht umsonst wird auch in Meditationshäusern großer Wert auf solche Dinge gelegt.

So erreichte ich nun nach Tagen den Fluss, den ich von seiner Quelle bis zur Mündung begleiten wollte. Auch in der Meditation oder auch in einem psychotherapeutischen Prozess ist es ja so, dass man sein eigentliches, sein Lebensthema erst nach einiger Zeit findet. Hat man aber den Anfang des Flusses erst einmal erreicht, so kann man ihm auch folgen. Aber zunächst sollte man an diesem Anfang verweilen, seine Beine in das Quellwasser stellen und die den ganzen Körper belebende Frische verspüren.

Und wer aus dem bisherigen Getriebe seines Lebens heraus einen solchen Anfang entdeckt, der ihm eine neue Richtung gibt, dem geht ein besonderes Licht auf: Ah, das ist es! So ist es! Wie schön! Und mit diesem Licht kann er weiterziehen.

Am Anfang ist der Fluss noch ein schmaler Bach, aber wie schnell wird er zu einem reißenden schäumenden Strom! Ich staune, welche Kräfte in ihm entstehen. Andere Gewässer fließen ihm geheimnisvoll zu, und es ist, als könnte ich an diesem Abschnitt des Flusses meiner eigenen Kindheit und Jugend zuschauen, wie sie sich entwickelt und ausgewachsen hat.

Mitunter muss ich den Flusslauf verlassen, weil kein Weg daran entlangführt. Und dann tauchen in der Regel Berge auf. Jeder weiß um solche Berge in der Meditation oder überhaupt in seinem Leben. Manche sind leicht zu bewältigen, aber manche sind auch richtig schwer. Die Steigungen kosten schier übermenschliche Mühe, und nur sehr Geübte können in dieser Situation ihren langen Atem halten. Ich schwitze und schiebe, die Schotterwege werden immer steiler. Und dann verfahre ich mich auch noch und denke nur noch: Wann hört dieser Berg endlich auf?

Ein Radfahrer kann hier einer einfachen Logik folgen: Wer seine Freude an herrlichen Abfahrten hat, der muss Steigungen in Kauf nehmen und akzeptieren. Er weiß ja, dass eine Abfahrt mit Sicherheit wieder kommen wird, wenn der Berg erst einmal überwunden ist. Wer aber in seinem Leben vor einer ernsten Schwierigkeit steht, der kann dieses Wissen durchaus verlieren. Auch die Meditation ist alles andere als ein esoterisch anheimelnder Spaziergang. Sie ist streckenweise ein Weg, der durch ein wildes Gebirge aus Verzweiflung und seelischen Abgründen führt, und es kann lange dauern, bis man aus diesem Abschnitt wieder herausfindet.

So schwer kann diese Herausforderung werden, so groß die Verzweiflung, dass sie Gedanken an den Tod auslöst. Wohl gerade deshalb ist der Tod in einigen buddhistischen Schulen ein bewusst und regelmäßig anzusteuerndes Meditationsobjekt. Denn wenn ich mich darin übe, ihn in Ruhe zu betrachten, so wird er in Zeiten der Not seine Schrecken verlieren. Yogi Marpa aus Tibet sagt hierzu:

Üben, üben und immer wieder üben.
Vielleicht sterbe ich einen gewöhnlichen Tod.
Aber ich muss mich nicht sorgen:
Die Gewöhnung hat mir volles Vertrauen beschert.

Mitten im Leben, auf einer Anhöhe über dem Fluss, denke ich an das Ende meiner eigentlichen großen Reise. Eine Zeit lang werden dann einige Menschen noch an mich denken, dann wird auch das vorbei sein. Leben wir nach dem Tod weiter in einem Himmel, oder ist auch das nur eine Illusion, die sich die Menschen erdacht haben, weil sie das absolute Ende nicht ertragen können? Oder kehren wir in anderer Form zur Erde zurück? Aber warum wissen wir dann von früheren Leben nichts? Wie schade! Oder dürfen wir doch dem Buddha oder dem Christus glauben, wonach unser Leben in größeren Zusammenhängen steht und die aktuelle Daseinsform, der Name und die Daten zwar wertvoll, aber gegenüber diesen Zusammenhängen nur allzu vergängliche Größen sind?

Ach, diese Fragen auf einer so einsamen Reise. Jedoch: Töricht sind sie wohl nicht, da sie ja Konsequenzen hervorrufen, vor allem die, sich um eine gültige und tragfähige Lebensweise zu bemühen. So wie ich mich am Berg abmühe, so kann ich mich auch darin üben, gut zu leben und ebenso anderen gut zu sein und so die Verbindung zu einer vielleicht doch vorhandenen anderen Wirklichkeit, nämlich der des Göttlichen, zu halten. Und selbst wenn dieser Gedanke nur Illusion wäre, so hilft er doch, um zu leben, um weiterzumachen und um seinem Leben Tiefe zu verleihen.

Und so kann der schwere Berg auf meiner Radtour zu einem Ort der Läuterung und Klärung für mein weiteres Leben werden.

Irgendwann komme ich nach dieser einsamen Erfahrung wieder zum Fluss zurück und erreiche eine Stadt. Es ist ein wunderschönes Landstädtchen aus der Zeit der Renaissance, liebevoll erhalten und gepflegt. Alljährlich wird hier ein großes Fest gefeiert, zu dem sich die Einwohner in mittelalterliche Gewänder kleiden. Und gerade heute, ohne dass ich davon wusste, fand dieses Fest statt, mit einem großen Umzug, mit Ritterturnieren und Gauklerspielen in einem Hof. Hoch oben konnte man sich im großen Schloss mit seinem buntbemalten runden Turm treffen, und auf den Gassen begegnete ich Rittern und Fürsten, Burgfräulein und Edelknaben, Fahrensleuten und Zolleintreibern, Kaufleuten und Büßern, Juden und Mönchen. Mit meiner Fahrradkluft passe ich nicht ganz dazu, aber von meiner Existenz als Reisender her – durchaus.

Dann aber wurde mir bang: Wie sollte ich hier ein Zimmer für die Nacht finden? In der ersten Pension sagte man mir, ich hätte keine Chance. Alles sei voll. Und dann geschah etwas, was ich auf dieser Reise immer wieder erleben durfte, wenn es irgendwie eng wurde. In der zweiten Pension saßen Leute an der Theke, und ich hörte sie in meiner Sprache reden. Als ich mit der Bedienung verhandelte, steckten sie die Köpfe zusammen. Dann sagte einer:

Sie hätten in einem ihrer Zimmer noch einen Schlafplatz frei, sie würden mich gerne aufnehmen.

Und dann sah man den einsamen Reisenden die halbe Nacht mit diesen zechfreudigen und herzensguten Menschen fröhlich durch die Stadt ziehen …

Es gibt Orte, die für die Meditation nicht sonderlich geeignet scheinen. Dies hängt jedoch auch vom Meditierenden ab; große Meister können auch in einem Flugzeug in vollkommener Ruhe und Achtsamkeit verweilen. Da ich nicht zu ihnen zähle, hole ich mir die „Meditationseinheit“ auf einem frühen Morgenspaziergang durch die noch stille Stadt. Dabei kommt mir ein Hinweis von Thomas Merton in den Sinn, der zu einem Leitwort für mein Leben geworden ist: „Der Einsiedler von heute lebt in der großen Stadt.“

Bald bin ich wieder auf der Landstraße. Des Öfteren muss ich nach dem Weg fragen, und das merkwürdige Gefühl, als Fremder durch dieses Land zu fahren, verstärkt sich wieder. Niemand kennt dich hier, die Leute sprechen eine fremde Sprache, die ich nicht verstehe, mit keinem Menschen hier bist du vertraut. Ist das wirklich so? Bin ich nicht ein Teil der Natur, des Lebens hier, solange ich da bin? Irgendwie gilt das für jeden Aufenthalt, ob er nur Minuten oder Jahre dauert. Aber: die spirituelle Erkenntnis, eins mit der Natur, ja mit allem Leben zu sein – ist das nicht doch nur eine nette Phrase? Wie kann ich eins sein mit etwas, das ich nicht kenne?

Drüben auf einer Wiese sehe ich wunderschöne Pferde. Zwei ganz junge Fohlen sind dabei. Sie wissen nicht, wo sie sind. Und doch sind sie hier.

Mein Einssein mit der Natur hier ähnelt eben im Augenblick einem Zugvogel, den ich ja in völliger Einheit mit dem Gebiet wahrnehme, das er überfliegt. Solange ich hier bin, bin ich in die Abläufe des Lebens hier, in die Kreisläufe und Systeme mit hineingenommen. Ich atme die hiesige Luft, ich rieche den Wald, trinke Wasser aus dem Brunnen dort, bewohne ein Zimmer für eine Nacht oder zwei – und lerne schnell, mich hier gut zu bewegen.

In größeren Zusammenhängen gesehen bin ich nicht allein, bin ich kein Fremder.

Allerdings, wer eine solche Reise unternimmt, der weiß nie, was der nächste Tag für ihn bereithält. Mitunter muss er ein wenig improvisieren; aber zumeist genügt es schon, wenn er sich einfach auf all das einlässt, was ihm da begegnet. Eine Radreise, sagte ein Kritiker meines Vorhabens, was soll das –

immer nur strampeln! Aber es ist genauso wie in der Meditation: Sie verläuft alles andere als eintönig. Immer neue Themen, Aspekte, Bilder, Herausforderungen und Einsichten tun sich auf. Manche ereignen sich wie ein Blitz aus heiterem Himmel, und andere bahnen sich nur langsam, aber zunehmend spürbar an.

Von einigen dieser unvorhergesehenen Ereignisse habe ich berichtet, jedoch nicht von allen. Insbesondere will ich noch die Träume erwähnen. Auf einer Reise wie dieser können Träume besonders klar und intensiv längst vergangene Personen und Ereignisse ins Bewusstsein bringen, können Gegenwärtiges aufgreifen und andeuten, was noch voraus auf dem Weg liegt. Mit den ihnen eigenen Sprachspielen verschieben sich dabei Vergangenheit, Gegenwart und Zukunft ineinander. Solche Träume weisen deutlich darauf hin, dass ein Reisender eigentlich zwei Wege beschreitet: einen äußeren und einen inneren. Der Körper wandert, aber der Geist wandert auch. Wer folgt wem? Aus einer Radwanderung kann eine geistliche Übung werden. Die beiden Wege lassen sich miteinander verbinden. Ja, sie verweben sich ineinander; mein hier vorliegender Bericht ist daraufhin angelegt, dies zu dokumentieren. Es wäre unzutreffend, den äußeren Weg in seiner zeitlichen Begrenztheit als nur relativ, und den inneren Weg als nur absolut zu bezeichnen; beide sind beides. Die beiden Wege sind letztlich so sehr ineinander verwoben, dass sie untrennbar eins miteinander sein können. Wenn dies geschieht und wenn der Reisende dies in klarer Wahrnehmung erkennt, dann hat er das Ziel seiner Reise erreicht. Der bis dahin gespaltene Mensch ist dort angekommen, wo er hingehört.

Sehr treffend formuliert Meister Eckehart diesen Sachverhalt:

Welch wunderbares Stehen, draußen wie drinnen, begreifen und umgriffen werden, schauen und das Geschaute selbst sein, es in sich haben und zugleich hineingehalten werden: Das ist die Vollendung, wo der Geist voll Ruhe in der Einheit … bleibt.

Was das äußere Ziel betrifft, so kam ich diesem nun allmählich nahe. Schon lange zuvor hatte ich die Routenvorgaben meines Radwanderbüchleins nicht mehr befolgt und mir meine eigenen Wege gesucht, mit denen ich mich an Stelle unsinniger strapaziöser Exkursionen möglichst nahe am Lauf des Flusses hielt. Jeder Mensch muss selbst entscheiden, wie lange er vorgegebenen Routen folgt oder mit der Masse läuft und wann er im Vertrauen auf seine

Fähigkeiten zur Eigeninitiative übergeht. Dabei ist ihm sehr zu wünschen, dass er den richtigen Zeitpunkt dafür nicht verpasst. Wenn er auf seinem Weg die oben erwähnte „Mitte“ zwischen den extremen Ansichten und Vorgehensweisen in etwa hält und dabei immer wieder aufmerksam in sich hineinhört, wird er diesen Zeitpunkt finden.

Wenn er aber dann seinen eigenen Weg geht, so wird er erneut erfahren, dass es eine strenge Lehre ist, allein zu sein. Sie macht bewusst, wie wertvoll die Nähe vertrauter Menschen und Orte ist. Bloße Bewegung und Zerstreuung können diese Nähe auf Dauer nicht ersetzen. Wäre da nicht die Kraft eines inneren Lichtes, in dem alles vereint ist und das spirituell ausgerichtete Menschen sehen können, der Reisende würde verzweifeln oder auf Wege geraten, die kein Glück bringen, auch wenn sie es verheißen.

Aber schon war ich am Ende des Flusses angekommen. Durchaus bewegt und mit großem Respekt hielt ich an dieser Stelle inne und vergegenwärtigte mir noch einmal seinen Lauf: das stille Quellgebiet, sein rasches ungestümes Wachstum, seine Windungen und Umwege, den gewaltsamen künstlichen Eingriff durch den großen Stausee, aus dem er als eher klägliches Rinnsal hervorging, um dann doch wieder zu alter Größe heranzuwachsen und diese sogar zu übertreffen, die gewonnene Breite, die ihn nun eher ruhig dahinfließen ließ; und nun sein Ende. Dieser Fluss ergoss sich nicht in ein Meer, er verströmte und verschenkte sich ganz in einen anderen Fluss hinein, von fruchtbaren Weinbergen umgeben, die von einem Schloss bewacht wurden. Diesen Vorgang könnte man als Reinkarnation bezeichnen.

Wie kaum ein anderes Naturereignis kann ein solcher Fluss einem Menschen dessen eigenen Lebensweg veranschaulichen.

Und aus vollem Herzen dankte ich ihm dafür, dass ich ihn über seine ganze Strecke hin begleiten durfte.

Und ich vergegenwärtigte mir, was ich auf dieser Reise über mich selbst erfahren hatte, was mir an Stärken und Schwächen aufgezeigt worden und was mir zur Weiterführung meiner Existenz noch zu tun verblieb.

Jedes Ende ist immer auch eine Ankunft, wieder ein Neubeginn.

Wie sah dieser Neubeginn für mich aus? Er sei hier nur noch angedeutet: Ein paar Tage noch sollte ich dem Lauf des neuen Flusses folgen. Dann würde ich einen meiner Träume verwirklichen und ein Schiff besteigen, um in eine andere Stadt zu gelangen, die mir schon lange vertraut ist. Dort leben ein paar Menschen, mit denen mich schon seit Jahrzehnten eine tiefe Freundschaft verbindet. Bei ihnen werde ich mich ausruhen, und es wird gute Gespräche geben. Wir werden einander viel zu erzählen haben.

Ende und Neubeginn dieser Reise erinnern mich noch einmal an die Gedanken über das Ende des Lebens, die mir in der Mühsal der schweren Bergfahrten gekommen sind. Damals waren sie von Dunkelheit und bohrenden Fragen geprägt. Doch jetzt sind Dunkelheit und Schmerz und Fragen verschwunden. Denn Leben und Tod können wohl kaum schöner gedacht werden, als dass der Mensch ein weißes Schiff besteigt, das ihn zu Freunden bringt, die ihn schon lange erwarten.

Freundschaft

Ich werde am Du.

Martin Buber

Freundschaften entstehen aus wechselseitiger Sympathie sowie durch gemeinsame Interessen oder auch Betroffenheiten. Es gibt sie von Kindheit an. Sie lassen ein Klima entstehen, in dem die Beteiligten innerlich wachsen und reifen können. Doch über das „Werden am Du" hinaus kann es geschehen, dass sich das Klare Licht in einer solchen Beziehung mitteilt.

Meine erste tiefere Erfahrung mit Freundschaft ist eine Alltagsgeschichte, und sie ist schnell erzählt. Bis zu meinem zehnten Lebensjahr war ich, was man in der Nachkriegszeit ein „schwächliches Kind" nannte: blass, dünn, sehr oft krank. Meine Eltern vermuteten schädliche Einflüsse von außen als Ursache, was zur Folge hatte, dass ich meistens zu Hause blieb. Geschwister gab es keine, Freunde eher nur flüchtig, und so blieb ich mir selbst und meiner Phantasie überlassen. Diese konnte sich allerdings überbordend entwickeln.

Ich erinnere mich, wie ich an einem schmalen Fenster der elterlichen Wohnung stehe und unbemerkt die Flüchtlingskinder beobachte, die auf dem Grundstück gegenüber spielen. Von ferne bewundere ich ihren großen starken

Anführer. Mehr an Nähe war mir nicht möglich. Sich bei Geschwistern oder Freunden einbringen, sich behaupten und durchsetzen; solche Erfahrungen fehlten mir fast völlig. Es sollte Jahrzehnte erfordern, sie mir nachträglich zu erwerben. Von klein auf wunderte ich mich: In welche Welt war ich denn da nur hineingeboren worden?

In den ersten Schuljahren war ich dementsprechend nur mäßig erfolgreich, bis – ja, bis ein Neuer in unsere Klasse kam. Sehr bald stellte sich heraus, dass er mit Abstand der beste Fußballspieler von uns allen war. Aber noch viel wichtiger: Aus irgendeinem Grund mochte er mich! Wir wurden Freunde. Und sehr bald lief auch ich auf der Wiese herum, die ich bis dahin gemieden hatte, und siehe da, ich konnte sogar recht gut mitkicken.

Bis dahin hatte ich in der Schulklasse mit meiner Phantasie und rhetorischem Geschick durchaus einen eigenen Platz einnehmen und mich behaupten können. Dies verschaffte mir Respekt, aber nicht unbedingt Zuneigung. Aber nun hatte mir mein Freund Edi eine neue Welt erschlossen. Sie schlummerte gewiss schon in mir, aber ich hatte mich ihr nicht zu öffnen gewagt: Das Leben wurde körperlich. Mit einem Mal war ich nicht mehr krank, im Wesentlichen bis auf den heutigen Tag, und die Schulnoten reichten plötzlich für das Gymnasium.

Durch den Schulwechsel verlor ich den Freund schon bald wieder aus den Augen. Aber er hatte mir so viel neues Leben mitgegeben, dass ich den Verlust des Freundes in der ersten Zeit gar nicht wahrnahm. Die Bedeutung, die Menschen für uns haben, wird ja oft erst sehr viel später klar.

Leider ist es so: Freunde lassen sich nicht festhalten. Die meisten unserer Beziehungen sind nicht auf Dauer hin angelegt. Dies verursacht mitunter große Schmerzen. Jedoch, den Lauf der Dinge können wir höchstens ein wenig verzögern, aber nicht aufhalten. Der Dichter André Gide verleiht dem Phänomen des Vorübergangs der Freunde in seiner „Hymne in einer anderen Tonart“ (1976, S. 112) einen geradezu unvergleichlichen und zugleich tröstenden Ausdruck:

Sie wandte den Blick den aufgehenden Sternen zu. „Ich kenne alle ihre Namen“, sagte sie. „Jeder hat mehrere. Mannigfach sind ihre Kräfte. Rasch ist ihr Gang, der uns so ruhig erscheint, und sie erglühen im Lauf. In rastlosem Drang eilen sie ungestüm dahin und das verleiht ihnen ihre Pracht. Ein geheimer Wille treibt und lenkt sie; erhabener Eifer verbrennt sie und zehrt sie auf; darum sind sie so strahlend und schön.

Eng verbunden durch geheimnisvolle Kräfte und Tugenden gesellen sie sich zueinander – und so hängt einer vom anderen ab, der andere aber vom Ganzen. Einem jeden ist die Bahn vorgezeichnet und jeder kennt seinen Weg. Er vermöchte nichts daran zu ändern, ohne jeden anderen von seiner Bahn abzulenken, da jeder für den anderen Sorge trägt. Und jeder wählt seinen Weg, wie er ihm bestimmt war; wozu er bestimmt ist, das muss er wollen, und dieselbe Bahn, die uns schicksalhaft erscheint, ist die von ihm selbst gewählte, da jeder vollkommenen Willens ist. Überschwängliche Liebe leitet sie; ihre Wahl fügt Gesetze; von ihnen hängen wir ab – ihnen können wir nicht entfliehen; außer ihnen ist kein Heil.

Im Lauf meines Lebens sind mir viele solcher Sterne aufgegangen, und ich bin sehr froh und dankbar darüber. Etliche sind mir auch wieder erloschen, in kurzer Zeit, nach Jahren; andere leuchten mir und wärmen mich bis heute. Insgesamt darf ich sagen, dass ich mit Freundschaften reich gesegnet bin.

Nicht alle waren von glückhafter Natur. Meinungsverschiedenheiten, Auseinandersetzungen, handfeste Kräche, Unverständnis – auch das gab und gibt es und gehört zu den Risiken, die man mit einer solchen Beziehung eingeht. Zu einer besonderen Belastung für eine Freundschaft wird es, wenn einer der beiden, wie es Gide beschreibt, seiner ihm bestimmten Lebensbahn gemäß weiterziehen muss und sich somit sichtbar und sogar auch mit dem Herzen vom anderen entfernt; etwa, wenn sich bisher gemeinsame Interessen und Betroffenheiten verändern. Dies zu akzeptieren fällt oft schwer, aber entscheidend ist, dass das Licht weiterscheint, mit dem Gefährten und Gefährtinnen einander geleuchtet haben. Denn das ist ja das verrückt Schöne an Gides Gedanken: dass er die Freunde mit den Sternen am Himmel vergleicht; dass sie also einander Licht spenden. So viele Schichten der Persönlichkeit einem Freund innewohnen, was in der „Mehrzahl seiner Namen“ zum Ausdruck kommt, so einig sind sie in ihrem Bestreben, einander das Licht zu gewähren. Was aber ist der „geheime Wille“, der sie dazu antreibt? Gide gibt seine Antwort am Ende seiner Hymne: „Überschwängliche Liebe leitet sie.“

Damit aber ist nichts anderes gesagt, als dass die Freundschaft, so vergänglich und zerbrechlich sie auch sein mag, in hervorragender Weise geeignet ist, das Klare Licht zu übermitteln. Ganz besonders hell vermag dieses Klare

Licht in der Freundschaft zu leuchten, wenn es in großer Not und Dunkelheit erscheint. Sie erscheint im Freund, der dem Notleidenden beisteht und der damit gemäß biblischer Vorstellung das erfüllt, wozu er bestimmt ist (Sprichwörter 17,17):

Der Freund erweist zu jeder Zeit Liebe;
als Bruder für die Not ist er geboren.

Aus diesem Verständnis heraus kann ich nur zutiefst wünschen: Mögen doch alle Menschen einander Freunde sein. Mögen sie ihre Freundschaft auf die Natur ausdehnen, und natürlich auch auf das Klare Licht selbst. Dann würde alles stimmen. Dann würde zusammen sein, was zusammen gehört.

Die überragende Bedeutung der Freundschaft für den Menschen, indem sie das Klare Licht in ihm erscheinen lässt – dies vor allem war mir wichtig aufzuzeigen und den weiteren Ausführungen voranzustellen. Da jedoch dieser Beitrag unter der großen Überschrift *Anwendungen* erscheint, will ich nun noch Weiteres zum Verständnis von Freundschaft und zu ihrer Gestaltung anmerken.

Es ist gewiss kein Zufall, dass die älteste erhaltene Dichtung der Menschheit von einer Freundschaft handelt. Vor etwa 4500 Jahren ist das Gilgamesch-Epos im Reich der Sumerer, zwischen Euphrat und Tigris gelegen, entstanden. Es lohnt, diese Geschichte näher zu betrachten, weil wir darin viel über das Wesen der Freundschaft erfahren können.

Der Gottmensch Gilgamesch, Herrscher über die Stadt Uruk, will eine riesige Stadtmauer errichten. Er treibt das Projekt so gnadenlos voran, dass es zum Aufruhr kommt. Auf Ersuchen der Einwohner treffen die Götter eine Entscheidung: Gilgamesch bekommt seine Mauer. Aber er wird auch einen Widerpart erhalten, der ihn in seiner Maßlosigkeit zügeln soll: den Tiermenschen Enkidu. Dieser kündigt sich in einem Traum an, aber erst nach langer Zeit wird er von einem Jäger gesichtet. Gilgamesch ist neugierig. Er will Enkidu zu seinem Diener machen – er ist ja der Herrscher – und schickt ihm eine Liebesdienerin vom Tempel. Enkidu lässt sich auf sie ein. Nach sieben Nächten meiden ihn die Tiere, er verliert viel von seiner Kraft. Nun macht er sich auf zu Gilgamesch. Dieser will sich gerade bei einer Braut das ihm zustehende Recht der ersten Nacht nehmen. Enkidu entrüstet sich darüber, und es kommt zu einem heftigen Kampf zwischen den beiden. Keiner kann jedoch den anderen besiegen. Ihr Respekt voreinander wächst, und Gilgamesch bietet Enkidu die Freundschaft an.

Diese Freundschaft ist nunmehr deshalb möglich, weil die beiden einander auf Augenhöhe begegnen können. Noch viele Jahrhunderte später sollte Immanuel Kant (1956, S. 608–613, siehe Literaturverzeichnis) darauf hinweisen: Eine Freundschaft, in der der eine dem anderen haushoch überlegen ist, etwa materiell oder geistig, hat es schwer zu gedeihen. In unserer Geschichte muss der eine von seiner tierischen Natur loslassen, ohne dass er jedoch die damit verbundenen Fähigkeiten preiszugeben braucht. Und der andere – Gilgamesch – muss vom hohen Thron seiner göttlichen Anteile herabsteigen, jedoch ohne dass er sie verleugnen soll.

Hierin liegt auch ein Schlüssel zum tieferen Verständnis der „Sechs Welten" im tibetischen Buddhismus: Das Tierische der Natur und das Halb-Göttliche können so auf der einen Ebene Mensch zusammenkommen und einander ergänzen. In ihrer Vereinigung steht diese Ebene über den beiden anderen, da sie eine ungleich größere Chance hat, zum eigentlichen und unsterblichen Wesen aller Dinge zu finden.

Gilgamesch ist nun mit seinem Freund auf gemeinsame Unternehmungen aus, die sie unsterblich machen sollen. Im westlichen Zedernwald lebt Chumbaba, der das Böse an sich personifiziert. Er soll getötet werden. Wäre das nicht in der Tat die größte aller Unternehmungen, alles Böse auf dieser Welt für immer zu besiegen? Doch Enkidu verweigert sich zunächst; aus seiner Natur heraus wittert er Unheil. Aber die Möglichkeit, unsterblich zu werden, lockt ihn doch. Und obwohl die Weisen der Stadt davon abraten, und obwohl auch Gilgameschs Mutter die beiden zurückzuhalten versucht, ziehen sie los.

Auch dieses Geschehen kann in die Entwicklung einer heutigen Freundschaft übertragen werden. Freunde suchen sich gemeinsame Ziele. Sie schauen einander nicht immer nur an. Ihr Blick geht zugleich in eine gemeinsame Richtung. Sie wollen sich miteinander bewähren. Um ihr Ziel zu erreichen, ziehen sie zusammen los. Damit wollen sie in guter und verständlicher Absicht eine Freundschaft schmieden, die für immer halten soll. Mitunter geschieht das gegen den Willen ihrer Familien, die sie zurückzuhalten suchen. Und die Lebenserfahrenen wissen, dass es ein „für immer" in einer Freundschaft nur sehr selten gibt.

Dennoch machen sich die beiden auf den Weg.

Gilgamesch träumt: Sein Freund befindet sich in großen Gefahren, aber stets wird ihm geholfen – bis auf den letzten Traum, in dem er mitsamt einer nächtlichen Welt von einem Feuermeer verbrannt wird. Auf diesen Traum hin will Enkidu erneut aufgeben, aber schon stehen sie vor Chumbaba.

Es gelingt ihnen, ihn – das Böse – zu besiegen.

Nun wird die Göttin Ischtar auf Gilgamesch aufmerksam, und sie begehrt ihn. Doch dieser weiß, dass göttliche Partner (oder jene, die sich dafür halten) nicht treu sein können, und er weist sie zurück. Da sinnt sie auf Rache und schickt einen Himmelsstier, der die Erde verwüsten soll. Doch auch ihn können die Freunde besiegen.

Daraufhin bringt Ischtar die Götter gegen sie auf. Enkidu erkrankt. Er träumt von der Unterwelt. Schließlich stirbt er und wird begraben. Gilgamesch kann nachempfinden, wie er verfällt. Da macht er sich erneut auf die Suche nach dem ewigen Leben. Er geht einen langen Weg. Seine Mutter erzählt ihm, dass die Götter tatsächlich einmal einem Königspaar Unsterblichkeit gewährten. Eine andere Ratgeberin, die Wirtin Siduri, empfiehlt ihm zu nehmen, was jeder Tag an Aufgaben und Freuden bringt, und sich davon erfüllen zu lassen. Doch für Gilgamesch hat nun nur noch das Ewige Wert.

Wieder können wir hier innehalten und zusammenfassen. Das Epos beschreibt die Freundschaft als das Wertvollste, das ein Mensch in seinem irdischen Leben gewinnen und erfahren kann. Kommt es aber durch unerklärliche und willkürlich erscheinende Umstände zum Bruch oder gar zum Tod des Freundes, so stellt sich erneut und verstärkt die Frage nach der Unsterblichkeit, dem ewigen Leben, dem Klaren Licht also, das alle Vergänglichkeit aufhebt. Solange die Freundschaft das Klare Licht gewissermaßen vorweggenommen hat, war es nicht nötig, diese Frage zu stellen. Da dieses Licht aber nun erloschen scheint, entsteht erneut die Sehnsucht, es wiederzufinden.

Gilgamesch gelingt es, mit Hilfe eines Fährmanns den Todesfluss zu überqueren. Dort begegnet er dem unsterblich gewordenen König, der ihm sein Geheimnis verrät: Er hatte einen Traum beachtet, den ihm der Gott der Weisheit geschickt hatte. Doch Gilgamesch solle sich einer anderen Aufgabe stellen: Würde er den Schlaf besiegen, dann wäre er unsterblich.

Doch die diesbezüglichen Versuche schlagen fehl. Verzweifelt kehrt er in seine Stadt Uruk zurück – und plötzlich überkommt ihn dort ein Gefühl der Zufriedenheit. Er scheint ein Ziel erreicht zu haben, eine Heimat gefunden zu haben: seine Stadt. Vielleicht ist er einfach nur müde geworden von den langen Wegen, den ungeheuren Anstrengungen. Vielleicht aber hat er nun entdeckt, dass er in seiner Stadt alles hat, was er zum Leben – und zum Sterben braucht. Und dass es auch dort Freunde gibt, die ihn schon lange erwartet haben.

Gewiss, das Verständnis von Freundschaft hat im Lauf der Menschheitsgeschichte viele Wandlungen erfahren. Enkidu und Gilgamesch brachten in ihre Beziehung Eigenschaften ein, mit denen sie einander ergänzten. Damit konnten sie viele Abenteuer bestehen, und das stand für sie im Vordergrund. In unserer heutigen mobilen Gesellschaft sind es eher die Aspekte der Vertrautheit und der Verlässlichkeit, die vielen Freunden wichtig sind – und doch, schwingen nicht auch diese Motive mit in dem zeitlos erscheinenden Epos der Sumerer? Und wird nicht auch hier dargestellt, wie gut es den Freunden tut, von ihren Rollen, die sie in der Gesellschaft spielen müssen mitsamt den entsprechenden Verleugnungen und Kämpfen, abgehen zu können und so miteinander sein zu dürfen, wie sie sind?

Und ist es nicht damals wie heute schwer, überhaupt einen Freund zu finden?

Wir sehen: Solch alte Geschichten – auch die biblischen – enthalten vieles an tiefer Weisheit und Wahrheit. Dennoch können sie damit die heutige Wirklichkeit nicht hinreichend erfassen. Ich kann mir beispielsweise nicht vorstellen, dass die Menschen in den antiken Gesellschaften in einem derart hohen Maß so einsam waren wie heute. Einem Zuviel an Eingebundenheit und Reglementierung damals entspricht das Zuviel an Unabhängigkeit und Anonymität heute. Dies wirkt sich auf Freundschaften aus. Sie sind mit sehr unterschiedlichen Erwartungshaltungen konfrontiert, heutzutage mit einem höheren Druck, dem aber nicht selten ein geringeres Vermögen gegenübersteht, eine solche Beziehung einzugehen.

Worin besteht aber nun dieses Vermögen? Oder anders gesagt: Womit kann ich den Boden für eine Freundschaft so gut bereiten, dass sich das Klare Licht in ihr zeigen kann?

Einige der diesbezüglichen Aspekte werde ich am Ende dieses Beitrags nennen. Zuvor möchte ich aber zwei Philosophen zu Wort kommen lassen, die uns über das Phänomen der Freundschaft weiteren Aufschluss geben können. Es ist sehr schade, dass die beiden kaum noch gelesen werden. Denn sie bieten wahre Fundgruben zu einem tieferen Verständnis dessen, was Freundschaft ist, und wie sie gelingen kann.

Für *Aristoteles* (1956, VIII, 171–193 und IX, 195–216) ist Freundschaft etwas Notwendiges und Schönes. Sie äußert sich in lustvoller Aktivität. Für reiche Menschen ist sie notwendig, da Wohlstand ohne Wohltun unnütz ist; für Arme der Zuflucht wegen; für junge Menschen, um sie vor Irrtum zu bewahren; für Alte der Pflege halber; für Männer als Ansporn für edle Taten. Im Streben nach Eintracht kann Wesensgleichheit entstehen, und diese nennt Aristoteles „schön". Die Gleichheit im Wesen kann sich auch bei ungleichen Partnern einstellen, etwa zwischen Frauen und Männern, Gebietern und Untergebenen; je größer der Abstand, desto schwerer ist allerdings das Zustandekommen solcher Gleichheit. Für den Einzelnen ist alles schön, was ihm *wertvoll, lustvoll oder nützlich* erscheint. Doch in der Freundschaft müssen diese Aspekte zusammenwirken. In einer Beziehung nämlich etwa nur um des bloßen Nutzens willen wird der andere nicht in seinem Wesen geliebt, sondern nur auf Grund der Vorteile, die man sich von ihm erhofft. Eine solche Freundschaft wird nicht von Dauer sein. Reine Nutzfreundschaften entstehen gerne bei großen Gegensätzen, etwa zwischen Liebhabern und Geliebten oder Reichen und Armen. Das Wert- und Lustvolle wird dabei in der Regel nur nach dem Nutzen bemessen.

Vollkommene Freunde gleichen sich an Charakter und Trefflichkeit einander an. Sie wünschen einander Gutes um des anderen willen. Aber bis es dahin kommt, kann es lange dauern. Vorschnelle Bekundungen dieser Art sind wunschgesteuert und somit noch nicht Realität. Dauer entsteht, wenn sich Geben und Nehmen auf hohem Niveau in etwa die Waage halten. Bei sinkendem Niveau wird die Beziehung fade.

Freundschaften sind nicht selten an Lebensabschnitte gebunden, etwa an die Jugendzeit. Ist genügend Vertrauen entstanden, dann hält sie auch bei räumlicher Entfernung oder bei einer Diskreditierung stand. Ob mit alten oder neuen Freunden, für Aristoteles ist die Freundschaft nicht nur eine schöne Beziehung oder eine Liebschaft, sondern weit mehr noch eine zu erstrebende

Grundhaltung des Charakters, eine Tugend also. Das Ideal eines Staates sähe er erreicht, wenn alle Bürger einander Freunde wären.

Wenn sich einer der Partner seiner Entwicklung gemäß verändert, bedeutet das für die Freundschaft eine große Herausforderung und nicht selten deren Ende. Mitunter gleiten solche Beziehungen dann ganz von selbst auseinander. Man sieht sich vielleicht noch, aber nicht mehr so intensiv. Das Ende muss dann nicht mehr gewollt herbeigeführt werden. Danach kann man sich durchaus die Erinnerung an die einstige Vertrautheit bewahren.

Anders verhält es sich, wenn jemand von seinem Freund bewusst getäuscht wurde. Verletztes Vertrauen löst eine Krise aus, und wenn diese nicht von beiden gemeistert wird, kommt es zum Bruch.

Schließlich stellt Aristoteles Kriterien auf, was einen Freund ausmacht: wenn er das Gute um des Freundes willen so wünscht und tut wie für sich selbst; wenn er Dasein und Leben des Freundes wünscht und es mit ihm teilt; wenn er sich für dieselben Dinge entscheidet; und wenn er Freude und auch Leid mit ihm teilt. Die eingangs erwähnte Sympathie und die gemeinsamen Interessen sind also nur Anfangsstadien, die weiterentwickelt werden müssen. Eintracht ist mehr als nur Sympathie und gleiche Meinung. Die Selbstliebe und der eigene Wille müssen dabei keineswegs hintangestellt werden. Dies bedeutet allerdings, das Gute in sich selbst auch dann zu lieben und freizugeben, wenn es keine weiteren Vorteile einbringt.

Die Liebe zum Freund ist schon deshalb notwendig, weil der Mensch von Natur aus ein Gemeinschaftswesen ist. Auch ein glücklicher Mensch legt sich Freunde nicht einfach nur zu; er braucht sie. Bloßer Egoismus macht nicht glücklich.

Die Freundschaft leuchtet umso mehr, je intensiver sie gelebt wird. Werden nur Konventionen ausgetauscht, kann sie verkümmern. Gleichwohl bedarf auch die Intensität der richtigen Dosierung und setzt Übereinkunft voraus. Bloße Geschäftigkeit kann sich bald als Strohfeuer erweisen, das der Freundschaft schadet.

Aristoteles hat über die Freundschaft noch einiges mehr ausgeführt. Doch an dieser Stelle möchte ich ein kleines Fazit ziehen: Freundschaft kann dann gelingen, wenn der Bogen zwischen Schönheit und Notwendigkeit nicht zu straff und nicht zu lasch, sondern stets „richtig“ gespannt wird. Die gute Spannung kann dem Klaren Licht den Boden bereiten.

Immanuel Kant (a.a.O.) legt seinen Gedanken über die Freundschaft zwei andere Pole zugrunde, die denen des Aristoteles jedoch durchaus nahestehen: „Freundschaft (in ihrer Vollkommenheit betrachtet) ist die Vereinigung zweier Personen durch gleiche wechselseitige Liebe und Achtung“ (S. 608). Der in Klammern gesetzte Einschub gibt mir die Gelegenheit zu dem Hinweis, dass ich die Problematik des Konflikts in einer Freundschaft im übernächsten Kapitel eigens erörtern werde; gehört dies doch zu den Verdunkelungen, die das Glück einer Freundschaft zerstören können.

Zunächst betont Kant in seiner Behauptung ebenfalls, dass die (Wesens-) Gleichheit zweier Menschen einer Freundschaft förderlich ist. Auch ihm ist die Liebe zum anderen wichtig, und er sieht sie so sehr im Wesen des Menschen verankert, dass er sie geradezu zur Pflicht erhebt. Ein Mensch, der nicht liebt, verfehlt sich selbst. Und ein Mensch, der eine entsprechende Haltung durchzieht, mag nach außen hin erfolgreich sein; seinem Wesen nach ist er eine gescheiterte Existenz. Liebe ist mehr als ein Gefühl. Sie muss die Option des moralisch guten Willens sein. Nur dann kann sie sich bewähren und durchsetzen. Wenn also Menschen eine Freundschaft oder gar eine Partnerschaft auf einer Liebe zueinander aufbauen, die lediglich die Gefühle des anderen stimuliert, so kann eine solche Verbindung nicht von Dauer sein; denn Gefühle können jederzeit erkalten.

Jedoch, auch die Liebe als solche genügt noch nicht. Kant stellt ihr die Achtung, den Respekt vor dem anderen ebenbürtig zur Seite. Wer den Freund liebt, sollte ihm immer auch Achtung erweisen. In Zeiten, in denen die Liebe in einer Krise steckt, kann der gewahrte grundsätzliche Respekt vor dem anderen die Krise überbrücken und die Freunde der Liebe wieder zuführen. In jeglichem Umgang miteinander sollte dieser Respekt zum Ausdruck kommen.

Nun sind aber Liebe und Achtung schwer miteinander in ein Gleichgewicht zu bringen. Denn sie können zwar einander anziehen, aber auch abstoßen. Die Achtung vor dem anderen geht ja immer von einem gewissen Abstand aus, der ihm zukommt; einen Liebenden mag dieser Abstand befremden. Es ist daher wichtig zu wissen, dass auch der erwiesene Respekt ein Ausdruck von Zuneigung ist.

Insbesondere bei Menschen unterschiedlichen Standes ist geboten, dass sie einander Respekt erweisen. Denn Hochmut ist der Freundschaft ebenso abträglich wie Unterwürfigkeit.

Kommen aber Liebe und Respekt zueinander ins Gleichgewicht, dann kann – so Kant – eine gewisse Reinheit und Vollständigkeit in einer Freundschaft erreicht werden. Diese erlauben es auch, den Freund auf einen Fehler aufmerksam zu machen, da dieser weiß, dass es zu seinem Besten geschieht. Jener aber fühlt sich aufgrund seiner Zuneigung zu seinem Hinweis verpflichtet. Da der andere diesen jedoch als einen Mangel an Achtung empfinden könnte, muss dieser Gefahr durch einen geeigneten respektvollen Ton Rechnung getragen werden. Überkommt einen Freund das Gefühl, er würde insgeheim beobachtet und kritisiert, oder fühlt er sich gar beleidigt, so kann dies die Freundschaft ernsthaft gefährden. Genau dies aber macht den respektvollen Umgang miteinander so notwendig – und so schwierig.

Eine andere Störung des Gleichgewichts ergibt sich oft in den sogenannten „höheren Kreisen“: Hier kann der respektvolle Ton so sehr zur Fassade verkleistert werden, dass er die tatsächliche Einstellung zum anderen falsch, entstellend oder gar nicht zum Ausdruck bringt.

Wenn einer der Freunde in Not gerät, kann sich die Freundschaft bewähren. Der Beistand wird zum Ausdruck eines zweckfreien, vom eigenen Vorteil absehenden, inneren und herzlich gemeinten Wohlwollens. Allerdings büßt der Bedürftige von seiner Gleichheit in der Achtung etwas ein. Dann aber ist es die Liebe, die diesen Verlust abfangen und ausgleichen kann.

Immer wieder untersucht Kant das Verhältnis zwischen Liebe und Achtung in der Freundschaft. Er kommt zu dem Schluss, dass es ohne diese beiden bestimmenden Kräfte nicht geht. Damit aber wird aus einer Freundschaft etwas sehr Zerbrechliches, und das stört den Philosophen gewaltig. Dies wird verständlich, wenn wir uns seine eingangs zitierte Definition vor Augen führen. Denn darin spricht er von der *Vereinigung* zweier Personen. Kants Ideal besteht offensichtlich darin, dass die beiden ein Herz und eine Seele sein sollen. Aber die Spannung zwischen Liebe und Achtung macht das so gut wie unmöglich. Jede Unterbrechung, jeder Dissens der Einheit von Herz und Seele belastet die Beziehung.

Wie zum eigenen Trost kann jedoch Kant auch dem Streit etwas Gutes abgewinnen: „Manche zanken aber auch, um die Süße der Eintracht in der Versöhnung zu schmecken“ (S. 610).

Wichtig ist für Kant das Vertrauen zum Freund. Auch geheime Urteile und Empfindungen können mit den geeigneten Mitteln und zur passenden Zeit mitgeteilt werden – soweit nicht doch eine Furcht vor Missbrauch aufkommt. Besonders heikle Themen, die schon manche Freundschaft erschüttert haben, sind in den Bereichen der Religion, der Politik und der eigenen Fehler zu finden. Ein wahrer Freund befreit jedoch aus dem Gefängnis des Sichverschließens. Das anvertraute Geheimnis behält er für sich.

Ausdrücklich sympathisiert Kant mit dem „Menschenfreund“, der am Wohl aller Menschen Anteil nimmt und dieses nie stören will. In diesem Bestreben ist er der Gleichheit aller Menschen verpflichtet. Für ihn selbst ist sie ein Gegenmittel zum Stolz – und damit gerät sogar Kant in unmittelbare Nähe auch zur Lehre des Buddha.

Von den Überlegungen noch etlicher anderer Denker gäbe es zu berichten. Es ist erfreulich, dass sie sich auf so hohem Niveau um das Thema der Freundschaft bemüht haben. Doch vor allem sollte jeder Mensch selber seine Überlegungen anstellen, ob aus aktuellem Anlass oder im Sinne einer gelegentlichen Reflexion seiner Freundschaften. Die nun folgende Liste möge ihm dazu eine Hilfe bieten. Sie enthält Aspekte, die eine Freundschaft fördern, und jeder Leser kann sie gewiss mit eigenen Ideen erweitern.

Der erste aufgeführte Aspekt steht deshalb den anderen voran, weil er im Buddhismus als die „Mutter aller Tugenden“ bezeichnet wird:

Vertrauen
Zuneigung
Respekt
Zuverlässigkeit
Ehrlichkeit
Hingabe – soweit irgend möglich
Zuhören können
Sein dürfen, wie ich bin
Den Freund annehmen, wie er ist
Verständnis

Mitgefühl
Nicht hinterfragen und rechtfertigen
Nichts beweisen müssen
Vom Freund lernen wollen
Kritik annehmen
Den richtigen Ton finden
Einander gemeinsame Projekte, Räume, Orte, Zeiten erschließen
...

Von Zeit zu Zeit kann sich jeder anhand einer solchen Liste fragen, welche Aspekte gerade gut, wichtig oder auch auf Mängel hin zu überprüfen sind. Und es kann sein, dass das Gespräch darüber mit dem Freund, mit der Freundin etwas zum Schwingen bringt, das zu einer erneuten Belebung der Freundschaft führt.

Lehrer und Schüler

Groß sind deine mitfühlenden Taten für die verwirrten Wesen.
Groß ist die Art, wie du extreme Übeltäter bereitwillig als deine Schüler annimmst.
Groß sind deine geschickten Methoden gegenüber jenen, die schwer zu bändigen sind.
Unvergleichlicher Lehrer, zu deinen Füßen verneige ich mich.

Patrul Rinpoche

Konnte ich im vorangegangenen Kapitel gut auf westliche Quellen zurückgreifen, so will ich nun vermehrt wieder buddhistische Zeugnisse zu Wort kommen lassen. Denn in kaum einer anderen Tradition kommt dem Verhältnis zwischen einem Lehrer und seinen Schülern eine derart überragende Bedeutung zu. Es unterscheidet sich radikal von dem, was etwa hiesige Kultusministerien über Lehrer und Schüler denken, so dass ich von vornherein dazu auffordern muss, deren Definitionen und Verhältnisbestimmungen hier ganz beiseitezulassen. Während beispielsweise in westlichen Lehrer-Schüler-Beziehungen vielleicht gerade noch am Rande von Herzensbildung die Rede ist, die ein Lehrer seinen Schülern unter anderem angedeihen lassen soll; und während sich die christlichen Kirchen de facto schon lange davon verabschiedet haben, den Gläubigen wirkliche Lehrer zur Verfügung zu stellen – was nicht heißen muss, dass es sie nicht da und dort noch gibt – erreichen solche Beziehungen im Buddhismus eine spirituelle Tiefe, ohne die dieser nicht denkbar ist. Schon an früherer Stelle wurde ja erwähnt, dass die Bedeutung des Lehrers für seine Schüler derart überragend ist, dass vom Buddhismus als einer reinen Selbsterlösungslehre keine Rede sein kann. Der Buddha selbst ist nicht etwa als Gott, Priester, Erlöser oder Prophet aufgetreten, sondern als Meditierender, der seine Lehrräder dreht. Als Meditierender ist er selbst ein Übender. Als Lehrer erstreckt sich sein Engagement von der individuellen persönlichen Einzelbegleitung über die spirituelle Führung seiner Sangha-Gemeinschaft bis hin zur Unterweisung großer Ansammlungen von Menschen. In der Stille der Meditation atmet er gleichsam ein, in der Aktion atmet er aus.

So streng sich nun ein buddhistischer Lehrer seinen Schülern gegenüber auch geben mag, ihre Beziehung ist grundsätzlich von einem Klima der Freundschaft geprägt. Hier können wir an das diesbezügliche Kapitel anknüpfen. Während Freundschaften in christlichen Klöstern oft mit Argwohn beobachtet werden, erfreuen sie sich in den buddhistischen Klöstern der Wertschätzung und Pflege. Hier ist allerdings auf ein unterschiedliches Verständnis von Freundschaft hinzuweisen. In einer westlich verstandenen Freundschaft nehmen die Freunde zuerst einander in den Blick. Es geht ihnen um die Beziehung zueinander, die sie gemeinsam gestalten und bei Bedarf klären wollen. In einer buddhistischen Freundschaft gehen die Blicke der beiden eher in eine gemeinsame Richtung. Das Projekt, um das sie sich bemühen, ist das Aufgehen in die Vollkommenheit der absoluten Wirklichkeit. Dorthin wollen sie gelangen, und so richten sich ihre Blicke auch auf den Lehrer, der den Weg zu Vollendung lehrt und sogar selbst verkörpert. Ihre Freundschaft ist deshalb eine Dharma-Freundschaft. Sie studieren und üben zusammen; dem Freund zu schaden oder die Freundschaft zu zerstören wäre ein großes karmisches Vergehen. Schüler, die denselben Lehrer haben, leben bei ihm wie in einer Familie, und so betrachten sie sich als Brüder. Ihr Zusammenhalt ist ein starkes Band, und zwar nicht nur für sie selbst, sondern auch für den Weiterbestand der Lehre.

Dieses Verständnis und der damit verbundene Umgang miteinander führen zu einer überraschenden Bestimmung dessen, was ein buddhistischer Lehrer seinen Schülern sein soll, nämlich: ein spiritueller Freund. Wie auch immer er handelt – die Literatur beschreibt äußerst qualvolle Lernprozesse – und selbst wenn ein Lehrer sich wie ein Teufel aufführt, der Schüler kann ganz darauf vertrauen, dass jegliches Handeln des Lehrers tiefes Mitgefühl zur Grundlage hat. Er will das Beste für ihn, koste es, was es wolle; er will ihn zum Erwachen in die Vollendung führen. Dabei weiß er um die jeweils geeignete Methode, um das Geschickte Mittel, das den ihm Anvertrauten am besten weiterbringt. Der eine ist so tief befangen in falschen Anschauungen und Gewohnheiten, dass diese Illusionen nur in einem sehr harten Lernprozess gesprengt werden können; ein anderer verträgt solche Strenge vielleicht nicht und ist schon gut unterwegs, so dass ihn der Lehrer an der „langen Leine“ führen kann.

Eine solche Freundschaft fährt sicherlich keinen Schmusekurs. Sie will dem Freund nicht schöntun. Sie ist vielmehr klar und aufrichtig, und eben in dieser Klarheit zeigt sich das Wohlwollen des Lehrers. Hierzu sagt Atîsha: „Der beste spirituelle Freund ist der, der deine versteckten Fehler angreift“ (Patrul, S. 457).

Nicht selten ist diese Beziehung von lebenslanger Dauer, ja, sie wird sogar über den Tod des Lehrers hinausgehen. Denn auch dann lebt der Schüler weiterhin mit und von dessen Unterweisungen. Die hierzu erforderliche Kommunikation vollzieht sich in einer Art innerem Dialog.

Wer bereits bestimmte Stufen des Erwachens erlangt hat, muss erst recht weiterhin üben. Auch wenn er selbst ein Lehrer wird, so bleibt er doch auch Lernender. Das Lernen endet erst dann, wenn er die höchste Stufe der Absolutheit erreicht hat, aber das ist selten. Wer also meint, nicht mehr lernen zu müssen, begibt sich einer törichten Illusion, die sich auf das Niveau seines Denkens und Handelns auswirkt. Solche Menschen zeichnen sich aus durch große Selbstgefälligkeit, und wir alle begegnen ihnen täglich, und zwar nicht nur in den Medien. Wer aber weiter übt, dessen Lehr-Körper erweitert sich.

Sogar ein Feind – letztlich sogar alles – kann ihm dann zum Lehrer werden. Auch Ideen und Ideale können ihn dann lehren. Lehrer müssen sich nicht immer in Personen manifestieren.

Der vorzüglichste Lehrer ist ein Bodhisattva. Dieser kann jedoch nur dann wirksam lehren, wenn das Verstehenspotential des Schülers dafür bereits ausreicht. Andernfalls würde dieser den Bodhisattva nicht einmal wahrnehmen.

Indem der Schüler seine Lehrer erkennt, annimmt und versteht, erwirbt er auch die Fähigkeit, sich zum richtigen Zeitpunkt wieder von ihnen zu lösen. Denn lebenslange Freundschaft bedeutet ja nicht, für immer aneinander kleben zu bleiben, sondern bedeutet lebendige Verbundenheit in jeweils stimmiger Nähe und Distanz. „Stimmig" ist ein Gegenteil von „beliebig"; eine solche Freundschaft beliebiger Willkür in einem Auf und Ab aus Zu- und Abneigung auszusetzen hieße, sie zu verraten.

Ein Lehrer im Verständnis des Buddha ist ein geistiger Lehrer. Er schult den Geist seiner Schüler. Dies beinhaltet weit mehr als etwa die Übermittlung, Kombination und Auswertung von Daten. Wenn der Geist des Schülers von Illusionen über die Wirklichkeit des Lebens oder von Affekten wie Gier und Hass gewissermaßen verschleiert ist, so wird er diese Schleier zerreißen. Dabei treten Ähnlichkeiten mit psychotherapeutischen Prozessen auf. Hinzu kommt jedoch eine Erschließung absoluter Wirklichkeit und der Aufbau einer entsprechenden Lebensführung, wie sie auf rein psychologischer Ebene nicht mehr leistbar ist. Einige Konzepte, wie die Logotherapie oder die Transpersonale Psychologie, suchen jedoch das diesbezügliche Spektrum zu erweitern.

Ein spiritueller Lehrer kann auch mit einem Bergführer, einem Fährmann oder auch mit einer Leibwache verglichen werden. Diese kennen den Weg, und sie wissen um das Ziel. Solche Ähnlichkeiten können deshalb Gleichnisse genannt werden.

Wie steht es nun um die besonderen Qualitäten einer solchen Führungskraft? Es ist wichtig, diese näher zu bestimmen, da sie einem Schüler Kriterien für die Wahl des für ihn geeigneten Lehrers an die Hand geben.

Der spirituelle Lehrer sollte zunächst selber ein erkennbar diszipliniert Übender sein. Dies schließt ethisch wertvolles Verhalten mit ein. Suggestive Attitüden, um größere Wirkung auf die Anhänger zu erzielen, oder Statussymbole wie etwa einen Rolls Royce hat er nicht nötig. Vielmehr sollte er von Liebe und Mitgefühl erfüllt sein. Furchtlosigkeit, Geduld und ein unermüdlicher Geist sollten ihn ebenfalls auszeichnen. Natürlich sollte er sich in der Literatur zu dem, was er lehren will, sehr gut auskennen. Und schließlich sollte er über eine gute Didaktik verfügen, um bei seinen Schülern die jeweils passenden Mittel und Methoden einsetzen zu können (Gampopa 1989, S. 50).

Ein solcher Lehrer kann aus großer Gelehrsamkeit schöpfen. Er ist mit der Lehre tief vertraut. Er ist von tiefem Verständnis für die Wirklichkeit des Seins durchdrungen. Er kann kompetent und einfühlsam alle Zweifel zerstreuen. Seine Worte stimmen mit seinen Handlungen überein. Von diesem Lebenswandel wird er niemals abrücken, selbst wenn er damit sein Leben aufs Spiel setzen müsste. In solchen wie in all seinen Handlungen weist er auf die klärenden wie auf die verschleiernden Eigenschaften des Seins hin (a.a.O.).

Mit einer Zen-Anekdote möchte ich diesen letzten Aspekt erläutern. Die Zen-Geschichten bilden einen eigenen literarischen Zweig im Mahayana-Buddhismus; es gibt zahllose solcher Episoden, und in sehr vielen von ihnen geht es um Lehrer und Schüler.

Ein Schüler klagt seinem Meister: „Ach, nun übe ich schon drei Jahre und habe immer noch keine wirkliche Ruhe gefunden!" Der Meister: „Sorge dich nicht – ich übe schon 50 Jahre und habe sie auch nicht gefunden!" Der Schüler: „Aber das ist doch nicht möglich! Du strahlst doch eine solche Ruhe aus!" Der Meister: „Oh, vielleicht kommt das davon, dass ich mich mit meiner Unruhe versöhnt habe."

Wenn ich an die Lehrer denke, die sich im Lauf meines Lebens eingestellt haben, so haben fast alle auf ihre Weise die oben angeführten Kriterien erfüllt. Was die Ausnahmen betrifft, so möchte ich Näheres dazu nicht preisgeben. Doch auch von ihnen konnte ich Wesentliches lernen, und gerade sie verdeutlichten mir, welch hohe Ansprüche ein solcher Lehrer zu erfüllen hat.

Unter Umständen kann ein Schüler von Menschen, denen er einen so überaus hohen Stellenwert in seinem Leben einräumt, enttäuscht und sogar in irgendeiner Form missbraucht werden, und gegebenenfalls wird es richtig sein, ihn zu verlassen. Dennoch kann sich auch in diesem Vorgang eine Botschaft verbergen, die es zu entdecken gilt.

Nach einer Enttäuschung wird es erst recht darum gehen, einen wirklich geeigneten Lehrer zu finden. Trotz mancher Anläufe haben sie sich in meinem Leben erst spät eingestellt. Wie schon erwähnt: Jeder Reifegrad eines Schülers ruft erst zu seiner Zeit die entsprechenden Lehrer/innen hervor. Handelt es sich dabei um einen prominenten Namen, so würde ich eine besondere Sorgfalt in der Auswahl walten lassen. Ein guter Ruf kann genauso wenig Kriterium für die Eignung sein wie ein schlechter.

Wenn nun Lehrer und Schüler einander anerkannt haben, dann eröffnen sich zur Gestaltung der Beziehung schier unendliche Möglichkeiten. Oft sprengt der Verlauf die mitgebrachten Vorstellungen und Konventionen. Wer es nicht selbst erlebt hat, wird kaum glauben, wie unabhängig die Verbindung verlaufen kann. Sie ist beispielsweise durchaus in großer räumlicher Entfernung voneinander möglich, genauso gut wie in nächster Nähe. Solche Dimensionen spielen keine entscheidende Rolle. Es ist nicht einmal nötig, eine persönliche Beziehung zu seinem Lehrer aufzubauen. Mitunter ereignet sich die Unterweisung in einem minimalen Wortwechsel, der – einem Blitz vergleichbar – in das Innere eines Schülers einschlägt. Wie auch immer dieser mit seinem Lehrer zusammenlebt, ob auf engem Raum unter einem Dach, oder in großer Distanz: Jede Form einer Beziehung ermöglicht das Ereignis, dem der Schüler entgegenstrebt. Sieht er seinen Lehrer nur selten, so kann dies seine Aufmerksamkeit fördern; große Nähe erlaubt eine intensivere Feinarbeit im Detail. In Asien kommen den Schülern oft auch dienende Funktionen zu; westliche Beobachter mag dies befremden. Aber hier kann sich die Treue zum Lehrer erweisen, der, wiewohl erwacht, zugleich ja auch ein bedürftiger Mensch ist, zumal wenn er bereits betagt ist. Auf keiner Ebene sollte es der Schüler an Respekt fehlen lassen; was hierüber in Bezug auf die Freundschaft gesagt wurde, gilt hier erst recht.

Die erste Aufgabe des Schülers aber besteht darin, die Lehre aufzunehmen. Dafür muss er sein stetes Interesse aufbringen. Er sollte aufmerksam hinhören und sich durch nichts davon abbringen lassen. Er sollte sich das Gehörte merken, und zwar sowohl die Wörter als auch deren Bedeutung, da sonst die ganze Lehre nichts nützt. Er sollte unvoreingenommen hören und ohne Absicht. Wenn er die Lehre in seinen Raster der althergebrachten Vorstellungen stellt, wird sie wirkungslos.

Werden diese Anforderungen aber eingelöst, so kann der entscheidende Schritt erfolgen, nämlich das Gehörte auch im Geist zu verstehen. Das weitere Schicksal einer so vernommenen Lehre hängt vom Schüler selbst ab (hierzu wie im Folgenden: Patrul, S. 49–53).

Die innere Haltung, in der ein Schüler hört, sollte von Vertrauen geprägt sein: Vertrauen in den Lehrer und in die Lehre, aber auch in die eigene Fähigkeit, das Erworbene umzusetzen. Wie immer gilt es auch hier, das rechte Maß zu finden. Vertrauensmangel bewirkt Unsicherheit; zu viel Selbstvertrauen bewirkt oft einen Hochmut, der nicht angebracht ist. Im religiösen und erst recht im spirituellen Leben hat Hochmut ebenso wenig zu suchen wie Niedertracht.

Besonders muss die Fähigkeit geschult werden, sich durch nichts von der Aufnahme der Lehre ablenken zu lassen. Äußere und innere Vorgänge können dazu führen, dass der Schüler unter einer seelischen Spannung steht. Je weniger sich ein Schüler von solchen Spannungen beeinflussen lässt, oder noch besser: Je mehr es ihm gelingt, diese in seinen Lernprozess zu integrieren, desto weiter kommt er auf seinem Weg. Auch sehr hohe Spannungen lassen sich dann in innerer Freiheit bewältigen. Der Lehrer wird ihm die dazu notwendigen Kenntnisse vermitteln. Dies geschieht zumeist indirekt; indem er die Übung des Schülers anleitet und vertieft, gewinnt dieser eine Art geistige Substanz, die nicht mehr so leicht erschüttert werden kann. Dazu muss er allerdings üben und immer nur üben. Von ihm selbst hängt es letztlich ab, ob und wie er die innere Freiheit gewinnt.

Nicht minder beachtenswert ist die Ablenkung durch äußere Vorgänge. Diese werden von den fünf Sinnen wahrgenommen und verarbeitet – und schon ist der Schüler außerstande, die Lehre zu hören oder zu üben:

Die Tendenz des Bewusstseins, sich von den Objekten der fünf Sinne überwältigen zu lassen, ist die Ursache aller samsarischen Halluzinationen und der Ausgangspunkt für alles Leiden. Weil ihr Sehbewusstsein von Sichtbarem angezogen wird, verbrennt die Motte in der Flamme. Weil sein Gehörsinn von Tönen angelockt wird, findet das Reh den Tod durch den Jäger. Vom Geruch verführt, geht die Biene den fleischfressenden Pflanzen in die Falle. Weil ihm der Köder schmeckt, beißt der Fisch in den tödlichen Angelhaken. Weil sein Körper die Berührung von Schlamm liebt, versinkt der Elefant im Sumpf (Patrul, S. 53).

Ein speziell gefährlicher Einfluss liegt dabei in der Darbietung des Lehrers selbst, etwa wenn der Schüler an einer allzu schönen, treffenden Formulierung hängen bleibt. Das Verharren in Phrasen verstellt jedoch den inneren Blick, der ja das Ganze einer Lehre erfassen soll.

Müssen deshalb die fünf Sinne aufgrund ihrer Verführbarkeit abgetötet werden? In allen Religionen finden sich Tendenzen, die dies einfordern. Sinnvoller und auch gangbarer erscheint es mir, alle Sinne dankbar anzunehmen und in den Dienst des Geistes zu stellen.

Auch gegen andere Hindernisse, etwa in Form von Rückschlägen oder im Rahmen einer allzu langfristigen und schwer verdaulichen Unterweisung, ist mit der Zeit eine gewisse Robustheit zu entwickeln. Prüfungen dieser Art werden nicht ausbleiben. Auch ein Rückschlag ist Bestandteil der Entwicklung. Sie korrigieren die Ungeduld des Schülers, die vielleicht vorschnell zu hoch angesetzten Ansprüche. Meine persönliche Erfahrung ist, dass sich nach guten Fortschritten zum Beginn einer Lehrer-Schüler-Beziehung gerne eine Zeit der Stagnation, der „Millimeterarbeit“ einstellt, die lange dauern kann. Doch der Prozess stagniert nur scheinbar; es braucht eben seine Zeit, einen guten Fortschritt weiter auszuloten und zu verdauen. Auch in der Natur sind ja die winterlichen Zeiten eine notwendige Einrichtung, um den Organismen Ruhe und Erholung zu gewähren. Gewiss, wenn eine solche Zeit sehr lange dauert, sehnt man ihr Ende herbei, doch jedes Ende kommt zu seiner Zeit. Der Weg der Übung ist keine Abfolge steter Sensationen; dies würde nur ein ungesundes religiöses „Höhenfieber“ erzeugen, das den Schüler dauerhaft schädigen kann.

Im Wissen um die Notwendigkeit der Dauer von Lernprozessen kann der Schüler einen „langen Atem“ entwickeln, der ihm die erforderliche Robustheit verleiht.

Überspannungen stellen sich auch bei einem Zuviel an Eifer und Konzentration ein – schnell nutzen sich solche Extremzustände ab. Spirituelle Ziele werden erreicht, wenn ich sie Schritt für Schritt stetig übe. Dann stellt sich das Gleichgewicht zwischen achtsamer Konzentration und gelöster Entspannung mit der Zeit von selber ein.

Wenn der Schüler eine Lehre gehört und verstanden hat, sollte er sich von Zeit zu Zeit vergewissern, ob er sich korrekt an sie erinnern kann. Zur korrekten Erinnerung gehört auch die richtige Reihenfolge der Darbietung, denn diese erteilt der Lehrer nicht beliebig, sondern aus der Konsequenz einer sinnvollen Systematik heraus, in der die Bausteine der Lehre aufeinander abheben.

Für Buddhisten ergibt sich an dieser Stelle eine überraschende Einsicht. Ihre Lehre besteht ja im Dharma des Buddha. Der Hinweis auf das Vorhandensein einer Reihenfolge in diesem Dharma besagt aber nichts anderes, als dass es karmisch strukturiert ist. Wiewohl das Dharma von Nirvana und dem Weg dorthin handelt, bedient es sich einer karmischen Ausdrucks- und Vorgehensweise, da sie sonst von den in der samsarischen Welt lebenden Schülern nicht verstanden werden kann. Dies bedeutet jedoch im Umkehrschluss: Wenn Karma aufgelöst ist, ist Dharma hinfällig. Dann – aber erst dann – gibt es keine Schüler und Lehrer mehr. Da dies jedoch zuallermeist noch reine Utopie ist, bleibt es ihnen weiterhin aufgegeben, ihre Übungen fortzusetzen.

Wut

Es wäre so viel besser, überhaupt nichts „auszulegen",
Still SITZEND Angst und Wut zu überwinden!

Hanshan

Da ist sie wieder: diese Wut, diese ungeheure, heiße, haltlose, flammende Wut. Sie lässt mich beben vor Zorn. Sie packt und schüttelt mich. In bösen Wellen der Vernichtung fegt sie durch meinen Leib. Der Magen verkrampft sich. Die Hände ballen sich zu Fäusten. Schweiß bricht aus. Der Kopf läuft rot an. Die Augen treten hervor und verschießen Tränen des Zorns. Die Blicke schleudern Blitze. Von Wut erfüllt bin ich ganz außer mir. Sie vernebelt mir die Sinne. Sie überwältigt mich. Sie beschlagnahmt Gefühl und Verstand. Sie vergiftet mein Gemüt. Mein Handeln gerät außer Kontrolle. Der Atem ist flach und hektisch. Artikuliertes Sprechen ist kaum noch möglich. Schaum fließt aus dem Mund. Die Wut entlädt sich in wüstem Geschrei. Wild fuchteln die Fäuste in der Luft und drohen und schlagen wie besinnungslos auf den unsichtbaren Gegner ein. Aber sie können ihn nicht treffen. Da verglühe ich schier vor Zorn.

Das Ende des Ausbruchs, durchglüht von neu aufflackernden Nestern der Wut: Dunkelheit, Kraft- und Mutlosigkeit, Kopf- und Magenschmerzen, Erschöpfung, Zusammenbruch. Der Wutausbruch war ein Akt der Befreiung, aber er hat viel gekostet. Der Ohnmacht nahe wird mir klar: Der Vorfall, der mich so aggressiv gemacht hat, ist nicht im Geringsten einer Lösung zugeführt worden. Nicht einmal das Thema kann ich benennen, das hinter dem Vorfall steckt.

Was ist geschehen?

Ich versage es mir, an dieser Stelle ein eigenes Erlebnis zu erzählen. Es wäre den beteiligten Personen gegenüber nicht fair. Der Leser kennt sie nicht, und mein Bericht über sie würde aus meiner Betroffenheit heraus einseitig und negativ ausfallen. Ich versage mir ein eigenes Beispiel aber mehr noch, weil ich mir dessen gewiss bin, dass jeder Leser eigene Geschichten hierzu einbringen kann. Es gibt überall und jederzeit schier unzählige kleine und große Anlässe für Wutausbrüche:

Eine dumme Bemerkung trifft an einer sensiblen Stelle, und schon gibt ein böses Wort das andere. Ein Verkehrsteilnehmer verhält sich nicht so, wie es zu meinem Rechtsempfinden oder zu meinem Bewegungsdrang passt. Ein Schüler, eine Angestellte, ein behinderter Mensch erfährt fortwährend Demütigungen am Arbeitsplatz. Ein Wettkampf verläuft unfair und wird auch noch mit einer Niederlage besiegelt. Ein Ausflug endet vorzeitig wegen einer Panne. Eine Partnerschaft zerbricht. Ein Freund enttäuscht mich. Eine Lebenssituation wird immer auswegloser.

Wut. Wut über eine ungerechte Behandlung; über den Hunger, das Flüchtlingselend und den Terrorismus weltweit; Wut über dumme Zeitgenossen, über korrupte Existenzen, über kriminelle Verhaltensweisen; Wut auf bestimmte Politiker und religiöse Führer; Wut über die fortwährende Verletzung der Menschenrechte; Wut über die zerstörerische Ausbeutung der Natur; fundamentalistisch verordnete Wut; Wut aus Frust über die Langeweile des eigenen Daseins; Wut über eine Demütigung, Erniedrigung und Beleidigung – es ist schier unmöglich, an dieser Stelle alle möglichen Anlässe aufzuzählen. Die Gemeinheit oder auch nur die Unachtsamkeit der Menschen kennt viele Gelegenheiten.

Wut als Reaktion ist ein Ausdruck von Ohnmacht. Sie ist das Eingeständnis, bestimmte Probleme ob ihres Gewichts nicht sofort lösen zu können. Mit der allgemeinen Beschleunigung der Zeitabläufe und der immer weiter auseinanderklaffenden Güterverteilung wird die Hemmschwelle zum Wutausbruch immer geringer und mündet immer flächendeckender in terroristisch koordinierte Gewalt. Als Aggression richtet sie sich nach außen, nicht selten auch nach innen.

Je nach Temperament äußert sich die Wut auf verschiedene Art und Weise: von subtilen Methoden der Gemeinheit über fortwährendes Nörgeln bis hin zur Entladung in einem Gewaltakt. So heftig und böse sich die Wut äußern kann, so gefährlich ist es aber auch, sie zu unterdrücken. Wut ist immerhin eine Möglichkeit, wahrgenommen zu werden.

Da die Wut ein so heftiges und gefährliches Phänomen im menschlichen Leben sein kann und da sie insbesondere spirituell ausgerichtete Lebensweisen völlig durcheinanderbringen kann, ist es angebracht, sie zu thematisieren.

Für buddhistisch ausgerichtete Menschen ist ein Wutausbruch zunächst eine schlichtweg peinliche Angelegenheit. Nicht von ungefähr ist Vermeidung ein mentaler Charakterzug, den man in Asien häufig antrifft: Wehe, man würde sein Gesicht verlieren! Es darf nicht sein, dass einen die Wut derart aus dem inneren Gleichgewicht bringt, das so intensiv und mühsam eingeübt wurde. War da nicht alles umsonst, wenn ich nun, vielleicht auch noch aus geringfügigem Anlass, meine geistige Mitte an das Grundübel des Hasses verliere? Wie kommt es, dass die Wut sogar die Meditation durch und durch förmlich vergiften kann? Letzteres ist dann für Buddhisten nicht mehr nur peinlich, sondern geradezu tragisch. Denn die Meditation ist ja Quelle und Inspiration seines Lebens. Wird diese Quelle vergiftet, dann kann der Mensch, der sie in sich trägt, tatsächlich zugrunde gehen.

Somit stellt sich für Buddhisten und ebenso für jeden Menschen die Frage, wie er mit seiner Wut umgehen soll.

Im Eingangszitat meint Hanshan, ein legendärer chinesischer Zen-Meister des 7. Jahrhunderts, Angst und Wut könnten SITZEND, also in steter Meditation überwunden werden. Welch ein frommer Wunsch!, könnte man dazu sagen – aber damit würde ich nur die Aggressivität wiedergeben, die sich in mir beim Schreiben der vorangegangenen Zeilen aufgebaut hat. Also sage ich lieber: Angst und Wut meditativ zu bewältigen ist gewiss eine wirksame Methode, aber sie braucht Zeit. Allzu heftig ist die Diskrepanz zwischen Meditation und aggressivem Alltag. Nun könnte ich natürlich diesen Alltag austauschen, etwa gegen ein Kloster. Doch abgesehen von den vielen Bindungen meines mir gegenwärtig aufgegebenen Alltags, die einem solchen Vorhaben entgegenstehen, habe ich noch nicht gehört, dass ein Kloster eine aggressionsfreie Zone sei.

Andere Möglichkeiten erscheinen mir da gangbarer. Um weiterhin bei der Meditation zu bleiben: Ich kann sie als direktes Gegenmittel zu meiner Aggression einsetzen, indem ich sie bewusst zum Gegenstand meiner Übung erhebe. Dazu baue ich meinen Atem noch achtsamer auf als sonst. Wenn er ruhig und gleichmäßig geht und eine deutliche Tiefe erreicht hat, nehme ich den Auslöser der Aggression in den inneren Blick. Ich schaue ihn an und bleibe strikt bei der unvoreingenommenen und genauen Beobachtung dessen, was geschieht. Vielleicht entkommt mir ein Seufzer; das ist nicht weiter tragisch, ich habe ihn ja bemerkt. Oder das Meditationsobjekt greift meinen Atem an; ich nehme es wahr und kehre zur Regelmäßigkeit und Tiefe des Atems zurück.

Wer über einen bestimmten selbst gewählten Zeitraum in dieser Weise meditiert, sollte sich darüber im Klaren sein, dass ihm die Wut am Anfang erst recht und auch später immer wieder zusetzen wird, zumal ihr ja scheinbar kein Widerstand entgegengesetzt wird. Sie tritt dabei sogar noch deutlicher auf als bisher. Immer wieder wird sie versuchen, den Übenden außer Atem zu bringen, hin zu einem Kessel aus verwirrenden Gedanken. Ein Hilfsmittel hierbei kann der Einsatz eines Mantras sein, etwa indem sich der Übende innerlich stetig vorsagt: „Nur sitzen und schauen … nur sitzen und schauen …". Mantras sind einfache, leicht zu merkende Sätze oder Silbenfolgen, so dass sie jederzeit verfügbar sind. Ein weiterer Vorteil liegt darin, dass sie gut mit dem Atem synchronisiert werden können. Konkret ginge das etwa so: Ich belege einen Atemzug, also ein Ein- und Ausatmen, mit dem Wort „sit-zen" und den nächsten mit „schau-en". Dabei bleibt das Meditationsobjekt, die Aggression, im inneren Blick. Die derart durchgeführten Atemzüge sind beliebig wiederholbar. Wenn es nicht gelingt, dabei zu bleiben, kann der Übende die beiden Wörter auch im Rhythmus des Atems leise aussprechen. Für die jeweils erste Silbe verwendet er dabei die kurze Pause nach dem Einatmen.

Indem die Mantras die Regelmäßigkeit und Stetigkeit des Atems stützen, schützen sie den Geist vor der Zudringlichkeit der Aggression. Ist er ausreichend stabilisiert, kann das Mantra wieder aus dem Gebrauch entlassen werden.

Ganz allgemein bewirkt die tägliche Meditation unter anderem, dass sich der Alltag von ihr her zunächst sanft und fragil, dann aber immer deutlicher gestalten lässt. Zunächst gleicht sie einer sehnlichst erhofften Oase, in der sich der Ankommende ausruhen, den Vorgängen lauschen und sie beobachten kann, ohne gleich in deren Bewältigung eingespannt zu sein. Dann aber, mit der Zeit, kann er die Haltung, die während des Aufenthalts in der Oase entsteht, in den Alltag hineinnehmen. Selbst wenn der Alltag eine Wüste ist und bleibt, kann er in ihr bestehen.

Neben den Mantras steht als weiteres Hilfsmittel die Visualisation zur Verfügung. Bei leichteren Aggressionen kann sich der Übende vorstellen, er gleiche in seinem aufrechten Sitz einem in sich ruhenden Berg. Die Aggression visualisiert er als eine große, dichte Wolke, die an den Berg heranrückt, ihn erreicht, seinen Gipfel einhüllt – und dann wieder weiterzieht. Der Übende weiß, dass er immer im Reinen Land seines Geistes verblieben ist, selbst wenn ihm eine Wolke aus Wut die klare Sicht verstellt hat.

Bei schwereren Konflikten, bei einer tiefgreifenden aggressiven Haltung mag die Visualisierung einer „Zornvollen Gottheit" angebracht sein, wie sie in der Buddhapraxis Tibets bekannt ist. Dies ist gewiss nicht jedermanns Sache, und gerade bei einer solchen Praxis ist offenkundig, wie notwendig die Anwesenheit eines geeigneten Lehrers hier ist. Ich erwähne diese Möglichkeit jedoch, um eine Grundidee zu verdeutlichen, die dieser Praxis zugrunde liegt. Sie wurde bereits erwähnt: Wut gehört zu den als negativ aufgefassten Faktoren, die jedoch ein Potential an Energie enthalten, das ebenso auch positiv eingesetzt werden kann. Die Umsetzung von blinder, negativ auftretender in bewusst positiv eingesetzte Energie ist ein vielversprechender Ansatz für den Umgang mit schwerer Wut; ob sie nun über die Visualisierung einer Zornvollen Gottheit erfolgt oder über einen psychotherapeutischen Prozess, der anders vorgeht.

Dieser Umgang mit Wut besteht nun nicht mehr nur darin, eine in sich ruhende Haltung aufzubauen, in der sie kommen und auch wieder verschwinden kann. Hier wird mit der Wut und ihrem Aggressionspotential direkt gearbeitet. Eine solche Vorgehensweise ist dann erforderlich, wenn der Wütende mit der meditativen Bewältigung seines Zorns nicht mehr weiterkommt. Bei ständig neu auftretenden konflikthaltigen und Wut auslösenden Vorgängen kann die lange Dauer der meditativen Bewältigung als nicht mehr hilfreich empfunden werden und bedarf der Ergänzung. Hierzu ist es erforderlich, die „Wolke der Wut" näher zu betrachten.

Objekte der Wut sind zunächst die Menschen, die sie auslösen. Viele dieser Personen bleiben anonym. Sie sitzen an den Schalthebeln von Mächten, die das Schicksal von Menschen zugunsten eigener Vorteile oder im Interesse einer Ideologie negativ beeinflussen. Hierzu bedienen sie sich der Möglichkeiten, die ihnen in Wirtschaft und Politik oder auch in der Religion geboten werden. Der Kampf gegen solche Personen und deren Verbände erscheint schier aussichtslos, besonders dann, wenn man selber in der Wahl seiner Mittel im Unterschied zu den Aggressoren fair bleiben will. Er lohnt sich dennoch. Keine negative Macht der Welt ist für alle Zeiten unbesiegbar. Zumindest Teilerfolge sind immer möglich. Die Energie, die eine Wut freisetzt, lässt sich durch eine Aktion positiv umwandeln. Der Aktivist kann sein Durchstehvermögen schulen und kommt in den Genuss der Solidarität mit Gleichgesinnten. Und er kann seine persönlichen Fähigkeiten dabei einsetzen und kultivieren – wie jener Münchener Schauspieler, der auf die Frage, warum er auch noch Kabarettist geworden sei, antwortete: „Aus Wut."

Manche Erzeuger von Wut treten aus ihrer Anonymität heraus, bleiben aber eigentlich unbekannt. Man weiß zwar von ihnen, kennt sie aber doch nicht wirklich. Der rücksichtslose Verkehrsteilnehmer, der einen Unfall verursacht, zählt ebenso dazu wie der gewöhnliche Kriminelle, der die von ihm Betroffenen in ein oft maßloses und dauerhaftes Unglück stürzt. Auch hier ist es notwendig, mit der Zeit die Ebene der bloßen Wut zu verlassen, will man nicht selber auf dem Niveau der „niedrigen Beweggründe" verbleiben wie der Kriminelle, etwa indem ich ihm sein Vergehen mit gleicher Münze zurückzahle. Doch wie schwer sich Geschädigte damit tun, sich mit einem Verursacher etwa auf einen Täter-Opfer-Ausgleich einzulassen oder sich gar mit ihm zu versöhnen, ist nur allzu verständlich. Dennoch bewirkt schon das Bemühen darum ein Wachstum an menschlicher Reife.

Besonders schmerzhaft wird die Betrachtung der Wuterzeuger, wenn es sich dabei um persönliche Bekannte, nahe Verwandte, um Freunde handelt. Wenn Menschen, die einen Platz im eigenen Herzen einnehmen und daher großes Vertrauen genießen, einen Nahestehenden hintergehen, dann wird diesem eine Wunde bis ins Innerste hinein geschlagen, und der Schmerz sitzt tief. Hier ist es wichtig, besonders sorgfältig zu analysieren: wo etwa genau die Beweggründe für die böse Handlung liegen; ob ihr nicht vielleicht schon seit geraumer Zeit eine schleichende Entfremdung, ein Mangel an Kommunikation und dergleichen zugrunde liegen. Dies bedarf dann der genauen Analyse. Dazu braucht der Betroffene Hilfe, denn für sich allein ist er dazu zunächst noch gar nicht in der Lage. Er ist fassungslos, er ist enttäuscht, er verspürt heftige Schmerzen in der Seele, denn es sind ja erst einmal Wut und Trauer, die sich seiner bemächtigen. Dies sind Empfindungen, die ihn ob ihrer Macht förmlich zu verschlingen drohen. Und spätestens hier kann ein Betroffener einer entscheidenden Frage nicht mehr ausweichen: Wie will ich denn nun umgehen mit diesem meinem Gemisch aus Wut und Trauer? Und wer oder was kann mir dabei helfen?

Mit dieser Frage erweitert der Betroffene seine Objekte der Betrachtung. Er hat nun nicht nur seinen Aggressor im Blick, sondern parallel dazu auch sich selbst. Und hier kann er eine bekannte und sehr effektive Meditationstechnik anwenden: Er beobachtet, wie er beobachtet. Er sieht sich sozusagen selber bei seiner Betrachtung zu.

Ein derart Übender wird sich von Anfang an darum bemühen, nur zu schauen, also dabei nicht zu werten und sich auch von Emotionen nicht ablenken zu lassen. Mit der Zeit kann sich seine Übung zur reinen Wahrnehmung vervollkommnen: Wut wird dann nicht mehr sein.

Wenn wir nun von dieser Methode den Impuls zur Selbstbeobachtung aufgreifen, werden wir bald auf ein Phänomen stoßen, das nicht selten noch tiefer geht als die Wut über die Aggression des anderen: nämlich die Wut über das eigene Unvermögen, mit dieser Aggression richtig umzugehen. In diese Wut mischt sich die Fassungslosigkeit darüber, sich auf ein böses Geschehen überhaupt eingelassen zu haben, hineingezogen worden zu sein und vielleicht auch noch kräftig dabei mitgemischt zu haben.

Wie es zu dieser Wut kommt, will ich nun an einem Beispiel aufzeigen.

Zwei Frauen – nennen wir sie einfach Magda und Lena – unternehmen eine Urlaubsreise. Im Alltag sehen sie sich nicht allzu oft, da sie an verschiedenen Orten wohnen. Was sie jedoch verbindet, ist eine seit der gemeinsamen Ausbildungszeit jahrelang gepflegte Freundschaft. Nun schmieden sie Pläne, organisieren die Reise, sind erfüllt von frohen Erwartungen. Und schon beginnt der Urlaub.

Unterwegs schließen sie sich einer bunt zusammengewürfelten Gruppe an. Eine Wanderung führt sie tagelang durch gefährliches Gelände. Und hier geschieht etwas Unerwartetes. Magda fängt an, sich über Lena lustig zu machen. Ob es wirklich nur daran liegt, dass Lena im Wandern nicht so geübt ist? Jedenfalls werden Magdas Bemerkungen immer beißender. Nun mischt sie sich auch in Gespräche ein, die Lena mit den anderen führt, und kommentiert deren Beiträge mit abfälligen Äußerungen. Sie nimmt ihr das Wort aus dem Mund, stellt sie vor der Gruppe bloß, entwickelt sich selber für die Gruppe zur unentbehrlichen Erzählerin von Geschichten. Dabei kann sie ihre Bildung, ihre guten Allgemeinkenntnisse einbringen. Magda produziert sich – auf Lenas Kosten. In der Herabsetzung Lenas gelingen ihr viele Treffer, da sie deren Schwächen gut kennt.

Lena ist empfindsam, sie verträgt solche Anwürfe eigentlich überhaupt nicht, aber sie wehrt sich nicht. Ihre Position in der Gruppe ist ihr dabei eher gleichgültig. Sie ist ganz auf die Natur eingestellt, in der sie wandert. Sie fühlt sich daher nicht an den Rand gedrängt. Aber Magdas Sticheleien als solche schlagen zunehmend Wunden in ihr. Doch wie reagiert sie darauf? Sie schweigt!

Zuerst glaubt sie, nicht richtig gehört zu haben, und übergeht Magdas Verhalten. Sie denkt, es wäre eine Laune, die vorübergeht. Am Abend, wenn sich alle auf ihre Zimmer zurückziehen, ist ja auch alles wie immer. Doch die Tage werden für Lena immer unangenehmer, nur: Sie schweigt immer noch. Sie will nicht wahrhaben, was sie hört. Gelegentlich wehrt sie sich, sagt: „Hör auf!“, einmal auch „Halt jetzt den Mund!“, aber bei diesen schroffen Reaktionen fühlt sie sich nicht wohl. Sie will ja nichts Böses zu Magda sagen. Sie hat nichts gegen sie. Sie ist aber auch gar nicht in der Lage, sich richtig zu wehren. Sie weiß nur: Auf die Ebene von Magdas Sticheleien will sie sich nicht selber begeben. Aber was sie statt dessen zu Magda sagen soll, weiß sie auch nicht. Sie wollte ja eigentlich nur Urlaub machen, eine schöne Reise mit einer alten Freundin.

So frisst Lena fast ohne Gegenwehr Magdas Verhalten still in sich hinein. Sie erinnert sich: Vor vielen Jahren gab es schon einmal eine ähnliche Situation. Damals hat Lena zu Magda gesagt, sie solle dergleichen nie wieder tun. Magda hat nicht geantwortet, sich auch nicht entschuldigt; aber sie hat sich an Lenas Aufforderung gehalten.

Nun, am Ende der Reise, die Gruppe ist bereits wieder in alle Winde zerstreut, stellt Lena ihre Freundin zur Rede. Sie sagt, dass es ihr unterwegs nicht gut gegangen ist mit Magdas Verhalten, stellt es ihr aber ausdrücklich frei, sich dazu zu äußern. Prompt verweigert Magda die Aussprache. Lena ist enttäuscht.

Zu Hause angekommen denkt sie: Ach, diese Geschichte wird mit der Zeit an Bedeutung abnehmen und verblassen. So schlimm war das alles doch gar nicht. Und in der Meditation wird sich diese dunkle Wolke bald wieder auflösen.

Das Gegenteil ist der Fall. Magdas Äußerungen haben sich tief in Lena festgesetzt. Immer heftiger und beißender entfalten sie ihre Wirkung. Immer wieder muss Lena daran denken. Sie erinnert sich an jede einzelne Episode. Die Demütigungen potenzieren sich. Die Meditation gerät phasenweise zum Desaster.

Nun wird Lena wütend, endlich. Und diese Wut ist bereits voll da, und dabei schon an Schärfe weit über den Anlass hinaus eskaliert. Nach etwa einem halben Jahr ersucht Lena ihre Freundin erneut um eine Aussprache. Magda sagt, sie habe keine Zeit. Nun schreibt Lena einen Brief, in dem böse

Worte fallen. Sie bedenkt nicht, das Magda diesen angereicherten Wutausbruch vielleicht gar nicht verstehen könnte. In dem Brief wirft ihr Lena mieses Verhalten und einen entsprechenden Charakter vor. Daraufhin beendet Magda sofort die Beziehung.

Lena trauert um den Verlust der Freundschaft. Und sie ist wütend, dass es Magda geschafft hat, Wut bei ihr zu provozieren und mit dem bitterbösen Brief sogar selbst in den Ring zu steigen. Den Grund für Magdas Verhalten während der Reise kann sie sich bis heute nicht erklären. Und ihre Wut findet keine Adresse mehr, wo sie sie abladen könnte. Ihr Wunsch nach Versöhnung bleibt unerfüllt.

Die Geschichte von Magda und Lena ist geradezu ein Musterbeispiel für die Entstehung und Nichtbewältigung von Wut aufgrund einer fehlerhaften oder gänzlich mangelnden Kommunikation.

Über die Motive von Magdas Verhalten kann man an dieser Stelle nur spekulieren. Vielleicht war ihr die plötzliche Nähe Lenas unangenehm. Vielleicht wollte sie nur ihre Wortgewandtheit und Schlagfertigkeit lustvoll ausagieren. Vielleicht lag dem Geschehen ein unaufgearbeiteter Konflikt aus der Vergangenheit zugrunde, der mit Lena oder einer an Lena erinnernde Person zu tun hat. Wahrscheinlich hat sie die verheerende Wirkung ihrer Einlassung auf Lena nicht richtig erkannt.

Zur Problemlösung trug Magda buchstäblich nichts bei. Den beiden Einladungen zu einer Aussprache, die eine ernsthafte Auseinandersetzung ermöglicht hätten, ging sie konsequent aus dem Weg.

Lena leidet. Aber ihre Wut und ihre Trauer schleppt sie nicht allein mit sich herum, sondern sie vertraut sich einer anderen Freundin an. Dies erweist sich als ausgesprochener Glücksfall. Denn Richardis absolviert gerade eine Ausbildung als Mediatorin.

Mediation ist eine Vorgehensweise zur Bewältigung von Konflikten. Darin soll zwischen den unterschiedlichen Sichtweisen, Vorstellungen und Interessen der am Konflikt Beteiligten ein Ausgleich gefunden werden. Alle sollen dabei zurecht das Gefühl haben, dass ihnen Gerechtigkeit widerfährt. Der Mediator unternimmt es, sich die Sichtweisen aller Beteiligten anzueignen, ohne diese zu bewerten, sodann die Unterschiede deutlich zu machen, und zwischen den Positionen zu vermitteln. Die Mediation kann im Vorfeld einer gerichtlichen Auseinandersetzung, bei Konflikten in der Partnerschaft und durchaus auch bei Konflikten in Politik, Wirtschaft und Gesellschaft eingesetzt werden.

Richardis hört Lena ruhig an. Sie ergreift nicht einseitig für sie Partei. Sie macht ihr auch keine Vorhaltungen, was sie alles falsch gemacht hat. Schuldgefühle sind für das Verständnis und die Bewältigung des Geschehens vollkommen unnütz.

Mit wenigen nüchtern und allgemein vorgetragenen Hinweisen zeigt Richardis ihrer Freundin auf, wie der Eklat und die große Wut hätten vermieden werden können. Schon bei den ersten Bosheiten Magdas hätte Lena nicht schweigen dürfen. Es hätte auch nicht viel gebracht, Magda über den Mund zu fahren; das hätte ihre Kampfeslust vielleicht erst recht angestachelt. Hätte Lena bei Magdas Angriffen in sich hineingehorcht und deren Wirkung wahrgenommen, anstatt sie zu überhören, hätte sie zu Magda sogleich sagen können: „Hör mal, ist dir klar, dass du mich jetzt gerade verletzt! Willst du das wirklich?“ Damit hätte sie ihre Gefühle und ihre Verletzbarkeit zeigen können – ein mutiger Schritt, der aber genau in die Richtung jener Vorgehensweise zielt, nach der Lena unbewusst gesucht hatte, ohne sie zu finden: nicht Stärke und Lust an der Bosheit an den Tag zu legen wie Magda, sondern geradewegs das Gegenteil. In einem weiteren Schritt hätten sich die beiden dann über ihre Vorstellungen von Freundschaft austauschen können, über das, was sie sich in ihrer Beziehung wünschen und was sie nicht haben wollen. Dabei hätten sie einander auch erlauben können, Bitten auszusprechen. Und später hätten sie einander vielleicht sogar dabei unterstützen können, die Motive für Magdas Angriffslust und Lenas Schweigen zu entdecken.

Da aber Lena ihre Empfindungen nicht mitteilen konnte, musste sie sich verhärten; ihr Panzer war das Schweigen. Als sie es dann in diesem Panzer nicht mehr aushielt, sprengte sie ihn mit jenem Brief, den Magda nicht mehr verstehen konnte. Briefe sind ganz allgemein eine untaugliche Möglichkeit, um Konflikte zu lösen. Das festgeschriebene Wort kann nicht wie im Gespräch präzisiert, modifiziert und gegebenenfalls korrigiert werden; es wird in der Regel missverstanden.

Lena muss sich nun von Magda innerlich verabschieden – diese Geschichte ist beendet. Aber sie nimmt sich vor, sich künftig zur besseren Klärung ähnlicher Situationen eingehend mit Mediation zu befassen.

Wir sehen an diesem Beispiel unter anderem, dass es mit Meditation allein beim Umgang mit Wut nicht getan ist. Sie kann zwar zu ähnlichen Ergebnissen wie die Mediation führen, bis es jedoch so weit kommt, sind womöglich schon viele und vielleicht entscheidende Konflikte irreparabel vorbei. Im Übrigen weisen die beiden Herangehensweisen einige miteinander verwandte Züge auf: Beide sind durchaus pragmatische, nicht wertende Wege, die Ruhe und Aufmerksamkeit erfordern. Daher lassen sich beide auch parallel einsetzen, wobei sie einander unterstützen können.

Von einem anderen Aspekt her betrachtet: Wenn es gut und notwendig ist, das Schweigen zu kultivieren, wie es in der Meditation geschieht, so gilt dasselbe auch für das Reden, den Umgang miteinander, wie es die Mediation anstrebt. Einen wertvollen Ansatz für die Mediation bietet hierbei die von Marshall Rosenberg (siehe: Hösl 2006) entwickelte „Gewaltfreie Kommunikation", die ich an dieser Stelle noch kurz andeuten möchte. Im Gespräch mit Lena ist Richardis nach dieser Methode vorgegangen. Sie zielt auf eine Sprache der Verständigung auf der Basis von Mitgefühl und Achtsamkeit (hier wie im Folgenden: Hatlapa, S. 18–21). Die Methode geht davon aus, dass die heftigen Empfindungen, die in einem Konflikt entstehen, von Bedürfnissen herrühren, die in dieser Situation nicht befriedigt werden. In ihrem Urlaub sind vermutlich Lenas Erwartungen und Vorstellungen von Freundschaft von Magda geradezu ins Gegenteil verkehrt worden. Wenn Lena beispielsweise dachte, Freunde würden in der Not einander beistehen, so wurde ihr hier eine solche Not sogar durch die Freundin selbst bereitet.

Wenn Bedürfnisse nicht gestillt werden, so wird dies über die dabei aufkommenden Gefühle wahrgenommen. Diese beeinflussen die Art und Weise, mit der Situation umzugehen; negative Gefühle lassen Umgangsweisen entstehen, die schon von diesem Ansatz her zum Scheitern verurteilt sind. Man kann sich noch so sehr an seine Strategien klammern – statt einer gelösten entsteht nun zunehmend eine Leidenssituation.

Um besser damit umzugehen und um diese Gefühle vielleicht gar nicht erst aufkommen zu lassen, gilt es zunächst, die Situation und ihre Umstände möglichst sachlich und genau in den Blick zu nehmen. Dazu gehört auch die Beobachtung des eigenen Verhaltens. Wichtig ist sodann, diese Situation und die durch sie ausgelösten Gefühle zu benennen. In einem weiteren Schritt ist zu klären, welche Bedürfnisse hinter diesen Empfindungen stehen; zum Beispiel die Sehnsucht nach Geborgenheit, Konfliktfreiheit, Sicherheit, Beistand in der Not, oder was auch immer. Wenn auch diese Bedürfnisse konkret benannt sind, lassen sich Brücken zu deren Erfüllung bauen. Ein ausgesprochener Wunsch, eine Bitte, ein signalisiertes Entgegenkommen können eine solche Brücke sein.

Der Mediator wird zuhörend und nachfragend mithelfen, die Gefühle und Bedürfnisse deutlicher zutage treten zu lassen. Er wird, wo es nötig ist, grundsätzlichen Respekt im Umgang miteinander einfordern. Dies wird mitunter besonders nötig sein, wenn die Beteiligten einander ihre Bedürfnisse mitteilen.

Mit der Zeit wird es sogar gelingen, in sich selbst einen „inneren Mediator" aufzubauen. Dieser kann dann akut auftretende Problemsituationen sofort wahrnehmen und entsprechend damit umgehen. Dies wäre dann ein Vermögen, das ähnlich hoch einzuschätzen ist wie die Fähigkeit, in stetig tiefer innerer Ruhe und Achtsamkeit zu meditieren.

Wut und Hass zählen neben der Gier und der Selbsttäuschung zu den dunkelsten und giftigsten Wolken, die Freundschaften trüben und zerstören und das Klare Licht verdunkeln können. Das Licht der Freiheit und des inneren Friedens ist durch geeignete und tiefgehende Übungen und Strategien erreichbar. Die Auflösung von Wut ist grundsätzlich möglich.

Meditation und Mystik

Wahrlich,
durch das Gedenken an Gott
werden die Herzen still.

Koran 13,28

Ich schöpfe Wasser,
ich trage Holz:
Wie wunderbar.

Luise Rinser

Ein gebildeter Herr begibt sich auf eine Reise durch Japan. Er versäumt es nicht, ein Zen-Kloster aufzusuchen. Es gelingt ihm, einen Blick in die Meditationshalle zu werfen. Da sitzen die Mönche auf ihren Bodenmatten, aufgereiht vor den Wänden, denen sie das Gesicht zuwenden. Sie bewegen sich nicht, ihre Hände bilden eine Schale im Schoß. Einheitlich in einfache dunkle Gewänder gehüllt, verharren sie in tiefem Schweigen.

Schnell erfasst der Herr die Situation, und schon wendet er sich wieder ab. Beim Verlassen des Klosters sagt er zu seinem Begleiter: „Ach, wie dröge!"

Der gebildete Herr war es gewohnt, unablässig seinen Verstand arbeiten zu lassen und diese Arbeit in Worte zu fassen. Das Schweigen der Mönche empfand er deshalb als befremdlich, überflüssig und unproduktiv; das konnte er nicht gutheißen. Eingedenk seines eigenen rastlosen Tätigseins hätte er sich das Nichtstun der Mönche niemals erlaubt. Somit schwankte sein Empfinden beim kurzen Anblick der Mönche zwischen Belustigung und Verachtung; natürlich nur in einem eher kleinen Maß, denn die gebotene Situation hatte ihn nicht sonderlich tief berührt.

Hätte er gewusst, dass diese Mönche all ihre Tage, Wochen und Jahre über viele, viele Einheiten hin immer nur so dasitzen und schweigen, er hätte es nicht verstanden und sich vielleicht sogar zu scharfer Kritik genötigt gefühlt. Die damit verbundenen körperlichen Mühen hätte er als sinnlos empfunden. Hätte er aber ferner gewusst, dass sich diese Mönche in ihrer Meditation in höchster geistiger Wachheit und Konzentration befinden, wie sie erst in tiefer innerer Ruhe möglich ist; hätte er ferner gewusst, dass die extreme Aktivität des Gehirns in einer solchen Situation physikalisch messbar ist; dass sich hier die beteiligten Neuronengruppen in einer Weise verbinden können, die ansonsten unzugängliche Erfahrungen von Einheit und Zeitlosigkeit und somit den Nachweis der Existenz solcher Phänomene ermöglicht; es hätte dies seine Vorstellungskraft, sein gewohntes Denken und Fühlen gesprengt.

So aber hatte der gebildete Herr buchstäblich nichts gesehen.

Dabei gibt es in seinem westlichen Kulturkreis sogar einen Begriff für die Erfahrung der Mönche: Es handelt sich demnach um Mystik. Den Mönchen dürfte eine solche Kennzeichnung eher gleichgültig sein; dem gebildeten Herrn könnte sie jedoch eine Brücke bauen, die ihm den Zugang zu dieser Erfahrung ermöglicht – vorausgesetzt, er würde sich diesem Zugang ohne Vorurteile nähern.

Für rein rational orientierte Menschen stellt dies eine Schwierigkeit dar. Der Begriff der Mystik erscheint ihnen verschwommen und doppelbödig. Zudem wird er vielfach in dubiosen religiösen Strömungen missbräuchlich verwendet. Besonders in der christlichen Theologie gibt es eine große Skepsis gegenüber der Mystik. Das zentrale Argument ist dabei, es sei ein Irrtum der Mystik, in der Transzendenz aufgehen, sich mit ihr verschmelzen, mit ihr eins werden zu wollen. Es sei nicht hinnehmbar, wenn sich das Ich des Menschen dabei auflöst. Gott selbst habe den Menschen in die Freiheit eines eigenen Ich gesetzt, zu dem Er ein Du ist. Dabei ist natürlich Gott in diesem Gegenüber von Ich und Du der unendlich Größere.

Diesen Einwänden möchte ich mit einem einfachen Hinweis begegnen. Wenn Gott die Liebe an sich ist, oder besser gesagt, wenn er reines Lieben ist, so kennt dieses Lieben eben beide Qualitäten: das aufrechte Gegenüber geradeso wie das Miteinander und darin auch die vollkommene Verschmelzung.

Nun gut, etlichen Theologen mag die liebende Verschmelzung vielleicht nicht allzu bekannt sein.

Die Vereinigung mit dem Göttlichen muss darüber hinaus keineswegs auf der Ebene einer Theorie oder einer Hypothese diskutiert werden. Für spirituell orientierte Menschen insbesondere im indischen Kulturkreis, aber auch bei islamischen Sufis oder bei christlichen Wüstenvätern, Mönchen und Nonnen ist sie vielmehr eine *Erfahrung*, eine Tatsache. Es handelt sich dabei dem Philosophen Hermann Graf Keyserling zufolge um „das Dasein einer Bewusstseinslage, die das Auffassen von Wirklichkeiten ermöglicht, welche den durchschnittlichen Westländer nicht berühren."

Worum handelt es sich näherhin bei dieser „Bewusstseinslage"? Was nun ist denn Mystik?

Ich möchte versuchen, eine kurze Bestimmung dieses Begriffs vorzunehmen. Etliche Gedanken hierzu verdanke ich dem Religionswissenschaftler Michael von Brück.

Mystik ist das Entdecken und Erleben einer verborgenen Wirklichkeit, einer tiefen Wahrheit, einer Weisheit. Die Entdeckung ist möglich, da, wie der Kirchenlehrer Bonaventura sagt, der Mensch neben dem leiblichen und dem Vernunft-„Auge" noch über ein drittes Auge verfügt, nämlich das der Kontemplation. In diesem Vorgang ist auch der Weg enthalten, der zu jener

Wahrheit führt. Sie kann auf verschiedene Weise erlebt werden: in einer tiefen Innenschau, einer Begegnung, einer Ekstase … und auch in einer Verschmelzung, die die Spaltungen und Zerrissenheiten des bisherigen Daseins auflöst. Das Erleben der Einheit hinter aller Vielheit ist tatsächlich das zentrale Geheimnis (griech.: mysterium) der Mystik. Es ist im Letzten die Einheit des Menschen mit Gott, mit Christus oder mit dem allem innewohnenden Wesensgrund, der Buddhanatur. Insofern ist Mystik eine Grenzüberschreitung.

Doch es wäre ein Missverständnis zu meinen, die mystische Wahrheit würde einen Bruch mit alten und herkömmlichen Wahrheiten bedeuten. Ein solcher Dualismus hätte eine vielleicht noch größere Spaltung und Zerrissenheit zur Folge, als sie vor der Erfahrung dieser Wahrheit bestand. Auf die Theologien eines Paulus und eines Augustinus hatte dieser Dualismus verhängnisvolle Auswirkungen. Aber von Christus selbst her kann es nicht darum gehen, mit den alten Wahrheiten zu brechen, sondern darum, sie zu erfüllen (Matthäus 5,17). Es geht also um die *Integration* von herkömmlicher mit neu entdeckter Wahrheit. Wer demnach aufgrund eines mystischen Erlebens meint, mit seiner Vergangenheit total brechen und diese hinfort verachten zu müssen, hat die umfassende Bedeutung und Geltung der mystischen Wahrheit noch nicht allzu tief erkannt. Der alte Schlendrian ist damit jedoch natürlich nicht legitimiert. Wie von selbst wird sich dieser mit der Zeit aus dem Leben des Übenden zurückziehen.

Das mystische Erlebnis lässt sich sprachlich nicht wiedergeben, da es ein ganz und gar unmittelbares Geschehen ist. Es kann aber mit Bildworten wie „Licht“, „Meer“ oder „Wüste“ umschrieben werden. Ein solches Wort, oder ein einfacher Gegenstand, ein plötzlich eintretendes Ereignis, eine Not oder auch das Spiel zweier Liebender (sanskr.: bakhti) kann das mystische Erleben auslösen. Der Königsweg aber zur Erfahrung von Mystik ist die Kontemplation oder Meditation.

Wer diesen Weg gehen will, übt sich zunächst in eine Haltung ein, die der deutsche Mystiker Heinrich Seuse mit „innerer Gelassenheit“ umschreibt. Die Gelassenheit führt zur Befriedung der Seele. Wenn ich mich als Übender um diesen inneren Frieden bemühe, kann Friede entstehen, der schließlich zu einer Erscheinungsform der Einheit wird.

Das friedvolle, ruhige Verweilen (shamatha) löst diese Spannung in und zwischen Körper und Geist; das Erlebnis der Einung mit Gott (die Einheit selbst ist immer schon bereits gegeben) setzt das Einswerden von Körper und Geist voraus. Dieser ruht nun in sich und kann sich hellwach, ungeteilt, aufmerksam und achtsam auf das jeweilige Objekt der Meditation konzentrieren. Dabei denkt er nicht; er schaut. Wenn sich Störungen einstellen, erkennt er sie – und bleibt er doch der Bestimmende, der Richtungweisende. Schließlich gelangt er zu jener höheren Einsicht (vipashyana), die er sich erschließen wollte und die ihm bislang verborgen war.

Im Folgenden möchte ich nun darstellen, was in einer Meditation konkret vor sich geht. Das Gebotene kann teilweise als Praxisanleitung eingesetzt werden. Vor allem möchte ich hier jedoch etwas von der „Atmosphäre" des meditativen Geschehens vermitteln.

Fang einfach an!

Fang *einfach* an; zum Meditieren braucht es keine großartige Ausrüstung. Suche dir eine ruhige aufgeräumte Ecke in deinem Zimmer oder einen stillen Winkel in der freien Natur. Vielleicht hast du eine Figur oder ein Symbol in deine Ecke gestellt, eine Kerze oder Räucherwerk entzündet – das ist schön, aber es geht auch ohne diese Mittel. Schalte Handy und Tonträger aus und grelle Lampen. Nimm dir einen Stuhl oder eine Matte, einen alten, kleinen Teppich, und mach es dir darauf bequem. Du kannst auch ein Kissen nehmen oder ein paar Handtücher so zusammenlegen, dass die Sitzhöhe passt.

Wenn du mit gekreuzten Beinen sitzen willst, achte darauf, dass die Knie nicht allzu hoch in der Luft stehen. Dies lässt sich ohne Verkrampfung durch die Sitzhöhe regulieren.

Bevorzugst du den „Fersensitz", mit den Knien auf dem Boden, so kann sich in der ersten Zeit ein Schmerz an den Knöcheln einstellen. Dies sollte dich nicht beunruhigen; mit der Fortdauer der Sitzungen vergeht dieser von selbst.

Jetzt sitzt du also. Der Platz ist hergerichtet; nur du selber fehlst noch. Richte nun deinen Oberkörper mit jedem Einatmen ein wenig weiter auf. Lass dies ganz natürlich geschehen, ohne Anstrengung, nicht gewaltsam; befiehl deinem Leib nichts. Schließlich erreichst du eine gerade, aufrechte Haltung.

Die Füße sind fühlbar auf dem Boden, der Oberkörper ruht auf dem Becken, der Kopf setzt die gerade Linie des Oberkörpers fort und ruht auf ihm. Die Hände liegen ruhig auf den Oberschenkeln oder bilden eine Schale im Schoß oder knapp unterhalb des Bauchnabels.

Nun kannst du die Stabilität noch weiter einstellen. Mit dem Oberkörper schwingst du dich langsam ein in die Form einer kleinen liegenden Acht. Vergiss, dass die liegende Acht ein Symbol für Unendlichkeit ist; vergiss all deine Gedanken. Lass auch sie zur Ruhe kommen.

Das Kreisen kommt allmählich zum Stillstand. Nun ruhst du in dir.

Vielleicht hast du von vielen anderen Meditationsformen gehört und etliche davon ausprobiert: Yoga, Kontemplation, Bildbetrachtung, Qui Gong, Rebirthing und Zen; vor lauter Angeboten kennst du dich gar nicht mehr aus und kannst nicht sagen, was denn nun die dir am ehesten gemäße Form ist. Lass all das einfach beiseite und versuche, eine Art *Urform* des Meditierens zu finden. Nimm diese Form, das einfache Sitzen ein. Vorbereitende Übungen, Einleitungen, Techniken, Abschlüsse, Methoden der Verfeinerung – all das kommt später, wenn es angebracht ist, auf natürlichen Wegen. Wie von selbst werden sich diese dir erschließen, und sie werden dir rechtzeitig mitgeteilt.

Auch der Fortgeschrittene tut nichts anderes, als immer wieder so diesen seinen Sitz einzunehmen.

Mit dieser Grundhaltung bist du nun bereits ein Teil der Gemeinschaft der Übenden geworden.

Als Nächstes nimmst du sehr wahrscheinlich die eine oder andere Verspannung wahr. Korrigiere sie in aller Ruhe; löse sie beim Ausatmen. Mit den Füßen stimmt etwas nicht, die Schultern sind angezogen; korrigiere das, und lass den Atem dabei mitwirken. Aber zupf nicht an dir herum, hör auf, dich zu kratzen, lass die Hände ruhig liegen: Beruhige dich, zähme dich. Achte besonders auf den Kopf. Löse alle Verbissenheit, öffne Lippen und Zähne ganz leicht, das bringt viel. Lass auch die Augen in dieser Leichtigkeit halb geöffnet und richte den Blick vor dir auf den Boden. Lass deinen Blick ruhen.

Überprüfe im weiteren Verlauf von Zeit zu Zeit deine Körperhaltung.

Mit dem Herrichten des Körpers ist deine Aufmerksamkeit bereits aktiviert und zielgerichtet. So wende dich nun noch intensiver deinem Atem zu. Fang einfach nur mit dem Atem an, der gerade da ist. Nimm wahr, wie er leise kommend und gehend die Nasenflügel passiert. Wenn er flach ist oder gehetzt, wird er von selbst tiefer. Du musst ihn nicht steuern, dehnen oder hyperventilieren. Du musst ihm nicht auf die Sprünge helfen; eher möge er dich leiten. Lass ihn nur ruhig kommen und gehen, kommen und gehen, das genügt.

Atme einfach nur und atme und sitze und sitze.

Wenn die Unruhe in dir nicht weichen will und dies die ganze Übung beeinträchtigt, dann atme eine Zeit lang länger und intensiver aus, das wird dich beruhigen. Wenn du müde bist, atme länger und intensiver ein, das wird dich erfrischen. Wenn die Gedanken einfach nicht weichen wollen – du merkst es vielleicht daran, dass du die Hände oder die Augen nicht mehr ruhig halten kannst – zähle die Atemzüge: eins – ein, zwei – aus, drei – ein und so weiter. Gönne dir dabei zwischen den Atemzügen eine ganz kleine bewusste Pause. Oder: Visualisiere deinen Körper als einen in sich ruhenden Berg. Wolken ziehen heran – deine Gedanken. Lass sie nun einfach vorüberziehen.

Verfahre ähnlich bei deinen Empfindungen, auch wenn es sich dabei um sehr angenehme handelt.

Nicht alle Hindernisse, die sich dem Übenden in den Weg stellen, lassen sich sofort ausräumen. Im Gegenteil: Nach großen Anfangserfolgen in den ersten Wochen beginnt eine Art Feinarbeit, eine „Millimeterarbeit“ wie beim Erstellen eines Sandmandalas, die sehr lange dauern kann. Der Übende kann dies als Einladung sehen, seine Geduld zu schulen. Häufig treten anfangs beispielsweise Schluckbeschwerden auf. Speichel scheint sich literweise anzusammeln, das ständige Schlucken bringt die ganze Übung durcheinander. Alle möglichen Techniken (etwa, den Mund weiter zu öffnen) zeigen kaum oder keine Wirkung. Erst wenn du die Ursache des vielen Schluckens erkennst, das ständige Hinunterschlucken als Grundhaltung in deinem Leben oder das Schlucken aus Nervosität, haben die Beschwerden eine Chance, abzuklingen.

Zur Verfeinerung des Atems, zur Schulung deiner Aufmerksamkeit und Konzentration gibt es unglaublich viele Übungen. Sie wurden vornehmlich im tibetischen Buddhismus, im Shaolin-Kloster und im Yoga der Hindus entwickelt. Sie hier dazustellen würde den Rahmen dieses Kapitels sprengen. Wer sie kennenlernen möchte, möge dazu einen kompetenten Lehrer aufsuchen. Aber lass dir auch hier Zeit, und wähle sorgfältig aus. Vertrau zuerst auf deine eigenen Fähigkeiten, immer wieder gut anzufangen.

Lass deinen Atem von der Körpermitte aus geschehen. Deine Bauchdecke, die sich stetig hebt und senkt, kann Meditationsobjekt sein; wie der Atem selbst, oder die sanft schwingenden Nasenflügel. Wenn du dich einem Objekt zuwendest, dann beobachte nur; werte nicht und greife nicht mit deinem Verstand phantasierend oder korrigierend ein. Überlasse dich deinem Atem, deinem Objekt, und kehre immer wieder zu ihm zurück.

Wende nun deinen inneren Blick deinem Geist zu, dem Geist in dir. Schau ihn an. Vielleicht kannst du ihn als kleines Licht in dir visualisieren; oder knapp über dir; gerade so, wie es die Apostelgeschichte in der Bibel (2,3) andeutet.

Die Ruhe des Geistes stellt sich über das Bewusstsein ein. Im Bewusstsein deines Körpers, des Atems, der Augen und dessen, was sie tun, kann der Geist sichtbar werden: seine Position, seine Form und Gestalt, seine Farbe, seine Ausstrahlung.

Wenn du meinst, die Übung sollte zu einem Ende kommen, kannst du dein Meditationsobjekt mit einem Atemzug entlassen, um dann noch eine Weile still und ohne alles dazusitzen.

Übe, solange du willst, aber überfordere dich nicht. Zehn oder auch nur fünf Minuten können für den Anfang schon genügen. Wer eine ruhig und dunkel klingende Standuhr zu Hause oder einen Kirchturm in der Nähe hat, kann sich eine bestimmte Zeit vorgeben und die Übung dann mit dem Uhrenschlag beenden.

Das Eintauchen in die Meditation und ihre Ende können übergangslos geschehen. Wo sich aber ein rituelles Bedürfnis regt, wird sich eine entsprechende Geste, ein Ton, ein Gebet finden lassen. Oder wie wäre es mit einer Widmung? „Diese meine Übung widme ich dem Wohl der mir Nahestehenden, aller Menschen, aller Lebewesen …“ Eine solche Widmung könnte der Meditation einen nochmals eigenen Sinn verleihen.

Atme nur.

Fang einfach an.

Wir stellten es bereits fest: Meditation ist eine Langzeitmethode. Wer jedoch auf die eben beschriebene oder eine ähnliche Weise übt, wird auf Dauer nachhaltige Wirkungen wahrnehmen. Er wird entspannter und geduldiger werden und sich entsprechend verhalten. Er wird die Herausforderungen seines Alltags ruhiger angehen können. Die Herausforderungen wird es weiterhin geben. Manche davon, wie etwa ein Abschied, eine Tragödie oder der Tod eines Nahestehenden werden ihn erschüttern und womöglich noch tiefer als vorher mit Trauer erfüllen und vielleicht sogar in seiner Existenz bedrohen; wissend und bejahend, dass auch all dies seine Zeit braucht, wird er sie bestehen.

Zu schön sei das alles, um wahr zu sein? Jedoch, um nichts Geringeres geht es: mit der Meditation dem Leben eine neue, bisher unbekannte Tiefe zu geben und so ein anderer Mensch zu werden.

Meditation ist eine Schulung des Geistes. In geübtem Schweigen lässt dieser sich formen. Er lässt sich befreien von den Wolken, den Schleiern und Grundgiften, die ihm die Sicht auf das Göttliche, auf das Klare Licht verstellen. Die oben aufgeführten Wirkungen sind nicht Zweck der Übung an sich, sondern Effekte, die sich wie nebenbei und ganz von selbst einstellen. Die Schulung des Geistes aber bezieht den ganzen Menschen mit all seinen Tiefenschichten mit ein. Damit ist die Meditation weit mehr als nur ein angenehmes Gefühlsbad. Und sie ist alles andere als „dröge", sondern vielmehr eine harte Arbeit, die nicht enden will.

Auch die Meditation selbst ist nicht Zweck an sich, ja nicht einmal die Mystik ist es. Wer auf diesem Gebiet einem Zweck nachjagt, wird keinen Erfolg haben. Wer das Wunder der Erlösung sucht, indem er es ergreifen, herbeizaubern, erobern und beherrschen will, den flieht es nur.

Und wenn der Mensch selbst Zweck an sich ist, wie Kant meint, so gilt dies nur, insofern dieser Mensch Träger und Erforscher einer umfassenderen Wirklichkeit ist. Der bloße Ich-Mensch kann nicht Selbstzweck sein. Die ihn umfassende und durchdringende Wirklichkeit ist das, was „Gott" genannt werden kann oder was wir im Fortgang dieses Buches immer wieder als „Klares Licht" umschrieben und – wie ich hoffe – ein wenig kennengelernt haben.

Wenn nun auch der bloße Ich-Mensch kein Selbstzweck ist, so ist er doch ein soziales (und Albert Camus würde hinzufügen: ein sterbliches) Wesen. Übt er immer nur ganz alleine für sich, wird er damit nicht weit kommen. Deshalb tut er gut daran, sich einer seriösen Gruppe oder Sangha anzuschließen, mit der er übt und mit der er den Worten eines kompetenten, wenn nicht gar vollendeten Lehrers lauscht.

Glaubst du noch an Gott?

Lass alsobald die Dinge ruhen und schwinden,
entweiche in ein kühles Land,
in das Nu der zehntausend Jahre,
in die Leblosigkeit kalter Asche und eines dürren Baumes,
in den Weihrauchduft eines alten Grabes,
in einen Faden weißer Seide...
vorweggenommen in ein Haus aus Licht.

Keizan / Marie Luise Kaschnitz

Zum Schluss dieses Buches also, am Ende aller Ausführungen – diese Frage. Es könnte ja durchaus sein, dass sie die Triebfeder all meines Übens und Nachforschens war; ich weiß es nicht mehr. Die Größe dazu hätte sie.

Dass sie sich nicht einfach so übergehen und abtun lässt, wird auch daran deutlich, dass sie mir immer wieder gestellt wird. Sehr aufmerksame Leser haben vielleicht bemerkt, dass ich sie bisher nicht eindeutig beantwortet habe. Also: Glaube ich nun an Gott – oder nicht? Kann ich in Anbetracht all dessen, was mir von der Lehre des Buddha aufgegangen ist, noch an Gott glauben?

Was zunächst das „Glauben" betrifft: Diese Problematik wurde an früherer Stelle, im Kapitel zu „Buddhismus und Christentum" bereits erörtert. Demnach folge ich der buddhistischen Interpretation des Glaubens als einer An-Schauung. Dies geht über die Auffassung vom Glauben als einem bloßen Für-wahr-Halten weit hinaus. Es stellt eine Verbindung zwischen Glauben und Schauen her und weist auf das Ziel der vollendeten Schau hin. Das An-Schauen bezieht das An-Denken, also den Akt der Vernunft, mit ein.

Wenn ich unter Glauben näherhin die Übung verstehe, also die Meditation und die Übung des gesamten Alltags, in der ich meine Anschauung in Bezug auf eine absolute Wirklichkeit hin erweitern und vertiefen und somit auf Wahrheit hin korrigieren kann, dann kann ich diesen Begriff weiterhin gelten lassen. Wenn Glaube aber eine blinde Übernahme von vorgegebenen Glaubenssätzen ist, die zur Wirklichkeit des Alltags kaum erhellende, überzeugende oder gar lösende Hinweise geben können, oder auch: wenn die Rede vom Glauben von fundamentalistischen Kreisen besetzt und vereinnahmt ist, die sich das Recht herausnehmen, in das Leben von Menschen physisch und psychisch in verletzender Weise einzugreifen oder gar Menschen zu töten, dann ist dieser Begriff nicht mehr brauchbar.

Wenn ich also das „Glaubst du" in der Fragestellung auf- und annehme, dann nur im zuerst genannten Sinn.

Wenn ich etwas glaube, so räume ich damit ein, dass ich dieses „Etwas" nicht beweisen kann und dass es vielleicht sogar gänzlich unbeweisbar ist. Beweise sind ja ohnehin nur in den Bereichen möglich, die (natur)wissenschaftlich erfassbar sind. Von Gott muss ich annehmen, dass es sich dabei um ein Etwas handelt, das über die wissenschaftliche Erfassbarkeit weit hinausgeht. Demnach kann Gott oder eine Existenz Gottes nicht bewiesen werden, ja, sie kann nicht einmal ausgesagt werden. Ebenso kann damit auch eine Nichtexistenz Gottes weder ausgesagt noch bewiesen werden. Sollte ich dennoch ein Vorhandensein eines Etwas, das ich „Gott" nenne, annehmen, so kann dies grundsätzlich nicht auf der Ebene von Beweisen geschehen, sondern zunächst allenfalls auf der Ebene des Glaubens. Hinsichtlich dieser Anschauung gibt es damit keine Sicherheit und keine Gewissheit auf der Beweisebene. Ich kann sogar sagen: Alles, was ich beweisen kann, ist nicht Gott. Insbesondere die Naturwissenschaften haben sich mit ihren Beweisführungen große Verdienste darin erworben, Phänomene aufzuklären, die irrtümlich mit Gott oder einem Wirken Gottes erklärt worden sind.

Da sich aber Gott selbst von seinem Wesen her solchen Beweisführungen entzieht, sind diese für den Umgang mit ihm nicht geeignet.

Es ist aber nun nicht so, dass der Glaube hierzu die einzige Alternative darstellt. Wir sagten bereits, dass die Übung des Alltags so weit gedeihen kann, dass der Glaube in ein Schauen übergeht. Diese Schau der absoluten Wirklichkeit Gottes kann den Glauben an ihn ablösen, da sie mit ihrer Erlebnistiefe einen höheren Grad an Gewissheit aufweist. Hierzu sagt der Kirchenlehrer Thomas von Aquin: „Der Glaube ist ein Vorausverkosten jener Erkenntnis, die uns in der Zukunft glückselig macht."

Es ist jedoch sehr schwer, eine Schau auf ihren Wahrheitsgehalt hin zu überprüfen. Es fehlt hierzu, da es ja dabei um Gott geht, an hinreichenden Kriterien. Insbesondere sind Nachrichten von einer Schau Gottes als einem Massenphänomen mit großer Vorsicht zu betrachten. Die mystische Erfahrung einer Schau ereignet sich in der Regel in einem Individuum und ist als solche nicht übertragbar. Dies gilt sogar weitgehend für Erfahrungen generell. Diese Einsicht gewinnt wohl jeder, der einem Notleidenden zur Seite stehen will, indem er ihm die Erfahrungen mitteilt, die ihm selber bei der Bewältigung einer Not geholfen haben. Der mit solchen Mitteilungen Bedachte wird diese nicht ohne Weiteres auf sich und seine spezielle Situation übertragen können; er wird sie daher mehr oder weniger höflich ablehnen. Er muss die Einsichten, die ihm aus seiner Not heraushelfen, selber gewinnen. Er muss dazu seine althergebrachten Einstellungen und sein Verhalten gegebenenfalls von Grund auf ändern; nur dann können diese Einsichten authentisch wirksam sein.

Der Wahrheitsgehalt und die Echtheit einer mystischen Erfahrung erweist sich eher nicht an der Macht der Worte, mit der diese zum Ausdruck gebracht werden. Sie erweisen sich vielmehr daran, wie sich diese Schau auf das Leben des Betroffenen durch all seine Versuche und Irrtümer hindurch auf Dauer auswirkt. Etwas altmodisch gesagt: Letztes Kriterium für die Echtheit einer mystischen Erfahrung ist das Bemühen um eine stets gottgefällige Lebensführung, die daraus folgt. Dabei können die Attribute „gottgefällig“ und „menschenfreundlich“ nicht voneinander getrennt werden; sie bedeuten in der Praxis ein und dasselbe.

All dies bitte ich im Hintergrund zu behalten und mit zu bedenken, wenn ich nun auf die in der Überschrift gestellte Frage eingehe. Hierzu ziehe ich zunächst einen großen Kreis, und zwar indem ich auf mein ganzes bisher verbrachtes Leben zurückschaue. Das Fazit mag viele überraschen, die mich näher kennen: Weder als Kind, noch als Jugendlicher, noch als Erwachsener konnte ich jemals wirklich und richtig an Gott glauben. Und noch bis in die erste Entstehungszeit dieses Buches hinein hätte ich die diesbezügliche Frage nicht mit einem eindeutigen Ja beantworten können. Ich sage dies in ehrlichem Bemühen um äußerste Aufrichtigkeit; eine andere Herangehensweise als diese wäre angesichts unserer Fragestellung vollkommen sinnlos.

Kinderglaube kann durchaus echter Glaube sein; er war mir nicht vergönnt. Vielleicht blühte da etwas ganz tief im Verborgenen, eine Art Urvertrauen; eindeutig erschlossen hat es sich mir nicht. Gewiss, da gab es schon früh eine religiöse Sozialisation, und schon bald habe ich mich in meiner Kirche und in der Gesellschaft allgemein engagiert. Vielleicht war Gott überall dabei, für meine Wahrnehmung jedoch am ehesten als ein schier unlösbares Rätsel. Wie sollte ich diesem Rätsel je auf die Spur kommen? So chancenlos empfand ich mich, dass ich immer wieder die Lust daran verlor und lieber in den Tag hinein lebte. Die Religion existierte ja dennoch für mich weiter, ihre Impulse waren oft sehr schön, und die Fassade blieb als solche erhalten.

Als Erwachsener ließ mich die Frage nach meinem Glauben an Gott keineswegs los, wie es bei so vielen Freunden und Bekannten der Fall war. Aber all meine teilweise intensiven geistigen und geistlichen Bemühungen, das soziale Engagement, die Priesterweihe: Das waren alles nur Versuche zu glauben, Versuche, Gott zu finden, die ohne durchschlagendes Ergebnis blieben, obwohl es dabei etliche Sternstunden gab.

Mit fortschreitender Entwicklung – im Nachhinein lässt sich der ganze Verlauf durchaus als eine solche verstehen – konnte ich zwei ganz wesentliche Gründe für meinen Mangel an Glauben ausmachen.

Den ersten Grund konnte ich lange Zeit selber nicht so recht benennen, bis ich ihn bei Ludwig Wittgenstein (1997) gut formuliert und begründet vorfand. In unerbittlicher Konsequenz wurde dieser Philosoph nicht müde nachzuweisen, dass wir, insbesondere was transzendente Angelegenheiten betrifft, nichts mit *Gewissheit* aussagen können. Nicht einmal die Unabänderlichkeit des Todes ist demnach gewiss, denn niemand kann mit absoluter Gewissheit sagen, dass der Tod wirklich das totale Ende eines Lebens sei. Wir sprachen bereits davon: Was wir wissen, das wissen wir immer nur innerhalb bestimmter Sprachspiele, die auf Vereinbarungen beruhen. Ändern sich diese Sprachspiele, so ändert sich mit ihnen auch die Bedeutung der Wörter. Aus den Vereinbarungen und aus den Veränderungen ergeben sich verschiedene Grade einer Gewissheit. Diese gilt jedoch allenfalls im Rahmen des jeweiligen Sprachspiels. Selbst wenn wir damit alle möglichen wissenschaftlichen Fragen beantworten könnten, so würde dies nicht zwingend bedeuten, dass damit unsere Lebensprobleme berührt oder gar gelöst wären.

Was nun Gott betrifft, so haben wir zwar dafür ein Wort – aber wir wissen nichts von ihm. Wenn etwas den Anschein hat, Gott zu sein, so folgt daraus nicht, dass dieses Etwas auch wirklich Gott ist. Wer also von Gott redet, begibt sich damit auf einen sehr schwankenden Boden. Auf solch unsicheres Gelände sollte ich mein Leben bauen? Es auf einen Unsichtbaren und Unbekannten ausrichten? Das wollte mir partout nicht einleuchten.

Andere religionskritische, auf ein Nichtvorhandensein oder auf einen Tod Gottes zielende Ansätze wie jene von Feuerbach, Nietzsche und Freud sind gewiss ebenfalls beachtenswert. Sie berührten mich jedoch nicht allzu sehr, weil man sich an einer Beweisführung für die Nichtexistenz Gottes ebenso die Weisheitszähne ausbeißen kann wie an einem Beweis für seine Existenz. Aber Wittgensteins Vermögen, auch nur jeden Anflug von Gewissheit als unhaltbar auseinanderzunehmen – das konnte ich nicht außer Acht lassen. Und damit wurde mir ein Glaube an Gott verbaut.

Der zweite Grund für meinen Mangel an Glauben hängt, wie wohl bei allen Menschen, mit meinem familiären Hintergrund zusammen, und was mich betrifft: mit meinem Vater. In unserem westlichen Kulturkreis ist es ja so, dass die Väter das Bild, das sich Kinder von Gott machen, entscheidend mitprägen können. Ein harter und strenger Vater wird in seinem Kind die Vorstellung von einem ebensolchen Gott hervorrufen; es wird möglicherweise an dessen überzogenen Forderungen scheitern. Ein weicher Pappi hingegen, der Situationen wie rohe Eier behandelt und klare Entscheidungen scheut, kann im Kind die Vorstellung eines nichtssagenden Gottes fördern, der kaum Konturen aufweist. Ist ein Vater ein Trinker und womöglich auch noch gewalttätig, so kann daran das kindliche Bild von einem guten Gott irreparabel zerbrechen. Bei solch einer zerstörerischen Übermacht mag es wohl am besten sein, nach Möglichkeit möglichst schnell und für immer das Weite zu suchen. Gewiss gibt es andere Adressen, wo sich Gott von einer besseren Seite zeigt.

Mein eigener Vater aber war ein armer und zärtlicher Mann. Mit dieser meiner Wahrnehmung war ich ihm bedingungslos ergeben. Seine Autorität stand für mich vollkommen außer Frage. Seine berufsbedingte Abwesenheit baute mir eine Brücke zum unsichtbaren und doch nicht fern scheinenden Gott. Ohne also stets präsent zu sein, schienen beide dennoch auf geheimnisvolle Weise die Geschicke unserer kleinen Familie zu lenken.

Nun ergab es sich aber, dass mein Vater allzu früh verstarb. Ich befand mich damals in der Phase der Pubertät – jener Zeit der aufbrechenden Körperlichkeit, der verwirrenden Gefühle und der Anfälligkeit für zweifelhafte Optionen, in der junge Menschen ihre Väter ganz besonders brauchen. Nicht durch Vorschriften, eher in gemeinsamen Unternehmungen können die Väter dabei Möglichkeiten und Wege der Orientierung aufzeigen.

Diese Aufgabe konnte mein Vater kaum noch wahrnehmen. Umso kostbarer ist mir heute die Erinnerung an die wenigen Ausflüge, die Gespräche, die uns vergönnt waren. Aber zuletzt erlebte ich über viele Monate hin nur noch einen sterbenden Vater, dessen Schwäche zu einer Ohnmacht geriet, an dessen

Ende der Tod stand. Der Tragweite dieses Vorgangs war ich mir natürlich nicht bewusst – wie sollte ich auch? Doch andererseits versetzte mich dies in die Lage, jene Zeit durchzustehen.

Meine Mutter hatte zu sehr mit ihrer eigenen Not zu tun, um mir da noch das Nötige an Trost und Hilfe gewähren zu können. Und die Verwandten, die Freunde, die Klassenkameraden und auch die Lehrer – sie begegneten mir in dieser Zeit scheu und zurückhaltend.

So kam es, dass ich im Gefolge meines toten Vaters, alleingelassen in einer großen Menschenmenge über den Friedhof zog. Es war wohl eine innere Schutzmaßnahme, dass ich dabei keine heiße Trauer empfand, eine Art Abwehrmechanismus. Stattdessen weiß ich noch wie heute, was damals in mir entstand und immer weiter und weiter wuchs: eine große Mauer aus Kälte.

Diese Kälte war allenfalls noch durchbrochen von der zaghaften Frage: Sollte er vielleicht doch noch leben? Würde er sich nicht sogleich erheben? Das kann, das darf doch nicht sein, dass er jetzt nicht mehr da ist!

Aber nein, da lag er ja, aus meinem Leben genommen, für immer unsichtbar geworden, nicht mehr da.

Nur die Erstarrung seines Todes, die hatte auch in mir Raum gegriffen.

Die Kältemauer war lebendig und obsiegte, sie wuchs und wuchs. Und so wandte ich mich, schweigend und als wäre nichts geschehen, den Dingen des Alltags zu.

Schon bald war mir der Vater fremd geworden. Er kam in meinem Leben nicht mehr vor. Es fand ja ohne ihn statt – und irgendwie war es mit Gott genauso. Auch er, in den ich ja Hoffnungen gesetzt hatte, war mir fremd geworden. Ich litt nicht einmal unter seiner Abwesenheit. Ich konnte ja auch ohne ihn ganz gut leben.

So vergingen die Jahre.

Irgendwann begann ich, regelmäßig und unter Anleitung zu meditieren. Von Anfang an spürte ich, dass diese Übung ungeheure Möglichkeiten in sich birgt, dass sie Unmögliches bewirken, Berge versetzen, Festgefahrenes und Feststehendes in Gang bringen kann. Aber wohin diese Reise führen würde, davon hatte ich keine Ahnung.

So verbrachte ich meditierend etliche Jahre, ohne dass es zu einem Durchbruch gekommen wäre, der mein Gespür bestätigt hätte. Aber danach drängte ich auch nicht. Schon die Witterung des Potentials der Meditation genügte, um die Übung Tag für Tag, Woche für Woche und Jahr um Jahr aufrechtzuerhalten.

Inzwischen war auch die Mutter gestorben, ein Freund, eine Freundin, Lehrer, Kollegen und Bekannte.

Dann aber, nach acht Jahren Meditation, kam es zu jenem Ereignis, von dem ich nun zu berichten habe. Zu dieser Zeit war ich innerlich gerade einigermaßen angeschlagen von ein paar privaten Enttäuschungen; nicht gerade durcheinander, aber doch deutlich verwundet – also nicht frei von gesteigerter Empfindsamkeit.

In dieser Situation fiel mir inmitten einer Meditation eine Episode ein, die ich schon längst vergessen hatte. Sie lag schon vierzig Jahre zurück. Ich sollte damals gefirmt werden. Und nun fiel mir ein, dass mein Vater damals mit einem Nachdruck, den ich sonst nicht bei ihm kannte, darauf drängte, mein Firmpate zu sein. Weil die Kirche für alle ihre Vorgänge mehr oder weniger sinnvolle Rechtsvorschriften haben muss, wurde ihm bedeutet, dass dies nicht möglich sei. Deshalb musste nun eine Art Strohmann gefunden werden. Dieser sollte nominell mein Firmpate sein, während bei der Firmung selbst mein Vater hinter mir stehen, die Hand auf die Schulter legen und mich bestärken würde.

So geschah es auch.

Als ich mir nun diese so lange zurückliegende Situation vergegenwärtigte, kam die Frage auf, warum mein Vater eigentlich diese Aufgabe an mir erfüllen wollte. Und nahezu gleichzeitig, in Sekundenbruchteilen, war die Antwort da: weil er mir in übergroßer Liebe zugetan und verbunden war. Wahrscheinlich ahnte er bereits, was wir damals alle nicht wussten: dass er bereits todkrank war und nicht mehr lange zu leben hätte und mir schon bald nicht mehr beistehen könnte. Deshalb also wollte er mir diesen Dienst erweisen, der mich über seinen Tod hinaus bestärken sollte.

Und jetzt erst, nach so langer Zeit, und nach etlichen Jahren geleiteter Meditation wurde mir dieser Vorgang bewusst. Jetzt erst konnte ich die Liebe meines Vaters spüren.

Ich spürte sie mit jeder Faser meines Leibes, spürte sie bis ins Innerste hinein, spürte sie in höchster Kraft und Dichte und Gegenwart; die Liebe eines immerhin schon vor Jahrzehnten verstorbenen und vergessenen Mannes.

Die Mauer in mir aber war mit einem Mal verschwunden, in diesem einen winzigen Augenblick.

Und damit wurde mir – wiederum gleichzeitig – klar, dass ich nunmehr tatsächlich sagen konnte: Ich glaube an Gott. Denn, wenn es eine Liebe gibt, die über so viele Jahre hin ganz unbeobachtet im Verborgenen lebt und dann bei ihrem Erscheinen immer noch ohne Abstrich, ja stärker denn je wirkt, dann kann das nur Gott sein. Die Liebe ist Gott, und mein Vater hat nichts anderes getan, als diese Liebe in reinster Form und in vollständigem Ausschöpfen seiner Möglichkeiten an mir zu erfüllen.

Eine weitere Erkenntnis vervollständigte nun diese tiefe Einsicht: Wenn ich Gott als Liebe wahrnehmen und spüren kann, dann muss sie in mir selbst voll und ganz vorhanden sein, weil ich sie ja sonst gar nicht erkennen könnte. Der heilige Franz von Assisi formuliert das so: „Die Tiefe der Menschenseele birgt unergründliche Kräfte, weil Gott selbst in ihr wohnt." Ich kann die Liebe meines Vaters sehen, weil ich nicht mehr blind für sie bin, und weil sie selbst in mir vorhanden ist. Von Trübungen der Wahrnehmung befreit, kann diese Liebe nun innen wie außen, im Menschen und in seiner gesamten Lebenswelt als die eine Liebe erkannt werden. Innen und Außen lösen sich diesbezüglich auf. Wenn die Kältemauer fällt, kann das Klare Licht der Liebe überallhin und ohne Ende fließen. Sie ist an nichts und niemanden mehr gebunden, und doch erscheint sie zugleich immer auch als Person.

Nach diesem Ereignis brachte ich die Meditation ruhig und friedvoll zu Ende. Aber ich will nicht verschweigen, dass nach der letzten Verneigung erhebliche Wasserströme geflossen sind – wie es eben so ist, wenn eine solche Mauer fällt.

Worum handelt es sich nun bei diesem Ereignis? Hat hier das „Große Erwachen", das berühmte *satori*, stattgefunden, von dem die Zen-Lehrer sprechen? Welche Fragen würde ein solcher Lehrer stellen, um die Tiefe dieser Erfahrung zu erkunden, und würde ich mit meinen Antworten bestehen? Oder, wie es Christen vielleicht ausdrücken würden: War es hier der Heilige Geist selbst, der sein alles durchdringendes Licht in die Dunkelheit und Kälte eines Menschen gebracht hat?

So verständlich es ist, diese Fragen zu stellen – abgesehen davon, dass sie nur mich selbst etwas angehen, ist es ganz irreführend, das Ereignis mit einem Erleuchtungsetikett zu versehen oder es stattdessen als ein zwar schönes, aber doch illusionäres Luftschloss abzutun. Es genügt, bei der Erfahrung an sich zu bleiben.

Zunächst, ein solches Ereignis braucht seine Reifezeit, bis es zustande kommt. Dass hierüber in meinem Fall acht Jahre vergehen mussten, könnte man kritisieren. Eine Psychoanalyse hätte vielleicht schneller Fortschritte erzielt. Psychotherapeutische Durchbrüche lassen sich allerdings, wie bereits erwähnt, mit spirituellen Ereignissen nicht gleichsetzen, schon aufgrund verschiedener Gewichtungen und Vokabularien.

Ein wesentlicher Aspekt in dem beschriebenen spirituellen Ereignis besteht darin, dass hierbei die Liebe aufgehört hat, Objekt zu sein. Sie wird nicht mehr als außerhalb meiner selbst wahrgenommen, so dass ich nach ihr suchen müsste. In meinem Vater und in mir ist sie sichtbar geworden; ich kann sie schauen. Sie zeigt sich in einem Subjekt (Nirmanakaya) und findet sich wieder in einem erkennenden Ich. Dies kann so weit gehen, dass ein Subjekt zu reiner Liebe findet und damit zu seinem ureigensten Selbst. Und damit erweist sich die Liebe als der alles tragende Seinsgrund.

Als Urgrund alles Seienden ist sie selbst ungeschaffen, anfangslos. Das Subjekt muss sich die Liebe nicht selber erschaffen. Sie ist schon da. Der Akt des Subjekts bezieht sich lediglich auf das Erkennen dieser Liebe. Dieser Akt erfolgt wie beschrieben in der Übung der Meditation. Wir können die Meditation als den Königsweg allen Erkennens bezeichnen. Und da es sich in meinem Fall um eine Meditation im Geist der Lehre des Buddha handelt, will ich mich nicht scheuen, nun eine sehr massive Formulierung vorzunehmen: Für mich schließt sich hier ein Kreis von ungeheurer Tragweite. Denn ich kann sagen: Ohne die buddhistische Methode und Weisheit der Meditation hätte ich niemals zur Erkenntnis dieser Liebe, zu Gott also gefunden. Versöhnung der Religionen: Hier in diesem Akt des Erkennens, im Zusammenspiel von Rede von Gott und Lehre des Buddha, hier hat sie stattgefunden, und hier geschieht sie.

Im Folgenden will ich nun einige Wirkungen beschreiben, die der geschilderte Vorgang in mir ausgelöst hat. Zunächst: Nach langer, langer Zeit habe ich meinen Vater wiedergefunden. Christen sind es gewohnt, immer nur an den „verlorenen Sohn“ in der Bibel zu denken. Wer aber spricht von den verlorenen Vätern? Wer spricht von den Frauen aus den Schichten der Armen etwa in Südostasien, Indien oder Lateinamerika, die sich auf einen Mann eingelassen, ihm vertraut haben – und dann von ihm im Stich gelassen wurden, weil er sich der Verantwortung nicht stellen mochte? Was ist mit den Kindern, die ihre Väter durch einen Unfall, im Krieg oder in der Hölle einer Sucht verloren haben oder, wie in meinem Fall, durch eine schwere Krankheit?

Christus selbst schreit am Kreuz nach seinem verlorenen Vater und stellt sich damit in eine Reihe mit den verlassenen Kindern, die es immer schon gab.

Unzählige Tragödien spielen sich hier weltweit Tag für Tag ab, ohne entsprechend beachtet zu werden. Die Rede von der „vaterlosen Gesellschaft“ ist zu einer veralteten Floskel geronnen und wäre doch aktueller denn je. Unglaublich viel gibt es hier zu tun. Dass es mir vergönnt war, meinen Vater nach so vielen Jahren wiederzufinden, dass ich seine Liebe heute erneut spüre, dass auch ich ihn lieben und auch um ihn trauern kann – das möge ein kleines Licht der Hoffnung für die Betroffenen schaffen.

Die Rückkehr des verlorenen Vaters ist allerdings an eine Bedingung geknüpft, die nicht leicht zu erfüllen ist. Wer seinen Vater oder seine Mutter verloren hat und wiederfinden will, der muss auch den Weg, die Art und Weise annehmen und bejahen, wie dies geschieht. Ein verstorbener Vater kann nicht einfach von den Toten auferstehen. Aber es gibt andere Mittel und Wege, wie er in einem Hinterbliebenen wieder lebendig werden kann.

Ein besonders schwer annehmbarer Weg ist die Versöhnung, die gegebenenfalls vonnöten ist, um auszuräumen, was oftmals zwischen dem Vater oder der Mutter, der Tochter, dem Sohn steht. Oftmals haben ja Eltern oder Kinder Schuld auf sich geladen, und mitunter braucht es zur Versöhnung eine lange Zeit.

Wie wichtig aber ein solcher Prozess wäre, ist aus der zweiten Wirkung zu entnehmen, die ich auf die Rückkehr des Vaters hin feststellen kann. Sie besteht in der klaren Wahrnehmung, dass mit diesem Ereignis ein entscheidender Schritt hin zu einem ganzen Menschen erfolgt ist. Was gespalten, abgetrennt, vermauert und verloren war, ist nun wieder vereint. Was in mir kalt und fremd war, ist vergangen und einem Grundgefühl von Nähe und Vertrautheit gewichen. Dass mich der Weg der Meditation dorthin geführt hat, ist ein unerwartetes Resultat. Denn ich wusste ja nicht, wo der tiefste Grund dafür lag, der es verhindert hatte, ein ganzer Mensch zu sein. Ob jemand nun diesen Weg oder eine Therapie oder auch andere Wege beschreitet, um diesen Grund zu finden – wichtig ist, dass er sich für den Betreffenden eignet und dass er qualifiziert begleitet wird.

Eine dritte Wirkung besteht darin, dass ich nun tatsächlich an Gott glauben kann. Dies geschieht, indem ich die Liebe als die universal gültige Gewissheit anerkenne, die vor Wittgensteins zutreffendem Urteil über die Brüchigkeit und Relativität aller anderen Gewissheiten Bestand hat. Diese Anerkennung ist möglich, weil aus der bloßen gläubigen An-Schauung die Erfahrung einer echten meditativen Schau geworden ist. Die Liebe darf allerdings – im Sinne des eingangs zitierten Erich Fried – mit nichts anderem verwechselt werden, etwa mit einer Gefühlsaufwallung oder mit der Romantik; diese sind lediglich einige ihrer Kleider. Das Klare Licht dieser Liebe überstrahlt nicht nur alles andere, es durchstrahlt es auch. Es ist nicht außerhalb des Menschen, es ist in ihm, und gewissermaßen ist es ich selbst. Es war immer schon da, in mir ebenso wie in meinem Vater. Es ist von Dauer, da es ohne Zeit ist. Das Klare Licht ist Gott, ist die Liebe.

Die vierte Wirkung bezieht sich auf das gesamte Feld der Gestaltung meines alltäglichen Lebens. Es ist nicht mehr nötig, sich in irgendeiner Weise hervorzutun und zu positionieren, etwa durch ein Amt, einen Titel oder eine Rolle. Es geht nur noch darum, weiter zu üben; seine Arbeit zu verrichten; die Aufgaben anzugehen, so wie sie sich stellen; und dieses „Gehen“ schauend zu durchdringen und zu gestalten. Dazu genügt es bereits, in aller Stille zu „leuchten“, und dies dürfte dem Klaren Licht sogar am ehesten gemäß sein.

Es ist auch nicht mehr nötig, irgendeinem Ziel nachzujagen, es sei denn, dem erkannten Ziel gerecht zu werden und es stets von Neuem zu erfüllen. Etwas orakelhaft, aber zutreffend sagt Martin Luther hierzu: „Wenn nicht wird, was wir wollen, wird kommen, was besser für uns ist.“

Sodann ist es nun auch nicht mehr nötig, sich mit allen möglichen Konsumartikeln zu umgeben. Dabei muss ich nicht zwanghaft auf alles verzichten. Aber es wäre ein Trugschluss zu glauben, mit all den schönen Dingen würde sich der Wunsch erfüllen, glücklich zu sein. Hierfür genügt bereits ein ganz einfaches Leben, das ursprüngliche Zugänge zu den Quellen und Abläufen des Daseins ermöglicht.

Und schließlich ist es nun auch nicht mehr nötig, sein Dasein einfach nur so laufen zu lassen, was nur dazu führt, dass vermeintlich stärkere Mächte versuchen werden, sich dieses mein Dasein zu unterwerfen. Es ist vielmehr möglich, sein Leben mit klaren Widmungen zum Wohl der Menschen und aller Lebewesen zu versehen, etwa durch ein Engagement in sozialen Brennpunkten oder im Bereich von Umwelt und Natur.

All diese Abklärungen zwischen dem „Es ist nicht nötig“ und „Es genügt und ist möglich“ umschreiben genau das, was der Buddha mit seiner Lehre vom „Weg der Mitte“ meint.

Schlusswort

Oh! Schon aus?, sagen Kinder oft, wenn der letzte Satz einer Geschichte verklungen ist. Fast geht es mir genauso. Das Jahr, das ich diesem Buch gewidmet habe, soll schon zu Ende sein? Jedes Ende soll ja einen neuen Anfang in sich bergen, aber erkennbar ist dieser noch nicht.

Vielleicht schreibe ich weiter, zu anderen Themen; denn das Schreiben ist nun ein Teil dessen geworden, was ich immer wieder als „Übung" bezeichnet habe. Hätte ich lediglich zu den Inhalten dieses Buches viel gewusst und hätte ich dieses Wissen lediglich methodisch und sprachlich gut aufbereiten können, so wäre es bei weitem nicht das geworden, was ich mitteilen wollte. Erst indem die Arbeit daran ein Teil der Übung geworden ist, konnte es werden, was es ist; konnten die Vorausahnungen Wirklichkeit werden.

Diese Empfindung, mit seiner Arbeit und mit der Meditation Teil eines größeren Ganzen zu sein, gibt Anlass zu einem weiteren Hinweis. Es kommt nicht darauf an, ob jemand nun der Rede von Gott und seinem Sohn glaubt oder ob er der Lehre des Buddha den Vorzug gibt. Entscheidend ist vielmehr, sein Leben in einen anderen als den nur relativen Zusammenhang zu stellen: in eine Absolutheit und Einheit also, die nicht näher benannt werden muss. Und es kommt darauf an, daraus die ethische Konsequenz der praktischen Liebe zu den Menschen und allen Lebewesen zu ziehen.

So gelten meine ersten Gedanken in diesem Schlusswort dieser einen Weisheit, die Juden, Christen und Muslime „Gott" nennen und Buddhisten die „absolute Wirklichkeit" oder „das Klare Licht".

Möge im Verlauf der Lektüre ein wenig deutlicher geworden sein, was es damit auf sich hat.

Das Klare Licht zeigt sich immer wieder in Personen. Meine Eltern, die spirituellen Lehrer und etliche Freunde haben je auf ihre Weise an diesem Buch ihren Anteil. Hier kann ich konkreter werden und einige Namen nennen. Gemessen an ihren Verdiensten stellt dies jedoch nur eine schwache Form meines Dankes dar. Eigentlich müssten sie alle eigens porträtiert werden, und damit könnten sie die verschiedensten Zugänge zum Klaren Licht aufzeigen. Dies würde jedoch den Umfang dieses Buches vermutlich verdoppeln.

Einige von ihnen sind bereits verstorben. Ich werde sie jedoch deswegen nicht eigens kennzeichnen, da der Tod keinerlei Begrenzung für deren Leben und auch nicht für meinen Dank darstellt.

Für ihre Liebe und die Zugänge zum Klaren Licht danke ich Christine und Hans, meinen Eltern.

Dankbar verneige ich mich vor meinen irdischen Lehrern. An dieser Stelle seien genannt: Ferdinand Ulrich, Wilhelm Korff, Jean Gebser, Ulrich Loseries und Erwin Egloff.

Einige meiner Freunde und Weggefährten haben auf ihre Weise an diesem Buch mitgewirkt: Ludwig Karger, Magdalena Fuchs (Sr. Rodolindis), Benedict Schmitz, Richardis Zieglmeier, Sr. Anna Elisabeth Flory, Klaus Kling, Wolfgang Ott, Herbert Kramer, Danielle und Volker Kühn, Jens Lin, Yu Mu und Edith Zundel.

Dank und Wunsch, Anschauung und Übung, Wahrnehmung und Einsicht – all dies möchte ich abschließend in die Worte eines Gebetes fassen, das ich – auf der Basis der Bodhisattva-Gelübde – täglich in dieser oder in einer ähnlichen Form spreche.

Zahllos sind die Lebewesen;
ich gelobe, sie alle zu retten.
Unzählig eitle Gefühle und Gedanken;
ich gelobe, sie alle zu lassen.
Die Tore zur höchsten Wahrheit sind mannigfach;
ich gelobe, durch alle zu gehen.
Der Erleuchtungsweg ist unübertroffen;
ich gelobe, ihn zu verwirklichen.
Ehre und Liebe, Lob und Dank sei Dir,
dem Einen, ohne Anfang und ohne Ende,
dem Wesensgrund, dem Klaren Licht!
Und Friede meinen Lehrern, Eltern und Freunden,
allen Menschen, besonders denen, die in Not sind,
und allen Lebewesen!

Verwendete und empfohlene Literatur

Aristoteles (1956): Nikomachische Ethik. Berlin: Akademie-Verlag.

Böhme, Jakob (1983): Die Morgenröte bricht an. Freiburg: Herder.

– *Ders.* (1943): Mystische Schau. Hamburg: Hoffmann und Campe.

Brück, Michael v./Lai, W. (1997): Buddhismus und Christentum. München: C.H. Beck.

Dalai Lama (1991): Logik der Liebe. Aus den Lehren des Tibetischen Buddhismus für den Westen. München: Goldmann.

– *Ders.* (2000): Das Buch der Menschlichkeit. Eine neue Ethik für unsere Zeit. Bergisch Gladbach: Gustav Lübbe.

Ehrhard, Franz Karl und Fischer-Schreiber, Ingrid (1995): Das Lexikon des Buddhismus. München: Goldmann.

Faber, Stephanie (1996): Tibetisches Tagebuch. München: Heyne.

Fried, Erich (1989): Unverwundenes. Liebe, Trauer, Widersprüche. Berlin: Verlag Klaus Wagenbach.

– *Ders.* (1964): Warngedichte. München: Hanser.

Gampopa (1996): Der kostbare Schmuck der Befreiung. Eine Einführung in den buddhistischen Weg. Berlin: Theseus.

– *Ders.* (1980): Juwelenschmuck der geistigen Befreiung. München: Diederichs.

Gebser, Jean (1975): Gesamtausgabe. Schaffhausen: Novalis.

Gehlen, Arnold (1969): Moral und Hypermoral. Eine pluralistische Ethik. Frankfurt a.M. – Bonn.

Gide, André (1976): Uns nährt die Erde/Uns nährt die Hoffnung. München: dtv.

Gruber, Elmar (1998): Stärker als der Hass. Geistliche Übungen zu Schuld und Versöhnung. München: Don Bosco.

Hatlapa, Christoph Rei Ho: Wo bleibt das Mitgefühl im Streitfall? In: Buddhismus aktuell 1/2006. München.

Hösl, Gerhard G. (2006): Mediation. München: Kösel.

Kant, Immanuel (1956): Werke IV. Darmstadt: Wissenschaftlichc Verlagsgesellschaft.

Klimkeit, Hans Joachim (1987): Religionsvergleich. In: König; Waldenfels 1987.

König, Franz (Begr.); Waldenfels Hans (Hg.) (1987): Lexikon der Religionen. Freiburg: Herder.

Korff, Wilhelm u. A. (Hg.) (1999): Handbuch der Wirtschaftsethik, Bd. 1, 207–236 u. 257–268. Gütersloh: Gütersloher Verlagshaus,

– Dies. (1998): Lexikon der Bioethik, Bd. 3, 377–388. A.a.O.

Merton, Thomas (2002): Die Bibel öffnen. Zürich: Theologischer Verlag Zürich.

Neumann, Erich (1996): Die Reden des Buddha. Längere Sammlung. Stammbach: Beyerlein und Steinschulte.

Panikkar, Raimon (2000): Das Göttliche in Allem. Der Kern spiritueller Erfahrung. Freiburg: Herder.

– *Ders.* (1996): Gottes Schweigen. Die Antwort des Buddha für unsere Zeit. Frankfurt a. M.: Fischer.

Patrul Rinpoche (2001): Die Worte meines vollendeten Lehrers. Arbor: Freiamt.

Rahner, Karl (1961): Kleines theologisches Wörterbuch. Freiburg: Herder.

Rawls, John (1992): Der Gedanke eines übergreifenden Konsensus (The Idea of an Overlapping Consensus). In: Ders.: Die Idee des politischen Liberalismus. Aufsätze 1978–1989. Hg. v. V. W. Hinsch. Frankfurt a. M.

Rilke, Rainer Maria (1951): Briefe an einen jungen Dichter. Frankfurt a. M.: Insel.

– *Ders.* (1977): Das Stundenbuch. Frankfurt a. M.: Insel.

Scherer, Georg (2001): Die Frage nach Gott. Philosophische Betrachtungen. Darmstadt: Primus.

S*chumann, Hans Wolfgang* (1982): Der historische Buddha. Leben und Lehre des Gotama. München: Diederichs.

Schott, Albert (Übers.) (1982): Das Gilgamesch-Epos. Stuttgart: Philipp Reclam jun.

Shodo Harada Roshi: Erleuchtung. In: Buddhismus aktuell 2/2006. München.

Singh, Jaideva (1976): An Introduction of Madhyamaka Philosophy. Delhi: Motilal Banarsidass.

Suzuki, Shunryu (2000): Zen-Geist Anfänger-Geist. Berlin: Theseus.

Tarnas, Richard (1997): Idee und Leidenschaft. Die Wege des westlichen Denkens. Hamburg: Rogner & Bernhard.

Thubten Yeshe Lama (1998): Wege zur Glückseligkeit. Einführung in Tantra. München: Diamant.

Wilber, Ken (1999): Das Wahre, Schöne, Gute. Geist und Kultur im 3. Jahrtausend. Frankfurt a. M.: Wolfgang Krüger Verlag.

– *Ders.* (2001): Einfach „Das“. Tagebuch eines ereignisreichen Jahres. Frankfurt a. M.: Fischer.

Wittgenstein, Ludwig (1997): Über Gewissheit. Frankfurt a. M.: Suhrkamp.

Wurmser, Léon (1989): Die zerbrochene Wirklichkeit. Psychoanalyse als das Studium von Konflikt und Komplementarität. Berlin–Heidelberg: Springer.

Yamada, Kôun (2004): Die torlose Schranke Mumonkan. München: Kösel.

Weitere Bücher aus dem Verlag Via Nova:

Buddhistischer und westlicher Geist

Buddhismus im Gespräch mit der westlichen Kultur

Han F. de Wit

Paperback, 208 Seiten – ISBN 978-3-928632-83-6

Welche Antworten gibt der Buddhismus auf Lebensfragen, die uns in unserer Kultur und in dieser Zeit bewegen? Dieses Buch von Han F. de Wit, Bestsellerautor in Holland, macht uns auf besonders fesselnde und anschauliche Weise die buddhistische Sichtweise der Lebensführung im Dialog mit unserer Kultur zugänglich. Auch wenn der psychologische, philosophische, religiöse und soziale Aspekt des Buddhismus sehr eingehend und kompetent dargestellt wird, fließt in diese Aspekte immer seine praktische Ausrichtung in Form der Frage ein, wie sich der Mensch von allen Arten des Leidens befreien kann, deren Ursprung geistige Blindheit, Hartherzigkeit im Handeln und das Unverständnis der daraus resultierenden Konsequenzen ist. Es wird dabei deutlich, wie er menschliches Leiden vermeiden oder überwinden und Lebensfreude erreichen kann. In unserer westlichen Kultur ist die Psychotherapie eine Disziplin, die speziell auf das Heilen geistiger Leiden ausgerichtet ist. Die Verwandtschaft der Zielsetzung von Buddhismus und Psychotherapie ist ein zentrales Thema dieses Buches.

Die universelle Botschaft der Mystik

Mystische Wahrheiten aus 4 Jahrtausenden

René Bütler

Taschenbuch Edition „unio mystica“, 356 Seiten
ISBN 978-3-86616-080-4

Zu allen Zeiten haben begnadete Menschen durch mystische Erfahrungen Wahrheiten erkannt, die in einem beeindruckenden Einklang stehen und daher als unbezweifelbar und ewig gültig betrachtet und bezeichnet werden können. Taoistische, hinduistische, buddhistische, altägyptische, altgriechische, parsische, jüdische, christliche und islamische Weisheitslehrer haben der Menschheit die Botschaft der Mystik überbracht, die auch in den heiligen Schriften aller Hochreligionen zu finden ist. Sie enthält Antworten auf die Fragen nach Ursache, Sinn, Zweck und Ziel des Universums, des Lebens und des persönlichen Daseins. Ihre Überzeugungskraft wurzelt darin, dass sie dem ewigen Urgrund entspringt, den wir das Göttliche nennen. Ihre Aussagen stehen nicht im Widerspruch zu den Erkenntnissen der modernen Naturwissenschaft und der Psychologie. Zum besseren Verständnis der Texte hat der Autor diese erklärt und interpretiert. Dieses Taschenbuch ist eine Fundgrube und ein spiritueller Schatz, der, wenn er gehoben wird, den Menschen auf dem Weg nach innen mit einer Fülle von Weisheit, Erfahrungen und Erkenntnissen bereichert.

Der Mut auf den Grund zu gehen

Von der Unerschrockenheit der Mystik

Hans Torwesten

Taschenbuch Edition „unio mystica“, 288 Seiten – ISBN 978-3-86616-081-1

Die Mystiker besaßen stets den Mut, der Welt, dem Ich und sogar Gott auf den „Grund“ zu gehen. Im Westen wurden sie bei der Verwirklichung dieses Grundes von den Kirchen nicht unterstützt. Da sich heute viele Strukturen der Gesellschaft auflösen und ein naives Gottvertrauen nicht mehr selbstverständlich ist, ist es existentiell notwendig, sich auf unseren ureigensten Grund zu besinnen. Anhand vieler Beispiele sowohl der westlichen als auch der östlichen Mystik macht dieses Buch Mut, den „Sturz aus den Festigkeiten“ (Karl Jaspers) zu wagen und das Unzerstörbare zu entdecken. Eine große geistige Spannweite jenseits aller Dogmatik, von den Upanishaden bis zu modernen Existenzphilosophen, führt zum Kern der Mystik. Es geht nicht um theologische Diskussionen, sondern um ein neues Grundvertrauen, das nicht von Äußerlichkeiten wie Status, Beruf und Geschlechterrollen abhängig ist. Die Wirkung dieses Buches wird unterstützt durch einen lebendigen sprachlichen Ausdruck, gute Lesbarkeit und Übersichtlichkeit durch viele Zwischentitel.

Vom Urknall zur Erleuchtung

Die Evolution des Bewusstseins als Ausweg aus der Krise

Christian Brehmer

Hardcover, 280 Seiten, Großformat, 140 vierfarbige Fotos, 130 Grafiken
ISBN 978-3-86616-064-4

„Du kannst das Problem nicht lösen auf der Ebene, wo das Problem seine Wurzeln hat", sagte Albert Einstein. Es lässt sich nur von einer übergeordneten Ebene aus lösen. In diesem Buch geht es um die Umrisse dieser übergeordneten Ebene, einer neuen Bewusstseins- und Erkenntnisebene. Sie wird uns evolutionär erschlossen. Und um sie besser einzuordnen, befassen wir uns mit der faszinierenden Geschichte der Evolution, mit unserer Stammesgeschichte. Da gab es mehrere Phasenübergänge: nach der Entstehung des Universums mit dem Urknall die kosmische Evolution, dann den Übergang zur biologischen, zur chemischen, zur mentalen und zur technisch-kulturellen Evolution der Gegenwart. Und die Evolution geht weiter. Sie drängt in die Zukunft. Indem wir uns mit der in diesem Buch erstmals erarbeiteten Theorie der Phasenübergänge auseinandersetzen, gewinnen wir Überblick über das, was uns bevorsteht: die supramentale Evolution, die Erleuchtung, und mit ihr die Lösung der individuellen und kollektiven Probleme von der Wurzel her. Aber es bleibt nicht bei der Theorie. Im Buch finden wir konkrete Hinweise zur evolutionären Erweiterung des Bewusstseins und zur praktischen Neugestaltung unseres persönlichen und gesellschaftlichen Lebens.

Geh den Weg der Mystiker

Meister Eckharts Lehren für die spirituelle Praxis im Alltag

Peter Reiter

Hardcover, 304 Seiten – ISBN 978-3-936486-37-7

Noch nie war Mystik so spannend, so aufregend! Zeitgemäß, lebendig und alltagsorientiert vermittelt der Meister-Eckhart-Experte Peter Reiter die Lehre des größten deutschen Mystikers – exemplarisch für alle mystischen Traditionen. Die Kraft und Inspirationen der Lehre Meister Eckharts werden hier so vermittelt, dass sie direkt ins Herz des Lesers fließen. Schritt für Schritt begleitet Peter Reiter den Suchenden an den Ort, wohin der alte Meister schon seine Zuhörer führte: zur unmittelbaren Erfahrung des All-Eins-Seins inmitten der Welt, ins Hier und Jetzt! In allen Lebensbereichen kann das Göttliche geahnt, gefühlt und erfahren werden. Der Weg zum Ziel führt mit entsprechenden Übungen über verschiedene Etappen: Mitgefühl mit allem Sein, leben in Gelassenheit, Widerstand aufgeben, die Welt annehmen, Verantwortung übernehmen, Altes bereinigen, Bewerten und Verurteilen sein lassen, mit Trauer und Leid umgehen und die Liebe leben. Die Übungen im Geiste Eckharts stammen aus verschiedenen mystischen Schulen und geistigen Traditionen.

Zen oder wie ein Samurai Golf spielen

Ulrich Nitzschke

Geschenkbüchlein, Hardcover, 120 Seiten
ISBN 978-3-86616-092-7

Worin liegt das Erfolgsgeheimnis der Golf-Legende Tiger Woods? Was haben Golf, Meditation und die traditionellen Kampfkünste Asiens gemeinsam? Wie lernt man mit den mentalen Fähigkeiten, die Golf vermitteln kann, die Herausforderungen des Alltags zu meistern? Auf der Grundlage langjähriger eigener Erfahrungen mit Zen, der humanistischen Psychologie, verschiedenen modernen Sportarten und traditionellen spirituellen Übungswegen beschreibt der Autor kenntnisreich und einfühlsam die überragende Rolle, die das Bewusstsein im Golfsport spielt, und entwickelt daraus wirksame Trainingsmethoden und hilfreiche Visionen für die spielerische Praxis. Das Buch zeigt auf, wie Golf für den gestressten westlichen Menschen zu einem Übungsweg persönlichen und spirituellen Wachstums werden kann, wie er sich im Osten unter dem Einfluss des Zen aus den Kampfkünsten der Samurai herausgebildet hat.

Wege der Achtsamkeit

Über die Ethik der gewaltfreien Kommunikation

Claus Eurich

Hardcover, 176 Seiten
ISBN 978-3-86616-089-7

Der Mensch ist Kommunikation. Jedes Wort, jede Geste, alles Tun und Nicht-Tun enthält eine Botschaft. In der Weise unseres Kommunizierens mit der Um- und Mitwelt, mit unserer Innenwelt und mit dem göttlichen Bereich erweist sich zugleich die Tiefe unserer ethischen und spirituellen Beheimatung. In drei Abschnitten geht dieses Buch der Beziehung von Spiritualität, Ethik und Kommunikation nach. Ein wesentlicher Fokus liegt dabei auf der wechselseitigen Verbundenheit allen Seins. Der Entwurf eines integralen Ethos mündet schließlich in grundlegenden und zugleich konkreten Schritten einer gewaltfreien und empathischen Kommunikation. Wir lernen uns entsprechend auszurichten. Sowohl im Alltagsleben eines jeden Menschen als auch in beruflichen und systemischen Kontexten kann dies eine große Hilfe auf dem Weg achtsamer Lebensgestaltung sein.

Kreative Wunscherfüllung

Die kosmischen und irdischen Gesetze des Wünschens

Hans Vater

Taschenbuch, 288 Seiten
ISBN 978-3-86616-093-4

Hans Vaters praktisches und zugleich tiefgründiges Weisheitsbuch gibt Methoden und Techniken an die Hand, unsere Wünsche zu verwirklichen. Es analysiert eingehend die Gesetze und Prinzipien, die hinter den einzelnen Wunschtechniken stehen und sie wirksam machen. Diese Gesetze sind die Regeln des großen kosmischen Schöpfungsspiels, welches wir in Gottes Auftrag mitgestalten, und dessen Ziel es ist, uns zu der Einheit zurückzuführen, die wir in Wahrheit nie verlassen haben. Das Buch zeigt uns, wie wir durch die Anwendung der mächtigen Seinsgesetze unser Leben gesünder, glücklicher und erfolgreicher gestalten können. Das Verständnis dieser Gesetze hinterlässt beim Leser ein tiefes Gefühl der Geborgenheit und des Vertrauens in ein geordnetes und liebevolles Universum.

Es muss einen besseren Weg geben

Ein Handbuch zur „Psychology of Vision“

Chuck und Lency Spezzano

Taschenbuch, 216 Seiten
ISBN 978-3-86616-094-1

Mit diesem Buch schenken Dr. Chuck Spezzano und seine Frau Lency dem Leser eine humanistische Psychologie, die viele Fragen beantwortet und gangbare Wege zu besseren Beziehungen, verantwortungsvollem Handeln und sinnvollem Leben aufzeigt. Chuck Spezzano baut mit seiner „Psychologie der Vision“ eine Brücke zwischen psychologischer und geistiger Erkenntnis. Er zeigt uns die Macht der Veränderung, die aus dem Zustand der Liebe heraus möglich ist. Dieses neue, systematisch aufgebaute und dabei übersichtlich-prägnante Handbuch zur Psychologie der Vision

- vermittelt einen Einstieg, um die grundlegenden Prinzipien der „Psychologie der Vision“ einer breiten, interessierten Öffentlichkeit zugänglich zu machen;
- vertieft das Verstehen der Bücher von Chuck und Lency Spezzano und begleitet die Leser auf ihrem Weg;
- beschreibt das Wesen und den Wert der „Psychologie der Vision“ für Therapeuten und für Menschen, die selber an sich arbeiten möchten;
- fördert die Vertiefung von Prozessen für Teilnehmer/-innen an Vorträgen und Seminaren über die „Psychologie der Vision“ und stellt einen Leitfaden für Menschen dar, die sich eine formelle Ausbildung überlegen.

Das kleine Buch der Lebenskunst

Lebensweisheit, die wir in der Schule nicht lernten

Peter K. Keller

Geschenkbüchlein, Hardcover, 192 Seiten
ISBN 978-3-86616-096-5

„Alles hat man herausgefunden, nur nicht, wie man lebt", schrieb Jean Paul Sartre. Auch unsere Erziehung hat uns meist nicht beibringen können, welche Energien in uns stecken, wie wir diese entdecken, entfalten und zum eigenen Wohl und für unsere Mitwelt wirkungsvoll und heilsam einsetzen. Das Buch von P.K. Keller regt an, über das eigene Leben nachzudenken, und zeigt in kurzen Reflexionen und Geschichten anschaulich und humorvoll Lebens- und Überlebensstrategien auf. Die einzelnen Denkanstöße, die auch selektiv gelesen werden können, sind Ergebnisse reicher Erfahrung und können dem Leser helfen, seine Probleme besser zu verstehen und zu bewältigen. Zusammenfassungen und Affirmationen prägen sich ein und ermutigen, die Erkenntnisse im Alltag umzusetzen. Dieses Buch der Lebenskunst ist ein Schlüssel zur Erfüllung der eigenen Wünsche, zur sinnvollen und erfolgreichen Lebensgestaltung.

HOLOS – die Welt der neuen Wissenschaften

Ervin Laszlo

Hardcover, 208 Seiten – ISBN 978-3-928632-94-2

In den Wissenschaften findet eine Revolution statt. Es ist keine technologische Revolution – es ist eine Revolution des Weltbildes. Prof. Laszlo verfolgt diese Entwicklung und macht sie jedem zugänglich, der an den neuesten Erkenntnissen darüber teilhaben möchte, wer und was wir sind, was die Welt ist, die uns umgibt, und auf welche Weise wir in Beziehung zueinander und zu dieser Welt stehen. Der Leser erfährt in einfacher Sprache, was Wissenschaftler bereits wissen und vor welchen Rätseln sie im Hinblick auf den Kosmos, das Quantum, den lebenden Organismus und das menschliche Bewusstsein immer noch stehen. Dann erforscht der Verfasser diese Welt, indem er Fragen stellt, auf die er nun zuversichtliche, wenn auch überraschende Antworten geben kann – Fragen, bei denen es um Ursprünge und Bestimmung des Universums und um Ursprung und Evolution des Lebens und des Bewusstseins geht –, um dann die größten der „großen Fragen" zu stellen: Fragen der Unsterblichkeit, zum Bewusstsein im Kosmos und zu einem Bewusstsein, das eine wissenschaftlich basierte Schau als den Geist Gottes erfassen kann.

Quantensprünge des menschlichen Bewusstseins

Vom Ego zum Ich-bin

Gela Weigelt

Hardcover, 144 Seiten, 5 Zeichnungen
ISBN 978-3-86616-101-6

Nichts ist so unglaubwürdig wie das „Ich". Das „Ich" ist eine Konstruktion. Diese provozierenden Thesen untersucht die Autorin mit Hilfe der Wissenschaft und der Spiritualität. Neben Ergebnissen aus der Hirnforschung werden Erkenntnisse der Quantenphysik vorgestellt, die die uralte Frage nach dem Ego des Menschen um neuzeitliche Aspekte bereichern. Die Hirnforschung weist nach, dass das „Ich" eine Simulation der ca. 3 Pfund schweren Masse in unserem Schädel ist, während die Quantentheorie das Bewusstsein als zentrale „Instanz" der Wirklichkeit sieht. Der Quantensprung des menschlichen Bewusstseins ist ebenso wie der Quantensprung in der Physik ein diskontinuierlicher Übergang von einer Ebene zur anderen. Die Ebenen des menschlichen Bewusstseins sind transzendent, daher ist Erleuchtung einem Quantensprung vergleichbar.